3일 만에 읽고,
평생 가슴에 남는

재밌는 성경

2

3일 만에 읽고, 평생 가슴에 남는

재밌는 성경

글 김영진 그림 김천정

2 역사와 열왕 그리고 예언
롯기에서 말라기까지

성서원

| 머리말 |

『3일 만에 읽고, 평생 가슴에 남는 재밌는 성경』을 쓰게 된 이야기

나는 성경책을 만드는 사람이다. 성경책에 잘 디자인된 아름다운 옷을 입히거나, 또는 우리말로 새롭게 번역하여 읽기 쉬운 내용으로 다듬어 성경책을 발행하기도 했다. 그렇게 성경책 만드는 일을 45년 동안 줄곧 해 왔다. 지금까지 성서원에서 만든 성경책을 권수로 계산하여 한 줄로 쌓아올린다면 100층 높이 초고층 건물이 여러 채 생겼을 것이다. 이처럼 신비롭고 아름다운 성경책의 마을, 그 마을에 45년 동안 살았던 것은 내게 큰 축복이다.

"성서원에서 만든 성경책을 읽고 교회에 다니게 되었다.", "성서원에서 만든 성경책이 너무 예뻐 가방에 넣고 다니며 항상 읽고 힘을 얻는다.", "친구에게 성서원에서 만든 성경책을 선물했더니 너무 좋아하더라." 등등. 이런 말을 들으면 성경책을 발행하고 보급하는 일이 가슴 뿌듯했다. 하나님의 은혜와 사랑에 크게 감사했다.

어린이 잡지 『새벗』을 300호, 400호, 500호 넘게 발행했다. 새벗 문고도 100권까지 냈다. 1978년에는 기존의 성경책을 쉽게 풀어 옮긴 『현대어 성경』을 출간했다. 2012년에 『현대어 성경』을 개정하여 내놓은 『쉬운말 성경』도 독자들의 큰 사랑을 받고 있다.

또 성경 전체인 1,189장을 4연 4행의 시와 산문으로 써서 국민일보에 10년 넘게 연재했다. 그것을 묶어 성경 시집과 산문집을 내기로 했다. 성경 시집은 일목요연하게 정리되어 좋았다. 그런데 산문집은 마음먹은 대로 스토리텔링이 되지 않았다. 오래 고민하다가 성경의 장절을 무시하고, 어린이를 포함하여

남녀노소 누구나 소설처럼, 드라마처럼 읽고 보기에 쉽고 편하고 흥미진진한 『재밌는 성경』을 꾸미기로 작정했다.

'쉽고 간결하고 맛깔스러운 문장으로 성령님이 뭇 영혼에 전하려는 목소리를 재밌고 흥미로운 이야기로 만들자.', '누구나 하나님의 사랑의 품에 안기고 싶고, 예수님과 더불어 친구하고 싶은, 감동을 일으킬 만한 간결하고도 잘 정리된 그런 흥미진진한 이야기 성경책을 써 보자.' 이런 마음으로 기도하면서 한 줄, 한 줄 성경의 이야기를 쓰기 시작했다.

그렇게 작업한 세월은 뼈를 깎는 듯한 고통의 시간임과 동시에 은혜가 넘치는 행복한 시간이었다. 하나님의 말씀과 함께한 매일매일의 순간순간이 얼마나 기뻤는지 모른다. 아침부터 저녁 늦게 잠자리에 누울 때까지 성경 말씀에 푹 젖어 살았다. 성경을 모두가 재미있게 읽을 수 있도록 쉽고도 흥미로운 문장으로 다듬고 기도하는 일로 보내는 시간은, 내 인생에서 가장 은혜롭고 행복한 날들이었다.

성경책은 이야기책이었다. 하나님에 관한 이야기, 사람들에 관한 이야기였다. 사랑과 미움, 순종과 반역, 진실과 타락, 회개와 눈물, 모략과 갈등, 열정과 패기 등이 한데 엉켜 소용돌이치는 드라마틱한 이야기였다. 성경은 매일매일 텔레비전에서 보는 드라마였다. 오늘도 신문을 펼치면 만나게 되는 인물들이 성경책 속에서 집을 짓고 나라를 세워 아옹다옹 살아가는 흥미로운 이야기가 있는 집이었다.

『재밌는 성경』을 꾸미는 동안, 그것과 더불어 작업한 『시와 찬송이 있는 성경』까지, 무려 20년을 성경의 집에서 살았다. 그 긴 세월 동안 성서원의 내 작은 방에서 성경 내용을 이야기로 만들며 외롭게 생활했다. 그러나 그곳은 다만 글을 쓰고 기도하는 장소일 뿐, 내 영은 타임머신을 타고 2천 년 전, 아니 더 멀리 3,500년 전의 성경 드라마 속의 다양한 인물과 함께 어울려 지낸 가슴 벅찬 세월이었다.

마침내 창세기부터 여호수아까지 46개 이야기, 사사기부터 말라기까지 65개 이야기, 마태복음부터 요한계시록까지 64개 이야기, 모두 175개의 알기 쉽고 흥미진진한 재밌는 성경 이야기를 꾸몄다. 『크리스천투데이』에 『재밌는 성경』을 수년 연재하면서 여러분과 함께 그 이야기를 나누기도 했다.

미국의 제16대 대통령 에이브러햄 링컨은 학교 교육도 제대로 받지 못했지만, 오직 성경 한 권으로 대통령까지 되었다. 링컨은 이렇게 말했다. "하나님이 나에게 주신 최대의 선물은 성경이다. 인간이 바라는 모든 것은 성경 속에 다 있다." 정말 그랬다. "성경 속에 모든 것이 다 있다."라는 그 사실을, 이 책을 쓰면서 나 역시 진실로 깨닫게 되었다. 이것이 한국 교회의 성도들에게 고백할 수 있는 나의 결론이다.

『3일 만에 읽고, 평생 가슴에 남는 재밌는 성경』이 더욱 아름답고 알차고 흥미진진한 성경책이 될 수 있었던 것은, 나의 이야기를 한눈에 쏙 들어오게 하는 탁월한 일러스트들이다. 가슴을 울리는 비유적이고 상징적인 일러스트

로 성경의 속살에 한 걸음 더 다가가게 해주신 김천정 화백에게 깊은 감사를 표한다.

끝으로 이 책을 통해 성경 속의 이야기들을 소설이나 드라마처럼 재미있고 흥미롭게 읽고 보는 가운데, 하나님의 구원을 체험하고 아브라함 같은 믿음을 다지며 요셉처럼 높은 비전을 꿈꾸기를 바라면서, 이 땅의 어린이들과 청소년들을 비롯하여 남녀노소 모든 이에게 이 책을 바친다.

성경의 원저자이신 성령님! 감사합니다.

2016년 부활절

| 차례 |

2

역사와 열왕 그리고 예언

룻기에서 말라기까지

2

역사와 열왕 그리고 예언

룻기에서 말라기까지

구약성경 | 약자표

창 창세기	왕상 열왕기상	전 전도서	옵 오바댜
출 출애굽기	왕하 열왕기하	아 아가	욘 요나
레 레위기	대상 역대상	사 이사야	미 미가
민 민수기	대하 역대하	렘 예레미야	나 나훔
신 신명기	스 에스라	애 예레미야애가	합 하박국
수 여호수아	느 느헤미야	겔 에스겔	습 스바냐
삿 사사기	에 에스더	단 다니엘	학 학개
룻 룻기	욥 욥기	호 호세아	슥 스가랴
삼상 사무엘상	시 시편	욜 요엘	말 말라기
삼하 사무엘하	잠 잠언	암 아모스	

룻과 보아스

룻의 갸륵한 효성 룻 1:19–2:23

나오미와 룻이 베들레헴에 도착하자, 두 사람에 관한 소문으로 온 마을이 떠들썩했다. 마을 사람들은 앞다투어 나오미에게 몰려들었다.

"나오미, 남편과 두 아들은 어찌되었소? 함께 온 저 여인은 누구요?"

나오미는 슬픈 얼굴로 대답했다.

"나를 더 이상 '나오미'라 부르지 마시오. 나는 괴로운 여자이니, 차라리 나를 '마라'라고 불러 주시구려."

'나오미'는 '즐거움'이라는 뜻이고, '마라'는 '괴로움'이라는 뜻이었다.

"나오미, 어째서 그런 말을 하시오?"

고향 사람들이 놀라면서 되물었다. 나오미는 한숨을 내쉬며 아픈 사연을 이야기했다. 고향 사람들은 나오미의 슬픈 사연을 전해 듣고는 혀를 끌끌 차며 가슴 아파하였다. 그리고 젊은 나이에도 고향과 친척을 떠나 시어머니를 따라온 며느리 룻을 침이 마르도록 칭찬했다.

그 무렵, 베들레헴에는 부유한 지주인 '보아스'란 사람이 살고 있었다. 그는 여호수아 군대가 가나안 정복을 위해 맨 처음 여리고 성을 공격할 당시 그 성에 살면서 이스라엘의 정탐꾼들을 도와준 기생 라합의 아들로, 나오미의 죽은 남편인 엘리멜렉의 친척이기도 했다.

룻과 나오미가 베들레헴으로 귀향한 때는, 보리를 추수할 무렵이었다. 객지에서 모든 것을 잃은 나오미는 고향으로 돌아왔지만 먹고 살기가 막막했다. 며느리 룻은 생각 끝에 이삭이라도 주우려고 들판으로 나갔다. 이스라엘 사회의 율법에 의하면, 수확 중에 밭에 떨어진 이삭은 가난한 사람들이 주워 가도록 남겨두게 되어 있었다. 룻은 보아스의 소유인 밭에 나가서 이른 아침부터 저녁 늦게까지 이삭을 주웠다.

어느 날, 보아스가 추수를 감독하려고 자기 밭을 찾았다. 몇 명의 여인들이 수확하는 일꾼들을 뒤따르며 이삭을 줍는 모습이 눈에 들어왔다.

"흠, 저 여자는 처음 보는 얼굴인데, 누구인가?"

낯선 룻을 바라보면서 보아스가 감독에게 물었다.

"룻이라고 하는 모압 여자입니다."

"모압 여자? 모압 여자가 어떻게 여기에서 이삭을 줍고 있단 말인가?"

"모르고 계셨습니까? 저 여자가 나오미와 함께 돌아온 모압 여자랍니다."

'그렇군. 과부가 된 나오미가 며느리가 함께 왔다더니, 바로 저 여자로군.'

보아스는 룻에게 다가가 친절하게 말을 걸었다.

"보시오, 그대가 룻이요? 당신 시아버지가 나와는 친척이었소. 그러니 아무 걱정하지 말고, 내 밭에서 원하는 대로 마음껏 이삭을 줍도록 하시오. 목이 마르거든, 일꾼들에게 물을 달래서 마시도록 해요. 하나님이 당신에게 복을 내려주시기를 빌겠소."

보아스의 친절에 룻은 다소곳이 머리 숙여 감사하다는 인사를 보냈다.

"일꾼들이 점심을 먹을 때, 같이 먹도록 하시오. 조금도 꺼려하지 말고…."

보아스는 룻을 식사 자리에 초대했을 뿐만 아니라, 손수 먹을 것을 챙겨 주었다. 룻은 보아스의 호의로 일꾼들과 함께 점심을 먹었다. 룻이 자리를 떠나자, 보아스가 일꾼들에게 특별히 지시했다.

"룻이 이삭을 많이 줍도록 해 주게. 일부러 이삭을 떨어뜨려 주어도 좋아."

각별한 배려였다. 후손도 없이 죽은 불쌍한 친척의 며느리인데다가, 과부 된 시어머니를 섬기려고 자신의 나라를 떠나 낯선 타향을 마다하지 않고 따라온 정성과 효심이 갸륵하고 아름다웠기 때문이었다.

그날 저녁, 룻이 이삭을 잔뜩 주워서 집으로 돌아오자 나오미가 놀라워하며 물었다.

"아니, 어디서 이렇게 많은 이삭을 주웠느냐?"

"예, 어머니. 보아스라는 분의 밭에서 주웠어요. 그분이 저에게 따뜻한 호의를 베풀어 주셨어요."

"오! 그래? 보아스는 우리 가족에게 극진하게 해주더니, 우리에게도 이토록 잘 해주는구나. 우리와는 친척 사이이니, 이제는 다른 밭으로 갈 것 없이 보아스의 밭에만 가서 이삭을 줍도록 해라."

"예, 어머니. 그렇게 하겠습니다."

룻은 매일같이 보아스의 들판에 나가, 보리와 밀 수확이 모두 끝나기까지 이삭을 주웠다. 이른 아침부터 저녁 늦도록 쉬지 않고 이삭을 주워 시어머니를 정성껏 봉양했다.

룻이 보아스와 결혼하다 룻 3:1–4:22

타작을 앞둔 전날, 나오미가 룻을 불러 앉혀 놓고 말했다.

"내 딸아, 나는 네가 복되기를 바란다. 우리 이스라엘의 율법에는 독특한 관습이 있단다. 자식을 낳지 못하고 죽은 사람이 있으면 가까운 친족 남자가 고인을 대신하여 대를 이어주는 제도가 있어. 네 남편이 자식 없이 죽었으니 네 죽은 남편을 대신할 남자와 결혼하여 자식을 낳아야 한다. 그래야 가문을 이어갈 수 있어. 너의 새 남편이 될 사람은 네 남편의 형제가 첫 순서이지만, 그 형제마저 죽고 없으니 이제는 가까운 친척이 순서에 따라 그 역할을 해야 된단다. 보아스도 그중 한 사람이란다."

그날, 시어머니 나오미는 며느리 룻에게 이스라엘의 계대결혼繼代結婚에 관한 법을 자세히 설명해 주었다. 그런 다음 나오미는 타작마당으로 가서 보아스의 잠자리에 몰래 들어가라고 일러주었다.

보아스도 속내를 드러내지는 않았으나, 효심과 신앙심을 두루 갖춘 정숙한 룻에게 마음이 끌리고 있었다. 룻은 시어머니가 일러준 대로 보아스의 타작마당으로 내려가서, 잠들어 있는 보아스의 곁에 가만히 몸을 뉘었다. 한밤중에 잠이 깬 보아스는 돌아눕다가 룻을 보고는, 깜짝 놀랐다.

"댁은 뉘시오?"

"저는 어른의 종 룻입니다. 집안의 어르신으로서 저를 맡아 주셔야 할 분이라고 들었습니다."

"걱정마시오, 룻. 그대가 바라는 것은 무엇이든지 다 들어주리다."

보아스는 룻을 자신의 아내로 맞아들이기로 마음 먹고, 모세 율법에 따라 절차를 밟았다. 먼저 룻과의 계대결혼에 우선권을 갖고 있는 가까운 친척 남자를 찾아낸 다음 증인들을 세우고, 그 남자에게 계대결혼의 의무를 수행할 것인지를 확인했다.

후손 없이 죽은 친척의 아내를 돌보아야 하는 의무에는 재산과 노력이 요구되는 일인지라, 우선권이 있는 남자는 룻과의 결혼을 포기했다. 그러자 다음 순위자인 보아스가, 룻과 결혼하고 그녀를 돌보아 줄 것을 장로들 앞에서 선언했다.

보아스는 마침내 룻을 아내로 맞았다. 보아스와 룻 사이에서, 아들이 태어났다. 그들은 아들을 '오벳'이라 이름 지었다. 나오미의 기쁨은 말로 표현할 수 없을 정도로 컸다. 베들레헴 성읍의 사람들은 모두 나오미를 칭송하였다.

"오, 복된 나오미여! 마침내 주께서 엘리멜렉의 가문을 이을 후사를 당신께 주셨군요. 이 아기가 자라서 큰 인물이 되길 빌겠소. 이 아이는 일곱 아들보다 더 귀한 며느리가 낳은 아들로, 당신의 생명을 회복시키고 늘그막에는 당신을 잘 돌보아줄 것이오."

그런데 보라! 이 오벳이 자라서 이새를 낳았는데, 이새가 바로 다윗을 낳았던 것이다. 다윗이 누구인가? 이스라엘의 지혜로운 임금이요, 장차 태어나실 예수 그리스도의 직계 조상이 아닌가!

모압 여인 룻은 다윗 왕의 증조 할머니가 된 셈이었다. 예수 그리스도의 영광스러운 족보에도 그 이름을 올리게 되었으니, 실로 큰 축복이 아닐 수 없었다.

한나의 기도와 사무엘의 출생

한나의 기도 삼상 1:1-19

엘리가 이스라엘의 제사장이었던 시절, 이스라엘 땅 에브라임 산지에 있는 라마다임 성읍에 엘가나라는 사람이 살고 있었다. 그에게는 두 아내가 있었는데, 본처는 한나였고 두 번째 처는 브닌나였다. 한나가 오래도록 자식을 낳지 못하자 부득이 자식을 얻기 위해 두 번째 아내를 맞은 것이다. 그 시절에는 아들을 낳아 가문을 이어나가는 것이 최고의 가치였으므로, 경건한 사람이라도 일부일처제를 지키지 않는 경우가 적지 않았다.

엘가나의 두 번째 아내인 브닌나는 자녀가 여럿인 반면, 본처인 한나는 단 한 명의 자녀도 낳지 못했다. 결혼한 여자가 자녀를 낳지 못하는 것은 큰 수치였다. 때문에 브닌나는 언제나 우쭐하고 당당한 반면, 한나는 수치심과 죄의식으로 늘 움츠리며 살아야 했다. 브닌나는 자녀를 낳지 못하는 한나를 괴롭히면서 제멋대로 방자하게 행동했다.

한나는 외딴 곳으로 가서 홀로 슬피 울면서, 아들을 낳게 해달라고 하나님께 간절히 기도하곤 했다. 남편이 위로했지만, 한나의 슬픔은 줄어들지 않았다. 신앙심 깊은 한나가 기댈 데라고는 하나님밖에 없었다.

남편 엘가나는 하나님을 섬기는 사람이었다. 그는 율법에 따라 해마다 가족들을 데리고 실로에 있는 하나님의 성막으로 올라가서 하나님께 제사를 드렸다. 엘가나는 후처인 브닌나보다 한나를 더 사랑했기 때문에, 제사를 드린 후 분배하는 제물의 몫을 한나에게 갑절이나 더 주었다. 이를 알게 된 브닌나는 질투가 나서 한나를 비웃으며 더욱 심히 괴롭혔다.

"자식도 낳지 못하는 주제에 남편 사랑을 독차지하다니…, 사람이 염치가 있어야지."

한나의 가슴은 찢어지는 듯 아팠다.

"한나, 울지 말아요. 당신은 나에게 열 명의 자식보다 더 소중한 사람이오."

남편 엘가나의 따뜻한 위로에도 한나의 괴로운 마음은 쉽게 가라앉지 않았다. 한나는 성막으로 올라가서, 하나님께 울면서 기도했다.

"하나님, 저를 불쌍히 여기시고 저에게 아들을 낳게 해주십시오. 주께서 아들을 낳게 해주신다면, 아들을 하나님께 바치겠습니다."

한나는 입술을 들먹이면서 간절하게 기도했다. 이 광경을 지켜보던 제사장 엘리는, 한나가 술에 취해 주정을 하고 있는 것으로 오해했다.

"여인이여, 언제까지 그렇게 술주정이나 하고 지낼 참이오? 어서 술을 끊도록 하시오."

제사장의 책망에 한나는 깜짝 놀랐다.

"제사장님, 저는 그런 여자가 아닙니다. 저는 술에 취하지 않았습니다. 저는 술을 입에 대지도 않습니다. 저의 슬픈 마음을 하나님께 호소하고 있었습니다."

제사장 엘리는 동정심이 생겨 한나를 위로했다.

"여인이여, 평안히 가시오. 하나님께서 그대의 기도에 응답해 주실 것이오."

한나는 마음이 한결 편안해졌다. 하나님이 자신의 기도를 들어 주실 것이라는 믿음이 생겼다. 그녀의 얼굴에 비로소 웃음이 찾아들었다.

다음 날, 엘가나는 아침 일찍 가족을 데리고 하나님의 성막에 올라가 예배를 드린 후, 고향 땅 라마로 돌아갔다.

사무엘이 출생하다 삼상 1:20–2:11, 2:18–21

한나는 마침내 잉태를 하여 아들을 낳았다. 그녀는 아들의 이름을 '사무엘'이라 지었다. '하나님께 기도하여 낳은 아들'이라는 뜻이었다. 일년이 지나 실로의 성소에 올라가야 할 시기가 되었지만 한나는 젖먹이인 사무엘을 데리고 갈 수 없어 홀로 집에 남기로 했다. 그녀는 남편에게 말했다.

"나는 사무엘이 젖을 떼기까지 실로에 가지 않겠어요. 하지만 사무엘이 젖을 뗄 정도로 자라면, 하나님께 서원한 대로 이 아이를 하나님께 바쳐서 하나님의 성전에서 살게 하겠어요."

사무엘이 세 살 무렵이 되어 젖을 떼자, 한나는 남편과 함께 성소로 올라가 제사장 엘리를 만났다.

"제사장님, 저를 기억하시나요? 몇 년 전, 제사장님 옆에서 주께 기도를 드린 적이 있는 여자입니다. 저는 아이를 갖게 해 달라고 기도를 드렸고, 주께서는 제 간구를 들어 주셨습니다. 이제 이 아이를 주께 바칩니다. 이 아이의 인생은 주님의 것입니다."

대제사장 엘리는 한나를 축복하면서, 기꺼이 사무엘을 거두어 주었다. 한나

는 다시 고향 라마로 돌아갔다. 그녀는 아들 사무엘을 하나님께 바치게 된 것에 대해 슬퍼하기는커녕 오히려 하나님께 찬양을 드리며 감사 기도를 드렸다.

해마다 한 번씩 온 가족이 실로에 올라갈 때면, 한나는 사무엘의 새 옷을 만들어 가곤 했다. 사무엘은 성전에서 하나님을 섬기고 율법을 배우면서 건강하게 자라났다. 그런 사무엘을 볼 때마다 한나는 여간 대견하고 자랑스러운 게 아니었다.

세월이 흘렀다. 대제사장 엘리는 늙어서 눈이 많이 어두워졌다. 그러나 소년 사무엘이 곁에서 시중을 잘 들었기 때문에 직무를 수행하는 데에는 별 문제가 없었다. 대제사장 엘리는 한나의 아름다운 믿음과 헌신이 대견하여, 그들 부부를 축복해 주었다.

"기도로 얻는 자식을 기꺼이 하나님께 바쳤으니, 주께서 그대들의 가정에 더 많은 자녀를 허락하셔서 그 아이를 대신해 주기를 빕니다."

그 후 한나는 하나님의 축복으로 아들 셋과 딸 둘을 더 낳았다. 한나는 넘치는 기쁨과 감사로 살아가게 되었다.

엘리 가문의 몰락과 사무엘의 소명

저주 받은 엘리 가문 삼상 2:12-17, 27-36

제사장 엘리에게는 '홉니'와 '비느하스'라는 두 아들이 있었다. 그들 형제는 아버지와 달리 이스라엘 백성 모두가 싫어할 정도로 못된 짓을 저지르는 불량배들이었다.

이스라엘 백성은 그들 형제가 엘리의 뒤를 이어 성전의 책임자가 될까 봐 크게 걱정하였다. 사실 그들의 불량한 행동은 어릴 때부터 시작되었지만, 아버지인 제사장 엘리가 그들을 크게 꾸짖어 바로 잡아주지 못했던 것이다. 날이 갈수록 못된 짓을 일삼던 두 아들은 성막 어귀에서 일하는 여인들과 동침하는 죄를 저지르고 말았다. 하나님은 크게 분노하셨다. 하나님은 엘리에게 선지자를 보내어 그의 가문을 저주하셨다.

"누구든지 나를 귀하게 여기는 사람들을 나도 귀하게 여길 것이다. 나를 멸시하는 자들은 멸시를 당할 것이다. 너희 가문이 대를 이어 나를 섬기도록 네 조상에게 약속했지만, 이제부터는 그렇게 하지 않을 것이다. 너희 가문에서는 노인라고는 찾아볼 수 없게 될 것이다. 네 두 아들 홉니와 비느하스는 같은 날에 죽게 될 것이다."

하나님의 부르심을 받는 사무엘 삼상 3장

어느 날 밤, 사무엘은 여느 때처럼 잠자리에 누웠다. 그런데 엘리가 부르는 소리가 났다. 사무엘은 자리에서 일어나 급히 달려갔다.

"절 부르셨습니까?"

"아니다, 부르지 않았다. 돌아가서 자거라."

제사장 엘리는 사무엘이 꿈을 꾼 모양이라고 생각했다. 사무엘은 잠자리로 돌아와 다시 누웠다.

"사무엘아!"

다시 사무엘을 부르는 소리가 들려왔다. 사무엘은 즉시 자리에서 일어나 엘리에게 달려갔다.

"예, 제가 여기 있습니다."

"아니다. 난 널 부른 적이 없어. 어서 가서 자거라."

사무엘은 고개를 갸웃거리며 자리로 돌아왔다. 사무엘이 다시 잠이 들려고 하는데, 또다시 그를 부르는 소리가 들려왔다. 벌써 세 번째였다.

"사무엘아, 사무엘아!"

사무엘은 자리에서 일어나 또다시 엘리에게로 갔다.

"아니다, 난 널 부른 적이 없어."

제사장 엘리도 의아해 했다. 그러나 다음 순간, 제사장은 비로소 그 음성의 정체를 알 것 같았다.

"사무엘아, 이번에 또 너를 부르는 소리가 들리거든 '주의 종이 여기 있습니다. 듣겠사오니, 말씀하십시오.'라고 대답하여라."

사무엘은 바짝 긴장하고, 다시 잠자리에 누웠다. 이번에는 그를 부르는 음성이 기다려졌다. 아니나 다를까, 이내 똑같은 소리가 들려왔다.

"사무엘아, 사무엘아!"

이번에는 사무엘이 즉각 대답했다.

"말씀하소서. 주의 종이 듣겠나이다."

사무엘은 비로소 하나님의 음성을 직접 듣게 되었다.

"내가 이스라엘에 일어날 일을 말하리라. 엘리 집안에 벌을 내릴 것이다. 엘리 집안에 대한 내 저주가 그대로 이루어질 것이다. 엘리는 자기 자식들이 지은 죄를 알면서도 바로잡지 못했다. 엘리 집안이 지은 죄는 어떤 제물이나 예물로도 용서받지 못할 것이다."

소년 사무엘은 무서워서 몸을 떨었다. 아침이 되었지만 입을 열 수 없을 정도로 두려웠다. 그러자 제사장이 먼저 사무엘에게 물었다.

"사무엘아, 하나님이 네게 무슨 말씀을 하셨는지 나에게 솔직히 말해 다오. 하나님이 네게 말씀하신 것을 조금이라도 숨기면, 하나님이 네게 큰 벌을 내리실 것이다."

사무엘은 하나님께 들은 말씀을 남김없이 전했다. 다 듣고 난 엘리 제사장이 긴 한숨을 토하며 낮게 중얼거렸다.

"하나님의 선하신 뜻대로 하소서."

사무엘은 엘리 제사장과 함께 성전에서 하나님을 섬기며 살았다. 주께서는 자라나는 사무엘과 늘 함께 하셔서, 사무엘에게 주신 자신의 말은 무엇이나 다 이루어지게 해 주셨다. 사무엘이 예언하는 말들은 하나도 땅에 떨어지지 않고 그대로 실현되었다. 이스라엘 백성들은 성장해 가는 사무엘을 지켜보면서, 사무엘을 하나님의 예언자로 받아들이게 되었다.

하나님의 법궤

블레셋 족속과 하나님의 법궤 삼상 4:1-4

이스라엘의 남서쪽 지중해 해안에는 블레셋 사람들이 살고 있었다. 그들은 지중해의 섬나라 크레테 섬에서 살던 해양 족속이었는데, 그곳에서 쫓겨나서 팔레스타인 땅의 해변으로 건너온 이주민들이었다. 그들은 매우 호전적이고 거칠었다. 블레셋 족속은 철기 문명을 배경으로 강력한 군대를 갖추고 있었기 때문에, 변변찮은 무기를 지닌 이스라엘로서 상대하기가 벅찼다. 그들은 기회만 있으면 이스라엘 땅으로 쳐들어와 재산을 약탈하고 농작물을 노략했다.

엘리가 제사장이던 시절, 블레셋 사람들이 이스라엘을 공격해 왔다. 블레셋 군대는 아벡에 진을 치고, 이스라엘 군사들은 에벤에셀에 진을 쳤다. 블레셋 사람들이 전열을 지어 공격해 오자 이스라엘 사람들도 이에 맞섰다. 하지만 이스라엘 측이 패하여 죽은 사람이 4천여 명에 이르렀다.

이스라엘 진영에서는 지도자들이 모여 대책을 강구하다가, 하나님의 법궤를 메고 싸움터에 나가자고 결론을 내렸다. 이스라엘 백성들은 십계명 돌판이 담겨 있는 법궤를 신성한 물건으로 인식하고 있었다. 일찍이 여호수아 군대가 가나안 정복을 위해 요단 강을 건널 때에도 제사장들이 법궤를 메고 요단 강으로 들어서자 흐르던 강물이 멈추었고, 여리고 성 함락 작전 때는 법궤를 메고 성을 돌자 성벽이 무너져 내렸었다.

엘리 집안에 하나님의 징벌이 내리다 삼상 4:5-22

블레셋과의 전쟁에서 이기기 위해 법궤를 앞세우기로 결정을 내린 이스라엘 장로들은, 사람들을 실로에 보내 법궤를 운반해 오게 했다. 엘리의 두 아들인 홉니와 비느하스가 성전에 있다가 이스라엘 진영으로 법궤를 운반해 왔다. 법궤가 이스라엘 진영에 도착하자 이스라엘 군사들은 열광하며 함성을 질렀고, 그 순간 땅이 진동했다.

블레셋 진영에서는 갑자기 들려오는 이스라엘 진영의 큰 함성에 의아해 했다. 그들은 즉각 진상을 알아보았다.

"이스라엘이 섬기는 신의 법궤가 이스라엘 진영에 들어왔다고 합니다."

"무엇이? 법궤가 들어왔다고?"

블레셋 군대의 지도자들은 당혹감을 감추지 못했다. 이스라엘의 법궤에 대해 들은 바가 많았기 때문이다.

'이제 어찌해야 한단 말인가? 저 막강한 이스라엘의 신들의 손에서 누가 우리를 구할 수 있단 말인가? 저 신들은 광야에서 온갖 재앙으로 이집트 사람들을 쳤던 바로 그 신이 아니냐!'

블레셋 진영은 두려움에 휩싸였다. 하지만 블레셋 군대의 지휘관들은 두려움에 떠는 군사들을 향해 외쳤다.

"블레셋 사람들이여, 마음을 단단히 먹어라! 사나이답게 용감해져라, 그렇지 않으면 너희는 히브리 사람들의 노예가 되고 말 것이다!"

전열을 가다듬은 블레셋 군대가 저돌적으로 이스라엘 진영으로 쳐들어왔다. 이스라엘 군사들은 맥을 못 추고 무너지기 시작했다. 이스라엘의 철저한 패배였다. 이스라엘은 블레셋에 하나님의 법궤를 빼앗기고 말았다. 3만 명의 이스라엘 군사가 전사했고, 남은 자들은 뿔뿔이 흩어져 도망치기에 바빴다. 그날, 엘리 제사장의 두 아들 홉니와 비느하스도 전사했다.

한편, 제사장 엘리는 길가에 나와서 전투 소식을 초초하게 기다리고 있었다. 당시 엘리의 나이는 98세였다. 눈이 어두워 앞을 제대로 보지 못하는 엘리의 귀에 소란스런 소리가 들려왔다.

"이게 무슨 소리냐?"

한 병사가 달려와서 엘리에게 보고했다.

"저는 싸움터에서 돌아오는 길입니다. 우리가 크게 패하고 말았습니다. 제사장님의 두 아들은 전사했고, 하나님의 법궤도 빼앗겼습니다!"

"뭐라고? 그게 정말이냐? 그, 그게…."

충격을 받은 엘리 제사장은 앉아 있던 의자에서 뒤로 넘어지고 말았다. 목뼈가 부러진 그는 그 자리에서 즉사했다. 임신 중에 있던 비느하스의 아내는 시아버지와 남편이 죽었다는 소식을 듣고는, 갑자기 진통을 하면서 아기를 낳았다. 하지만 산통이 너무나 컸다. 그녀는 죽으면서 마지막 한 마디를 남겼다.

"법궤를 빼앗겼으니, 영광이 이스라엘에게서 떠났구나!"

법궤의 힘 삼상 5:1–6:12

블레셋 사람들은 환호했다. 전투에서 예상치 못한 대승을 거둔 데다, 그들이 두려워하던 이스라엘 신의 법궤마저 빼앗았기 때문이었다. 블레셋 군대는 의기양양하여 그들의 수도 아스돗으로 개선했다.

그곳에는 그들이 주신으로 섬기는 다곤Dagon 신의 신전이 있었다. 다곤은 상반신은 인간의 형상이고 하반신은 물고기 모양을 한 신이었다. 그들은 법궤를 다곤 신상 옆에 놓아두었다.

다음 날 아침, 다곤 신전에 들어간 아스돗 주민들은 깜짝 놀랐다. 다곤 신상이 법궤 앞에 얼굴을 땅에 처박고 쓰러져 있었던 것이다. 그들은 부랴부랴 다곤을 일으켜 세워 제 위치에 놓아두었다.

그러나 다음 날 아침 다곤 신전에 들어간 사람들은 또다시 놀라운 광경을 목격했다. 이번에도 다곤 신상이 법궤 앞에 고꾸라져 있었는데, 머리와 두 손목이 부러진 채 몸통만 신전의 문지방에 걸쳐 있었다. 그들은 불길한 마음에 사로잡혔다. 그 즈음부터 이상한 질병이 무서운 속도로 아스돗 성읍에 번지면서 많은 사람이 죽어갔다.

"이건 분명 이스라엘의 신이 우리와 다곤 신을 저주하는 거야. 이스라엘의 신이 들어 있는 법궤가 우리 성읍에 있기 때문이야. 이스라엘의 법궤를 이곳에 놓아두면 안 되겠어."

아스돗 주민들은 두려운 눈빛으로 불평을 터뜨렸다. 여론은 갈수록 악화되고 질병은 더욱 번져갔지만, 다곤 신은 침묵할 뿐이었다.

"이 일을 어쩌면 좋겠소?"

아스돗 주민들은 블레셋의 통치자들을 불러모아 대책 회의를 열었다. 블레셋의 통치자들은 법궤를 다른 곳으로 옮길 것을 제안했다.

법궤는 아스돗에서 멀지 않은 또 다른 블레셋 도시인 가드로 옮겨졌다. 그러자 이번에는 가드 성읍에 질병이 번지면서 사람들이 죽어갔다. 가드 사람들은 법궤를 인근의 성읍인 에그론으로 보냈다. 에그론 사람들은 법궤가 자기들의 성읍으로 오는 것을 보자 부르짖었다.

"아니, 우리를 다 죽일 작정이오? 우리는 법궤를 받을 수 없소!"

그들은 블레셋의 통치자들을 불러모아 놓고 이스라엘의 법궤를 돌려 보내어, 자신들을 죽지 않게 해달라고 통사정했다.

법궤가 블레셋 사람들에게 넘어간 지 일곱 달이 되었을 때, 블레셋 사람들은 제사장들과 유명한 점쟁이들을 불러모아 놓고 이렇게 물었다.

"저 법궤를 어떻게 해야 좋겠습니까? 제자리로 돌려보내야 하는 것은 당연한 것 같은데, 어떤 방법으로 돌려보내야 할지 방법을 알려주시오."

"그냥 돌려보내서는 안 됩니다. 이스라엘의 신에게 제물을 바쳐야 합니다."

"무슨 제물을 어떻게 바치면 좋겠소?"

"어미소 두 마리로 법궤를 실은 수레를 끌게 하시오. 그 어미소들의 송아지들은 떼어서 집으로 돌려보내십시오. 수레에 법궤와 예물로 바칠 금붙이들을 실은 다음, 소 두 마리가 가고 싶은 대로 수레를 끌고 가도록 내버려두시오. 소가 수레를 끌고 벧세메스로 가면 이스라엘의 신이 우리에게 재앙을 가져온 것이고, 소가 자기들의 새끼가 있는 곳으로 돌아오면 재앙은 이스라엘의 신에게서 나온 것이 아님을 알 수 있을 것입니다."

블레셋 사람들은 제사장들과 점쟁이들의 의견대로 예물을 갖추어 수레에 싣고, 소들로 하여금 멋대로 끌고 가게 했다. 그러자 두 마리의 어미소는 약속이라도 한 듯 새끼가 있는 쪽은 돌아보지도 않고 곧장 벧세메스를 향해 올라가는 것이었다. 울면서….

블레셋 사람들은 그 모양을 지켜보면서 수군거렸다.

"블레셋 땅에 내린 무서운 재앙은 이스라엘의 신이 내린 재앙임이 분명해!"

돌아온 법궤 삼상 6:13–7:2

벧세메스 들판에서 보리를 베고 있던 이스라엘의 농부들은 깜짝 놀랐다. 블레셋 사람들에게 빼앗겼던 법궤가 수레에 실려 다시 돌아오고 있지 않은가!

벧세메스 사람들은 일곱 달 만에 돌아온 법궤를 보려고 사방에서 몰려왔다. 그들에게는 잃었던 자식이 돌아오는 것에 못지않은 큰 기쁨이었다. 그러나 법궤를 다루는 데는 하나님의 엄격한 지침이 있다. 이스라엘 지파 중 오직 레위인만이 법궤를 옮길 수 있으며, 만일 다른 사람이 만지거나 그 안을 들여다

보면 죽음을 면치 못했다.

레위인들은 법궤를 바위 위에 옮겨 놓은 후 제물을 올리고 번제를 드렸다. 그때 법궤 속이 궁금한 벧세메스 사람들이 법궤 뚜껑을 열고 그 안을 들여다 보았다. 그 일로 인하여 70명이나 죽는 불상사가 일어났다.

벧세메스 사람들은 크게 울면서, 법궤에 대한 두려움으로 몸을 떨었다. 그들은 기럇여아림 사람들에게 전갈을 보내 법궤를 가져가라고 했다. 기럇여아림 사람들은 의논 끝에 법궤를 가져가서 언덕 위에 따로 떨어져 살고 있는 아비나답의 집에 들여놓고, 그의 아들 엘리아살을 거룩하게 구별하여 법궤를 지키게 했다. 법궤는 그 곳에서 20년 동안 머물렀다.

이스라엘의 지도자가 된 사무엘

사무엘, 이스라엘의 지도자 자리에 오르다 삼상 7:3–5

장성한 사무엘은 이스라엘 백성의 존경과 사랑을 한 몸에 받았다. 하나님도 그를 사랑하셨다. 40년 동안 이스라엘의 지도자로 활동했던 제사장 엘리가 죽자, 사무엘이 그 뒤를 이어 이스라엘의 지도자가 되었다. 하나님은 모세나 엘리야에게 말씀하신 것처럼 친히 사무엘에게 말씀하셨다.

사무엘은 이스라엘 백성들에게 말했다.

"이스라엘이 이방인들의 우상을 버리고 하나님께 돌아오면, 하나님께서는 블레셋으로부터 우리를 안전하게 지켜주실 것입니다. 그러니 이제부터는 오직 하나님만 섬기십시오."

이스라엘 사람들은 사무엘의 말에 따라 우상들을 없애고 하나님만을 섬기기 시작했다.

사무엘은 이스라엘 백성들을 모두 미스바에 모이게 했다. 이스라엘 전체 백성을 대상으로 대회개 운동을 펼칠 작정이었다. 미스바는 베냐민 지파에 속한 성읍으로, 예루살렘

에서 북쪽으로 대략 13km 떨어진, 이스라엘 땅의 중앙부에 위치하고 있었다.

미스바의 회개 운동과 에벤에셀의 승리 삼상 7:6–14

많은 사람들이 미스바에 모였다. 그들은 사무엘의 인도 하에 하나님 앞에서 금식하며 회개하였다. 여호수아가 죽고 사사 시대로 접어든 이후 일찍이 이스라엘 땅에 이런 회개 운동이 없었다.

"뭣이? 이스라엘 백성들이 모두 미스바에 모였다고?"

이스라엘 백성들이 미스바에 모여 회개하며 기도하고 있을 때, 블레셋의 통치자들은 지금이야말로 공격의 호기라고 판단하여 이스라엘 땅으로 쳐들어 왔다.

블레셋의 침공 소식을 들은 이스라엘 백성들은 크게 두려워하였다. 하지만 그들은 하나님을 의지했고, 또 위대한 영도자 사무엘이 있다는 사실에 마음을 굳게 다졌다. 백성들은 사무엘에게 계속 기도해 달라고 부탁했다. 사무엘은 어린 양을 하나님께 제물로 바치고 기도하였다.

"만군의 하나님, 이제 크신 권능으로 이스라엘 백성들을 블레셋의 침공에서 구원하소서!"

그때였다. 갑자기 하늘이 어두워지면서 비바람이 휘몰아쳤다. 연이어 산천이 뒤흔들리는 천둥과 함께 화살 같은 번개가 블레셋 진영으로 떨어졌다.

"아악, 악…, 이게 어찌 된 일이냐!"

블레셋 군대는 겁을 먹고, 뿔뿔이 흩어져 도망치기에 바빴다. 이스라엘은 하나님의 도우심에 고무되어 도망치는 블레셋 사람들을 계속 추격하여 큰 승리를 거두었다.

전투가 끝나자 사무엘은 블레셋 군대를 추격해간 지점에 큰 돌을 징표로 세우고 '에벤에셀'이라고 명명하였다. '하나님께서는 이곳에 이를 때까지 도우셨다.'는 뜻이다.

사무엘이 이스라엘의 지도자로 활동하는 동안, 블레셋은 두 번 다시 이스라엘을 공격해 오지 않았다. 그뿐만이 아니었다. 이스라엘은 블레셋 사람들에게 빼앗겼던 에그론에서 가드에 이르기까지의 여러 성읍들과 해변 지역을 되찾았다.

이스라엘 백성들, 왕을 세워 줄 것을 요구하다 삼상 7:15–8:22

이스라엘 땅에 평화가 찾아왔다. 백성들은 사무엘의 지도하에 태평성대를 누렸다. 사무엘은 해마다 이스라엘의 주요 성읍들을 순회하면서 나라를 다스렸다.

세월이 흘러 사무엘도 나이가 들자, 두 아들 '요엘'과 '아비야'를 이스라엘의 지도자로 세우고 자신은 고향 라마로 돌아갔다. 하지만 사무엘의 아들들은 아버지와 같지 않았다. 요엘과 아비야는 탐욕이 많아서 뇌물을 받고 잘못된 판결을 하기 일쑤였다. 공정한 재판을 해야 할 지도자로서 있어서는 안 되는 일이었다.

"세상에, 그런 일이 어떻게 있을 수 있어? 요엘과 아비야가 뇌물을 받고 엉터리 판결을 내린 거라구!"

여론이 들끓자, 이스라엘의 장로들은 라마에 있는 사무엘을 찾아갔다.

"우리는 당신의 아들들을 따를 수 없습니다. 그들은 당신 같지 않고 불의합니다. 차라리 우리도 다른 나라들처럼 왕을 세워 주십시오."

사무엘은 가슴이 아팠다. 사무엘은 그 문제로 하나님께 기도를 드렸다. 하나님께서 그에게 응답하셨다.

"백성들의 요구를 들어주어라. 그들은 너를 버린 것이 아니라, 나를 버린 것이다. 하지만 왕을 세우게 되면 장차 어떻게 될 것인지, 먼저 그들에게 상세히 일러주어라."

사무엘은 이스라엘 백성들에게 왕정 제도의 허점과 피해에 관해 일러주었다. 왕을 세우게 되면 반드시 후회하게 될 것이라는 사실을 여러 가지 예를 들어가면서 알려주었다.

"여러분, 여러분이 만약 당신들 위에 왕을 세운다면, 그는 당신들의 아들들을 징집하여 왕을 호위하게 할 것이고, 당신들의 딸들을 데려다가 왕궁에서 일을 시킬 것이오. 그뿐인 줄 아시오. 당신들의 농토 중 좋은 것은 왕이 빼앗아서 자기 신하들에게 나누어줄 것이오. 당신들은 왕에게 세금도 바쳐야 할 것이오. 사실상 당신들은 왕의 노예가 되는 것이오. 여러분은 여러분이 선택한 왕으로부터 벗어나게 해 달라고 울부짖을 것이지만, 그때가 되면 주께서는 여러분의 호소를 들어주지 않으실 것입니다. 그러니 잘 생각해 보시오."

사무엘은 장로들을 설득해서 돌려보내려고 했다. 그러나 그들은 뜻을 굽히지 않았다.

"아닙니다. 우린 왕을 원합니다. 우리도 다른 나라들처럼 왕이 있고 군대가 있어야 합니다. 우린 지금까지 침략을 받으면 부랴부랴 군대를 소집해야 했습니다. 하지만 강력한 왕이 있으면 그가 앞장서서 전쟁에 나갈 것입니다. 우리들에게 왕을 세워주십시오."

사무엘은 슬픈 마음으로 다시 하나님께 기도를 드렸다. 하나님은 이스라엘 백성들이 그토록 왕을 원한다면 이스라엘 장로들의 말대로 그들에게 왕을 세워 주라고 하셨다. 사무엘은 장로들에게 말했다.

"알았소! 여러분들의 뜻대로 왕을 세울 테니, 일단 각자의 성읍으로 돌아가 기다리시오."

사울과 사무엘의 만남 삼상 9장

베냐민 지파에 '기스'라는 사람이 있었다. 그는 부자이고 성읍의 유지였다. 그에게는 '사울'이라는 아들이 있었는데, 훤칠한 용모에 키가 컸다. 보통 사람들은 그의 어깨 높이밖에 되지 않았다.

어느 날 기스는 암나귀 몇 마리를 잃어버리자, 아들 사울에게 하인을 데리고 가서 나귀를 찾아오라고 했다. 사울과 하인은 온 사방을 헤매고 다녔지만 나귀를 찾지 못했다.

"안 되겠다. 벌써 사흘째다. 식량도 다 떨어졌으니, 이젠 나귀를 포기하고 집으로 돌아가자. 아버지가 나귀보다 우리 걱정을 더 많이 하시겠구나."

하지만 이 산 저 산을 헤맨 데다 너무 멀리까지 온 탓에 집으로 돌아가는 길마저 잃고 말았다. 마침 아주 유명한 선지자가 그곳에 산다는 소문을 들었던 터라, 사울과 하인은 사무엘을 찾아가기로 했다.

사울이 사무엘을 찾아오기 하루 전날, 사무엘은 하나님의 음성을 들었다.

"사무엘아, 내일 이맘때쯤 베냐민 땅에서 한 젊은이가 너를 찾아올 것이다. 너는 그에게 기름을 부어 이스라엘의 왕으로 삼아라. 그가 블레셋으로부터 이 백성을 구할 것이다."

사울과 그의 하인이 사무엘에게 가까이 오자, 하나님께서 다시 사무엘에게 말씀하셨다.

"보라, 내가 말한 그 청년이 바로 이 자다. 그가 내 백성을 다스릴 사람이다."

사울이 사무엘에게 다가와서 선견자의 집이 어디인지 묻자, 사무엘은 자신이 바로 그가 찾고 있는 선지자라고 밝히면서 이렇게 말했다.

"청년이여, 내일 당신이 집에 돌아갈 수 있게 해주겠소. 당신이 알고 싶어하는 것도 다 알려주겠소."

사무엘은 사울이 나귀에 대해 말하지 않았는데도 그 문제를 언급하였다.

"사흘 전에 잃었던 나귀는 이미 찾았으니

걱정마시오. 그리고 이스라엘 백성이 모두 당신을 원하고 있소. 당신과 당신의 집안은 이스라엘을 다스리게 될 것이오."

사울은 크게 놀랐다. 그리고는 황송한 듯이 대답했다.

"어찌 그런 말씀을 하십니까? 저와 저희 집은 이스라엘 중에서도 가장 작은 지파인 베냐민 지파입니다. 당치도 않은 말씀입니다."

사무엘은 사울을 데리고 자기 집으로 가서 윗자리에 앉게 하고 좋은 음식을 대접하였다. 다음 날 아침, 사무엘은 길을 나선 사울을 따라나섰다. 마을 끝에 이르자, 사무엘은 사울과 함께 걸음을 멈추었다.

"당신 하인을 앞서 보내시고, 당신은 잠깐 기다리시오. 당신에게 하나님의 말씀을 전해 주겠소."

이스라엘의 첫 번째 왕, 사울

사울이 이스라엘의 첫 번째 왕이 되다 삼상 10장

하인이 먼저 떠나자 사무엘은 준비해 온 기름병을 열어 사울의 머리에 붓고, 그에게 입을 맞춘 후 말했다.

"주께서 당신에게 기름을 부어 당신을 주의 백성 이스라엘의 영도자로 세우셨소. 이제 당신이 집을 향해 가다 보면, 두 사람을 만나게 될 것이오. 그들은 잃었던 나귀를 다시 찾았다고 하면서, 당신의 아버지가 당신을 걱정하고 있다는 말을 전할 것이오. 조금 더 가면 세 사람을 만날 것이오. 그들은 당신에게 빵 두 덩이를 줄 것이니 받도록 하시오. 또 가다 보면 이번엔 예언자 무리를 만날 것인데, 그때 하나님의 영이 당신에게 내릴 것이오. 당신도 그들과 함께 예언을 하며 새 사람으로 변할 것이오. 이것이 하나님이 당신을 왕으로 선택한 표적들이오."

참으로 놀라운 일이었다! 모든 것이 사무엘이 말한 그대로였다.

그로부터 일주일 후, 사무엘은 이스라엘의 모든 지파를 미스바로 불렀다. 그들이 원하는 왕을 세우기 위해서였다. 하지만 사무엘의 마음은 무거웠다. 이스라엘이 왕을 세우면 하나님과는 멀어지게 될 것임을 알고 있었기 때문이다.

사무엘은 미스바에서 제비뽑기의 방법을 통해 왕을 세우는 절차를 진행했다. 먼저 이스라엘 12지파 중에서 왕이 나올 지파로 베냐민 지파가 선택되었다. 베냐민 지파 중에서는 기스의 가문이 뽑혔고, 마침내 기스의 아들 사울이 왕으로 뽑혔다.

"사울은 어디 있소? 앞으로 나오시오."

사무엘이 사울의 이름을 불렀다. 그러나 사울은 보이지 않았다. 사람들은 사울을 찾느라고 웅성거렸다. 이스라엘의 첫 번째 왕이 될 사울이 도대체 누구인지, 호기심이 대단할 수밖에 없었다. 아무리 찾아도 사울을 찾지 못하자, 사람들은 하나님께 기도를 드렸다.

"하나님, 사울은 어디 있습니까? 사울을 찾게 해주십시오."

그러자 하나님은 사울이 짐짝들 사이에 숨어 있다고 가르쳐 주셨다. 사울은 큰 체격과는 달리 수줍음을 많이 탔던 것이다. 사람들이 사울을 찾아내어 사무엘 앞으로 데려갔다. 사무엘이 백성들에게 말했다.

"자, 이 사람을 보시오! 백성들 가운데 이만한 인물은 없소."

과연 사울은 큰 키에 잘생기고 체격이 좋았다. 실로 남자 중의 남자였다. 이스라엘 백성들은 흥분하여 외쳤다.

"사울 만세! 이스라엘 왕 만세!"

그러나 아직 사울이 공식적으로 왕위에 오른 것은 아니었다. 왕이 될 사람으로 뽑혔을 뿐이었다. 사울은 일단 그의 고향 기브아로 돌아갔다. 그를 왕으로 지지하며 따르는 사람들도 많았지만, 반대하는 사람들 또한 많았다. 그들은 사울의 능력을 의심했다.

"정말 이 사람이 적들의 손에서 우리를 구할 수 있을까?"

사울이 암몬 족속을 물리치고 왕위에 오르다 삼상 11장

이스라엘 지파들 중 요단 강 건너 동편에는 세 지파가 땅을 분배 받아 정착해서 살고 있었다. 갓, 르우벤, 므낫세 지파였다. 그곳은 원래 아브라함의 조카 롯의 후손들인 암몬 족속의 땅이었으나, 가나안 정복 당시에 이스라엘이 점령한 땅이었다. 그래서 그 주변에는 여전히 암몬 족속이 살고 있었다.

당시 암몬 족속의 통치자인 나하스는 거칠고 잔인한 사람이었다. 그는 군대를 이끌고 이스라엘의 성읍 길르앗 야베스를 침공해 왔다. 그곳 백성들은 두려워서 성읍 장로들을 나하스에게 사절로 보내, 그를 섬길 테니 평화 조약을 맺자고 제안했다.

나하스는 사절들을 한껏 비웃으면서 대답했다.

"종이 되어 우리를 섬기겠다고? 좋다! 그러나 한 가지 조건이 있다. 내가 너희들의 오른쪽 눈알을 모두 빼내어 온 이스라엘을 욕보이겠다. 그렇게 하게 해준다면 평화 조약을 맺어 주겠다."

길르앗 야베스 성읍의 장로들은 아연실색하였으나, 그렇다고 당장 거절할 수가 없었다. 거절하는 즉시 암몬 족속의 공격이 시작될 것이며, 그렇게 되면 아무런 방비책이 없는 길르앗 야베스 성읍의 주민들은 죽거나 노예로 잡혀갈 것이다. 장로들은 이렇게 제안했다.

"우리에게 일주일의 시간을 주십시오. 그래도 우리에게 대책이 서지 않으면 조건을 수락하겠습니다."

일주일의 시간을 번 성읍의 장로들은, 요단 강 서편의 지파들에게 사신을 보내 도움을 요청했다. 사신이 도착하는 성읍마다 백성들이 소리 높여 울었다. 베냐민 지파도 이 소식을 듣고는, 놀라고 두려워서 울음을 터뜨렸다. 밭에서 소를 몰고 오다가 그 소식을 전해들은 사울은 분노를 터뜨렸다. 바로 그 순간, 하나님의 영이 사울에게 내렸다.

사울은 그 자리에서 소 두 마리를 잡아, 여러 토막으로 자른 다음 한 토막씩을 이스라엘의 모든 지파에게 보내면서 이렇게 일렀다.

"누구든지 사울과 사무엘을 따라 싸우러 가지 않으면 이 소처럼 될 것이다."

백성들은 겁을 집어먹고, 모두들 싸움터로 가겠다고 나섰다. 순식간에 33만 명이 사울 앞에 집결했다. 사울은 길르앗 야베스에서 온 사신에게 말했다.

"돌아가서 전하라. 내일 낮에는 너희 성읍이 구원을 얻을 것이다."

다음 날, 사울은 33만 명의 군사들을 세 부대로 나누어 요단 강을 건너 길르앗 야베스로 향했다. 이스라엘 군사들은 새벽에 암몬의 군대를 기습했다. 암몬 군대는 갑작스런 공격에 어쩔 줄 모르고 허둥댔다. 한낮의 더위가 기승을 부릴 무렵, 암몬 군사들은 다 죽거나 흩어지고 한 명도 남지 않았다. 통쾌한 승리였다.

사울은 일약 이스라엘의 영웅으로 떠올랐다. 사울을 지지해 온 사람들은 이번 기회에 사울을 비난하고 반대한 사람들을 처형하자고 들먹거렸다. 하지만 사울은 이 감격스러운 승리의 날에 동족을 죽이는 일은 하지 말라고 명령을 내렸다.

사무엘은 이스라엘의 모든 백성을 길갈로 모이게 한 후, 하나님께 감사 제사를 드렸다. 아울러 사울을 이스라엘의 초대 왕으로 공식 추대했다. 사울이 왕이 될 당시 그의 나이는 30세였다.

사울의 타락과 다윗의 등장

사울 왕이 하나님께 버림받다 삼상 13–14장

사울이 이스라엘 왕이 된 지 2년, 블레셋과 전투가 벌어졌다. 블레셋은 전차와 기마병을 동원하여 대대적으로 공격해 왔다. 이에 맞선 이스라엘 군대에는 변변찮은 무기가 없었다. 제대로 된 칼이나 창을 가진 것은 사울 왕과 왕의 아들인 요나단 정도였다.

이스라엘 군사들은 공포에 사로잡혔다. 불안하고 초조하기는 사울 왕도 마찬가지였다. 블레셋과 싸우기 전에 사울 왕은 사무엘을 통해 하나님의 도움을 받고 싶었다. 하지만 사무엘이 오기로 약속한 시간에 오지 않았다. 그러자 군사들이 흩어지기 시작했다.

"안 되겠다. 제물을 이리 가져오너라."

마음이 급한 나머지 사울 왕은 오직 제사장만이 주관해서 드려야 하는 희생 제사를 자신이 직접 주관해서 드렸다. 제사를 드리고 나자마자 사무엘이 사울에게 도착했다.

"아니, 왕은 지금 무엇을 하신 것이오?"

사무엘이 준엄하게 묻자, 사울은 이런저런 변명을 했다.

"왕은 아주 어리석은 일을 하였소. 왕이 하나님의 율법을 어겼으니, 앞으로 왕의 나라가 길게 가지 못할 것이오. 주께서는 이미 당신의 마음에 드는 사람을 뽑아서, 당신의 백성을 다스릴 영도자로 정해 놓으셨소."

사무엘은 하나님의 말씀을 전달한 후, 사울을 떠나갔다. 하지만 하나님은 사울의 아들 요나단의 신앙과 용맹을 가상하게 보시고, 블레셋과의 전투에서 승리하게 해 주셨다.

사울 왕이 또다시 하나님의 명령을 거역하다 삼상 15장

그로부터 여러 해가 지난 어느 날, 사무엘이 왕궁으로 들어와 사울 왕 앞에 섰다.

"당신은 이스라엘 백성의 왕이오. 하나님이 말씀하시기를, 아말렉을 공격하여 남녀노소를 모두 죽이고, 그들의 모든 가축까지 다 죽이라고 하셨소. 아말렉 사람들의 소유는 아무것도 남기지 말고 모조리 없애시오. 왜냐하면 그들은 우리 조상들이 이집트를 떠나 가나안 땅으로 여행할 때 갑자기 대열의 끝자락을 공격하여 노인들과 어린아이 등 약한 사람들을 잔인하게 죽였기 때문이오."

사울은 즉각 이스라엘 전역에서 군사를 소집했다. 아말렉 족속을 진멸하라는 하나님의 명령을 받은 사울 왕은 21만 명의 병력을 이끌고 아말렉을 공격하기 위해 남쪽의 브엘세바와 시내 산 사이에 있는 네게브 사막으로 향했다. 사울 왕은 남부의 광범위한 사막 지대에서 일사불란한 공격을 전개하여 아말렉 족속의 왕 아각을 생포하고, 그 백성을 진멸하였다. 가축들도 모두 죽였다. 그러나 기름진 가축들은 죽이지 않고 남겨두었다. 이스라엘의 대승리였다.

하지만 그날 밤, 하나님이 사무엘에게 나타나서 말씀하셨다.

"나는 사울을 왕으로 세운 것을 후회한다. 그는 내 명령을 따르지 않았다."

사울이 자기 공적을 내세우기 위해 아말렉 왕 아각을 죽이지 않고 생포한

것이며, 또한 아말렉 족속의 기름진 가축들을 남겨둔 것을 지적하신 것이다. 사무엘은 밤이 새도록 울면서 하나님께 기도하였다.

이튿날 아침 일찍, 사무엘은 사울을 만나기 위해 길을 떠났다. 길을 가던 중에 사울이 갈멜 성읍에 승전비를 세우고 길갈로 내려갔다는 소식을 들었다. 사울은 하나님께 돌릴 영광을 자기에게 돌린 것이다.

길갈에서 사무엘이 왔다는 보고를 받은 사울 왕은 승리에 대한 칭찬을 기대하며 그를 반갑게 맞았다.

"어서 오십시오. 하나님께서 당신에게 복을 내리시기를 빕니다. 나는 하나님의 명령대로 다 행하였습니다."

"그렇다면…."

사무엘의 표정이 어두워졌다.

"지금 들리는 저 소리는 다 무엇이오? 가축들의 저 울음소리 말입니다."

"아, 그거요? 아말렉 족속의 가축들 중에서 살찐 소와 양들을 좀 끌고 왔습니다. 하나님께 제물로 바치기 위해서입니다. 그 외엔 다 죽였습니다."

사울은 자랑스러운 듯이 말했다. 그러자 사무엘이 슬픈 표정으로 대꾸했다.

"어젯밤 하나님께서 내게 하신 말씀을 전해야겠소. 당신은 어찌하여 하나님의 말씀을 따르지 않았소?"

"아니, 무슨 말씀입니까? 나는 하라는 대로 다 행했습니다. 아말렉 땅에 쳐들어가서 아각 왕을 사로잡아 왔으나 그 백성들은 다 죽였고, 살찐 짐승은 하나님께 드리려고 가져왔으나 나머지는 다 죽였습니다. 무엇이 잘못되었단 말입니까?"

당당하게 말하는 사울 왕을 향해 사무엘이 단호하게 말했다.

“정녕 모른단 말씀입니까? 하나님은 살찐 소를 제물로 바치는 것보다 말씀에 순종하는 것을 원하십니다. 왕이 하나님의 말씀을 거역하였으므로, 하나님께서도 당신을 왕의 자리에서 물러나게 하실 것입니다.”

그제서야 사울 왕은 사태의 심각성을 깨닫고 사무엘의 옷자락을 붙잡으며 사정했다. 사무엘은 일단 아각 왕을 데려오라고 했다. 아각은 마침내 죽음의 괴로움에서 벗어나게 된 모양이라고 좋아하면서 사무엘 앞으로 나왔다.

“너의 칼에 많은 여자들의 자식이 죽었다. 네 모친도 그런 어머니들처럼 자식을 잃으리라.”

아각 왕에 대한 준엄한 사형 선고였다. 사무엘은 아각 왕을 쳐죽이도록 명했다.

사무엘은 그 길로 고향 라마로 돌아갔다. 그리고 죽는 날까지 사울 왕에게 가지 않았다. 사울 왕을 생각하면, 마음이 괴롭고 슬펐기 때문이었다.

목동 다윗이 기름부음을 받다 삼상 16장

예루살렘에서 가까운 남쪽 지방에 베들레헴이라는 작은 마을이 있었다. 예루살렘으로 들어가는 길목에 위치하고 있어서 여관이나 음식점이 많은 마을이었다. 주변이 목초지여서 목축업도 성행했고, 밀과 보리 농사도 짓는 곳이었다.

베들레헴에는 대략 백 년 쯤 전에 룻과 보아스가 살던 집이 있었다. 룻과 보아스 이후에는 그들의 아들 오벳이 그 집에서 살다가 죽었고, 이제는 그들의 손자 이새가 그 집에서 여덟 아들과 함께 살고 있었다.

어느 날, 뿔에 기름을 담아 든 하나님의 선지자 사무엘이 그 마을을 방문했다. 하나님께서 사울을 이스라엘의 첫 번째 왕으로 세우셨으나 그가 하나님께 불순종하므로, 이제 사울을 대신할 새 왕을 택하여 세우시려고 사무엘을 보낸 것이다. 하나님은 이새의 아들들 중에서 새 왕을 뽑아 세울 계획을 갖고 계셨다.

베들레헴 성읍의 장로들은 사무엘의 갑작스런 방문에 두렵고 떨리는 마음으로 그를 영접했다.

"어쩐 일이십니까? 불길한 일로 오신 것은 아니겠지요?"

"하나님께 제사를 드리러 왔소. 그러니 모두들 몸과 마음을 정결하게 하고, 나와 함께 제사를 드립시다. 그리고 이새와 그의 아들들도 참석하라고 전하시오."

사무엘의 초청을 받은 이새와 그의 아들들은 사무엘에게로 왔다. 사무엘은 이새의 아들들을 장남부터 차례로 자기 앞으로 나오게 했다. 사무엘은 이새의 맏아들 엘리압을 보자 마음이 흡족했다. 키도 크고 용모도 준수했기 때문이었다.

'왕으로 기름부음을 받을 자가 바로 이 자로군.'

사무엘이 속으로 생각하는데, 하나님께서 사무엘에게 말씀하셨다.

"아니다. 외모를 보고 사람을 판단하지 말아라. 나는 사람의 중심을 본다. 엘리압은 내가 택한 사람이 아니다."

사무엘은 둘째 아들 아비나답을 불렀고, 다음으로 셋째 아들 삼마를 불렀다. 그렇게 일곱째 아들까지 모두 차례대로 불렀다. 그러나 그들 중 왕으로 선택된 사람이 아무도 없었다. 참으로 이상한 일이었다. 하나님은 사무엘에게 분명히 베들레헴 마을에 사는 이새의 아들들 중에서 새로운 왕을 세울 것이라고 말씀하시지 않았던가!

"이새여, 당신에게는 아들이 모두 일곱이오?"

사무엘이 이새에게 물었다.

"아닙니다. 막내아들이 남아 있습니다. 그 아이는 지금 들판에서 양떼를 돌보고 있습니다."

"그래요? 당장 그를 불러 오시오. 그 아이가 오기 전에는 식사를 하지 않겠소."

사무엘이 단호하게 말했다. 이새는 서둘러 막내를 불러들였다. 마침내 열일곱 살의 다윗이 사무엘 앞에 나타났다. 준수한 용모에, 눈이 총명하게 빛났다. 사무엘이 다윗을 보자, 비로소 하나님께서 사무엘에게 말씀하셨다.

"그가 바로 내가 새로 택한 자이니, 그 아이에게 기름을 부어라."

사무엘은 무릎 꿇고 앉은 다윗의 머리에 기름을 부었다. 새로운 왕이 탄생하는 순간이었다. 그러나 다윗이 즉각 왕위에 오른 것은 아니었다. 아직 사울 왕이 살아 있었기 때문이다.

기름부음을 받은 다윗은 하나님의 영에 크게 감동되었다. 반면, 하나님께 버림받음으로 악한 영에 사로잡힌 사울 왕은 그 무렵부터 우울증이 심해졌다.

"왕이시여! 우울하실 때는 음악 연주를 듣는 것이 좋습니다. 수금을 잘 타는 사람이 있는데, 한 번 불러 볼까요?"

신하들이 사울 왕에게 제안했다.

"그래? 그게 누구냐?"

"예, 베들레헴 마을에 살고 있는 이새의 아들 다윗입니다. 나이는 아직 어려도, 그는 수금을 잘 타고 용감한데다 용모도 준수합니다."

그러자 사울은 다윗을 왕궁으로 불러들였다. 다윗은 사울 왕 앞에서 멋진 솜씨로 수금을 연주했다. 그때마다 사울 왕에게서는 악한 영이 떠나갔고, 그래서 마음이 편안해졌다.

다윗의 활약과 사울의 질투

다윗과 골리앗 삼상 17장

다윗이 기름부음을 받고 왕궁 악사가 된 지 얼마 후, 블레셋이 또 다시 이스라엘에 쳐들어 왔다. 블레셋 군대와 이스라엘 군대는 엘라 골짜기를 사이에 두고 진을 쳤다.

당시 블레셋의 병사들 중에는 장대한 거인이 있었다. 그는 키가 무려 270cm에 이르렀다. 그가 입은 청동 갑옷의 무게는 57kg에 달했고, 창의 무게는 7kg이나 되었다. 그의 이름은 '골리앗'으로, 보기만 해도 지레 겁을 먹게 만드는 괴물 장수였다. 그는 산골짜기가 쩌렁쩌렁 울리는 우렁찬 목소리로 이스라엘을 모욕하면서 싸움을 걸어왔다.

"이스라엘 놈들아, 뭣들 하는 거냐? 너희들 중에서 용사 한 명을 뽑아 내게로 보내라. 그가 나를 쳐 죽인다면, 우리가 모두 너희들의 종이 되겠다. 그러나 만일 내가 그를 쳐 죽이면, 너희가 우리의 종이 되어 우리를 섬겨야 한다."

이스라엘 진영이 잠잠하자 골리앗이 다시 외쳤다.

"이스라엘 족속들아! 내 말이 들리지도 않느냐? 어서 나와 붙어서 싸울 자를 내보내라!"

이스라엘 진영은 쥐죽은 듯 고요했다. 거인 골리앗을 상대로 싸우겠다고 나서는 병사가 있을 리 없었다. 사울 왕조차 겁을 먹고 구경만 할 뿐이었다. 의기양양해진 블레셋 군대는 40일 내내 골리앗을 전면에 내세워 이스라엘을 자극

하고 모욕하는 소리를 질러댔다.

"핫핫핫, 머저리 같은 이스라엘 놈들아! 그렇게 나와 싸울 용기가 없느냐? 누구든지 어서 나오너라. 내가 상대해 주마."

한편, 소년 다윗은 사울 왕이 전쟁터에 나가자 베들레헴 집으로 돌아가 아버지의 양떼를 돌보았다. 당시 다윗의 큰 형 셋은 사울 왕을 따라 전쟁터에 나가 있었다.

"다윗아!"

어느 날 아버지 이새가 그를 불렀다.

"얘야, 네 형들에게 양식을 가져다줄 때가 되었다. 이 볶은 곡식과 빵은 형들에게 갖다 주고, 이 치즈 열 덩어리는 형들의 대장에게 드려라. 형들이 모두 잘 있는지 안부를 살피고 오너라."

다음 날 이른 아침, 다윗은 아버지가 싸준 짐을 메고 전쟁터로 찾아갔다. 진지를 찾아간 다윗은 형들을 만나 이야기를 나누고 있었다. 그때였다. 골리앗의 천둥소리 같은 목소리가 다시 들려오기 시작한 것은.

"야, 이스라엘 겁쟁이들아, 어서 나와 겨룰 용사를 내보내라. 핫핫핫."

잔뜩 겁을 집어먹은 이스라엘 군대는 여전히 묵묵부답이었다.

"어휴, 또 그 자로군. 저 골리앗을 죽이는 자에게는 사울 왕이 많은 상금을 주고 자기 딸과 결혼시킨다고 했다지. 하지만 저 괴물 같은 골리앗과 누가 감히 싸우려고 나서겠어. 저 놈에게 매일 모욕을 당하고 있을 수밖에. 이런 지도 벌써 40일이 넘었어."

다윗은 형들과 그 주변 병사들이 나누는 이야기를 들었다. 다윗은 도저히 참을 수 없었다.

"뭐라고요? 저 할례도 받지 않은 이방인이 어떻게 하나님의 군대를 모욕할 수 있습니까? 저자를 내가 죽이고 말겠습니다."

그 소리를 들은 맏형 엘리압이 크게 화를 냈다.

"다윗! 너는 여기에서 도대체 무엇을 하고 있는 거냐? 몇 마리 안 남은 양들은 누구에게 맡겼어? 자기 주제도 모르고 날뛰다니, 건방진 녀석 같으니라구!"

그러나 다윗은 포기하지 않고 형에게서 떠나, 다른 병사들에게로 가서 이렇게 말했다.

"내가 나가서 저 골리앗과 싸울 것입니다. 내가 반드시 저 자를 죽이겠소!"

다윗이 이렇게 큰 소리 치자 모두들 놀랐다. 다윗이 한 말이 소문으로 퍼져 나가, 사울 왕에게까지 보고되었다. 사울은 즉시 그를 데려오라고 했다. 하지만 막상 다윗을 본 사울 왕은 실망하지 않을 수 없었다.

"얘야, 너는 아직 어리다. 골리앗은 어려서부터 무기를 다루면서 자란 용사가 아니냐? 그만두어라."

하지만 다윗의 결심은 확고했다.

"아닙니다, 임금님. 저는 비록 어리지만 들판에서 아버지의 양떼를 지키다가 사자나 곰이 나타나 새끼 양을 물어가면, 뒤쫓아가서 때려 눕히고 양을 구했습니다. 그 맹수들의 입에서 저를 구해주신 하나님이 저 블레셋 사람의 손에서 반드시 저를 구해 주실 것입니다. 저에게 기회를 주십시오."

목동이며 궁중 악사인 다윗의 용기와 신앙에 감동 받은 사울 왕은 마침내 출전을 허락했다.

"정 그렇다면 나가서 싸워라. 하나님께서 너와 함께 하시기를 빈다."

사울 왕은 다윗에게 자기의 투구와 갑옷과 칼을 내주었다. 그러나 다윗이 갑옷을 입고 걸어보니 불편해서 싸울 수가 없었다. 다윗은 갑옷을 벗어놓고, 목동의 지팡이와 물매만 가지고 골리앗을 향해 걸어 나갔다. 계곡을 지날 때 다윗은 주먹만한 매끄러운 돌 다섯 개를 주워 주머니에 넣었다. 칼을 대신할 자신만의 무기였다.

이스라엘 진영을 바라보고 있던 골리앗은 누군가가 다가오자 쾌재를 불렀다.

'드디어 한 놈이 나오는군. 본때를 보여 줘야지.'

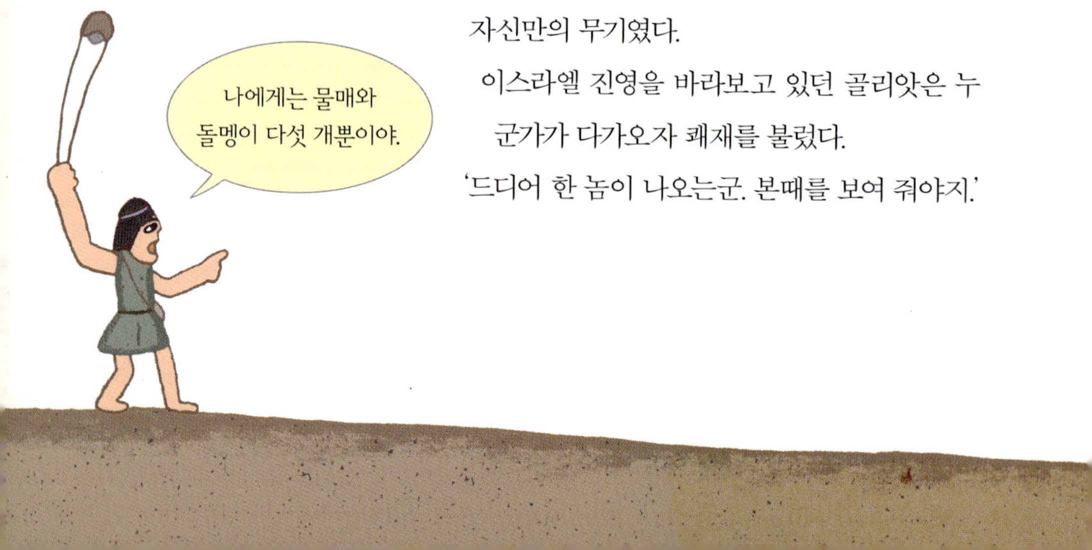

골리앗도 블레셋 진영을 떠나 골짜기로 내려왔다. 가까이 다가오는 다윗을 본 골리앗은 화가 나서 크게 고함쳤다.

"아니, 넌 애송이가 아니냐? 내가 개냐? 막대기 하나로 감히 나와 싸우러 오다니!"

다윗은 묵묵히 골리앗에게 다가갔다.

"꼬마야, 우리의 신들이 너를 저주할 것이다. 그래, 어서 오너라. 내가 오늘 네 시체를 새들과 짐승들의 밥으로 주겠다."

다윗도 골리앗을 향해 소리쳤다.

"이 할례도 받지 않은 블레셋 놈아! 너는 창과 칼과 방패를 들고 내게 덤비지만, 나는 네가 모욕하는 만군의 하나님의 이름으로 너와 싸우겠다. 오늘 하나님께서 너를 내 손에 넘겨주실 것이다. 내가 네 목을 베고, 너희 병사들의 시체를 새들과 짐승들의 먹이가 되게 할 것이다. 그래서 온 땅이 이스라엘에 하나님이 계신 줄 알게 할 것이다."

성난 골리앗이 성큼성큼 앞으로 다가왔다. 그는 상대도 안 된다는 듯 교만한 웃음을 띠고 있었다. 다윗도 골리앗을 향해 무섭게 돌진했다. 다윗은 주머니에서 돌을 꺼내 물매에 얹히고 휙휙 물매를 돌린 다음 골리앗을 향해 돌을 날렸다.

"쉭, 퍽!"

바람을 가르고 힘차게 날아간 다윗의 물맷돌이 단 한 번에 거인 골리앗의 이마 중앙에 정확하게 꽂혔다. 그러자 장대한 거인이 맥없이 고꾸라졌다. 다윗은 달려가서 골리앗의 큰

칼을 뽑아 그 칼로 골리앗을 죽인 후, 그의 목을 베었다.

"어어, 저게 어찌 된 일이냐?"

그 광경을 지켜보던 블레셋 군대는 사기가 땅에 떨어져 즉각 도망치기 시작했다. 이스라엘 군대는 함성을 지르며 그들을 추격했다. 이스라엘 군대는 블레셋의 큰 성읍인 에그론 성문까지 패잔병들을 추격하여 닥치는 대로 죽였다. 이스라엘의 일방적인 승리였다. 다윗은 골리앗의 머리를 들고 사울 왕 앞으로 갔다.

"젊은이, 그대의 부친은 누구이시냐?"

사울 왕은 크게 기뻐하며 다윗의 신상에 대해 이것저것 물었다.

"임금님, 주의 종은 베들레헴 사람 이새의 아들입니다."

"음, 그래. 잘 싸웠다. 네가 이스라엘을 블레셋의 손에서 구했구나. 네게 후한 상금을 내릴 것이다."

질투에 사로잡힌 사울 왕 삼상 18:6-9

다윗의 공로로 위기에 빠진 이스라엘이 대승을 거두고 돌아오자, 이스라엘 백성은 모두 거리로 나와 사울 왕과 다윗을 열광적으로 환영했다.

"사울이 죽인 자는 수천이요, 다윗이 죽인 자는 수만이로다!"

여인들의 이 같은 노래는 혜성처럼 등장한 목동 다윗이 사울 왕의 인기를 능가하고 있음을 보여주었다. 그러자 사울 왕의 심사가 뒤틀렸다. 왕은 불쾌감을 감추려 애썼다.

'다윗은 수만을 죽이고 나는 수천을 죽였다고? 이러다간 다윗에게 왕의 자리를 빼앗기고 말겠구나.'

이때부터 사울 왕은 질투어린 시선으로 다윗을 바라보기 시작했다.

다윗은 왕궁에 머물게 되면서, 사울 왕의 장남 요나단과 절친한 사이가 되었다. 순수한 마음과 올바른 신앙을 가진 왕자 요나단은 다윗을 자기 생명처럼 아끼고 좋아했다. 요나단은 자신의 겉옷을 벗어 다윗에게 입히는가 하면,

자기의 활과 화살도 선물로 주었다. 둘은 영원한 친구의 언약을 맺었다.

다윗의 활약은 눈부셨다. 사울 왕은 다윗을 군대의 대장으로 임명했다. 신하들도 백성들도 모두 다윗을 따랐다. 하지만 사울 왕은 마음이 편치 않았다. 왕의 귓가에는, 사울은 수천 명을 죽이고 다윗은 수만 명을 죽였다는 여인들의 노랫소리가 쟁쟁하게 들려왔기 때문이다.

'이러다간 다윗에게 왕의 자리마저 빼앗기고 말겠어!'

사울의 핍박과 다윗의 도피

쫓기는 다윗 삼상 18:10–19:7

다음 날, 악령이 사울 왕에게 들어가자 왕은 발작을 일으켰다. 다윗은 평소처럼 얼른 수금을 가져다가 연주를 시작했다. 그때 사울의 손에는 창이 들려 있었다.

'내가 다윗을 벽에 박아 죽여 버리겠어.'

사울 왕은 다윗을 향해 창을 던졌다. 다윗이 급히 몸을 피했다. 사울은 다시 창을 던졌지만, 이번에도 다윗은 용케 창을 피할 수 있었다. 하나님이 다윗과 함께 하신다는 것을 알게 된 사울은, 다윗이 더욱 두려워져서 그를 왕궁에서 내보냈다. 그러면서도 어떻게든지 다윗을 죽여야겠다고 더욱 마음을 굳혔다.

'그래, 다윗을 전쟁터에 보내서 적의 손에 죽게 하는 거야!'

어느 날, 사울 왕은 다윗을 불러들여 명령을 내렸다.

"블레셋 군인 백 명을 죽이고 그들의 양피를 베어 오면, 내 딸을 네 아내로 삼게 해주겠다."

때마침 사울의 둘째 딸 미갈은 다윗을 사랑하고 있었다. 백성들도 다윗과 미갈의 결혼을 지지했다. 다윗은 군대를 이끌고 전선으로 나갔다. 사울 왕은 다윗이 블레셋 사람들의 손에 죽기를 바랐지만, 그의 뜻은 이루어지지 않았다. 오히려 다윗은 블레셋 군인 2백 명을 죽이고 당당하게 개선했다. 사울 왕은 어쩔 수 없이 자기 딸 미갈을 다윗의 아내로 주었다.

그러나 다윗의 존재는 사울 왕에게 더없이 위험스러운 존재였다. 다윗은 지혜로웠고 용맹스러웠다. 전투마다 승리를 거두고 개선하니, 날로 명성이 높아졌다. 이스라엘 백성들의 마음이 다윗에게로 기울어지는 것은 너무나 당연했다.

"요나단!"

고심 끝에 사울 왕은 자신의 왕위를 계승할 왕자를 불렀다.

"잘 듣거라. 다윗은 위험한 인물이다. 그가 살아 있으면, 네가 왕이 될 수 없을 것이다. 그는 언젠가는 우리 왕가를 무너뜨리고 자기가 왕이 될 것이다. 더 늦기 전에 다윗을 없애버려야 한다. 기회를 봐서 그를 죽여라."

사울 왕은 요나단은 물론 신하들에게도 다윗을 제거하도록 은밀하게 명령을 내렸다. 그러나 요나단은 다윗에게 깊은 우정을 품고 있었다. 요나단은 다윗을 찾아가서 말했다.

"다윗, 내 아버지가 자네를 죽이려고 하니 은밀한 곳에 몸을 숨기게. 내가 아버지의 마음을 떠보고 자네에게 알려줄 테니 그동안에는 몸을 숨기고 있게."

그런 후 요나단은 곧장 아버지에게 가서 물었다.

"아버지, 다윗은 아버지의 충실한 신하로서 아버지를 위해 많은 공을 세웠습니다. 목숨을 아끼지 않고 골리앗을 죽여 나라를 위기에서 구한 적도 있습니다. 그러니 다윗을 죽이지 마십시오. 어째서 아무 이유도 없이 죄 없는 사람을 죽이려고 하십니까?"

왕자 요나단의 진심어린 간청에 사울 왕이 대답했다.

"그래, 네 말이 맞다. 살아계신 주님의 이름으로 맹세하마. 다윗을 죽이지 않겠다."

요나단은 그 사실을 즉각 다윗에게 알리고, 그를 다시 왕에게로 데려왔다. 그때부터 다윗은 다시 왕궁 생활을 지속할 수 있었다.

사울 왕에게서 다윗이 도피하다 삼상 19:8-24

얼마 후, 블레셋이 또다시 이스라엘을 침공해 왔다. 다윗은 지체 없이 1천 명의 병사를 이끌고 출동했다. 다윗이 이끄는 군대는 한 번도 패한 적이 없었다. 그날의 전투에서도 다윗은 적군을 크게 무찌르고 개선했다. 하지만 기뻐해야 할 사울 왕은 다윗을 더욱 질투하며 두려워하게 되었다.

'음, 날이 갈수록 다윗의 위세가 대단해지는군. 빨리 손을 써야 할 텐데….'

다윗을 볼 때마다 사울 왕은 빨리 그를 제거해야겠다는 조급증이 일어날 지경이었다.

어느 날, 사울 왕에게 다시 악령이 들어왔다. 다윗이 사울 왕을 위해 수금을 연주하고 있을 때, 사울은 예전처럼 다윗을 향해 창을 던졌다. 다윗이 잽싸게 몸을 피해 창은 다윗 뒤쪽의 벽에 꽂혔다. 다윗은 즉시 집으로 도망쳐 갔다.

그날 밤, 사울 왕은 병사들을 다윗의 집으로 보내 그를 죽이라고 명령했다. 병사들이 들이닥쳤을 때, 다윗의 아내인 공주 미갈은 남편을 창문으로 도피시켰다. 다윗의 침대 속에는 다윗의 겉옷을 입은 우상을 대신 눕혀 놓았다.

다윗을 놓쳤다는 사실을 알게 된 사울은 자기 딸 미갈에게 야단을 쳤다.

"넌 어쩌자고 나를 속이고 이런 짓을 했느냐? 내 원수를 도망치게 하다니, 무슨 짓이냐?"

미갈이 교묘하게 대답했다.

"그이가 나를 위협했어요. 자기를 도망치게 해주지 않으면 죽이겠다고요."

다윗은 멀리 라마로 도망가서 사무엘의 집에 몸을 숨겼다.

사울 왕은 집요하게 다윗을 죽이려고 했다. 다윗이 라마에 있다는 보고가 들어오자, 왕은 다시 병사들을 보내어 다윗을 죽이게 했다. 그러나 세 차례나 실패로 돌아가자, 사울 왕 자신이 직접 병사들을 이끌고 라마로 갔다. 그러나 다윗과 함께 하시는 하나님의 역사로 사울은 다윗을 죽이지 못했다.

다윗과 요나단의 우정

다윗과 요나단 삼상 20:1-23

다윗은 불안한 나날을 보냈다. 이유를 알 수 없는 암살의 칼날이 늘 자기를 향하고 있었고, 더구나 배후에서 조종하는 자는 절대 권력을 지닌 사울 왕이었다.

'언제까지 이렇게 숨어 다녀야 한단 말인가.'

다윗은 생각다 못해 요나단을 은밀하게 찾아갔다.

"요나단, 도대체 무엇 때문이지? 자네 아버님이 왜 날 그토록 죽이려고 하시는지 난 그 이유를 알아야겠어."

다윗은 요나단에게 단도직입적으로 물었다.

"다윗, 걱정하지 말게. 아버님이 자네를 죽이지는 않을 거야! 그런 일은 있을 수 없어. 아버지는 큰 일이든 작은 일이든, 언제나 내게 먼저 알려주신다네. 그러니 내가 아버님을 만나서 알아보도록 하겠네."

"요나단, 내 생각은 달라. 자네와 내가 매우 친하다는 사실을 아시기 때문에, 이 문제에 대해서는 말씀하시지 않을 거야."

"그럴지도 모르지. 하지만 자네 일이라면 내가 할 수 있는 모든 방법으로 돕겠네."

요나단이 안타까운 마음으로 말했다. 다윗은 잠시 생각에 잠겼다가 입을 열었다.

"요나단, 고맙네. 그렇다면 부탁 하나 할게. 내일이 초하루야. 초하루는 대신들이 폐하와 함께 식사를 하는 날이잖아. 하지만 난 불참할 거야. 폐하는 분명히 자네에게 내가 불참한 이유를 물으실 걸세. 그럼 집안 일로 고향 베들레헴에 다녀올 일이 있다면서 내가 자네에게 허락해 달라고 했다고 말해 주게. 그래서 자네가 그렇게 하도록 허락을 내렸다고 하게. 폐하께서 '잘 했다'고 하시면 괜찮지만, 화를 내신다면 날 죽이려고 작정하신 게 분명해."

다윗과 요나단은 워낙 중요한 이야기라서 다른 사람들의 눈과 귀를 피해 들판으로 나간 다음, 이야기를 계속했다.

"아무런 걱정하지 말게. 아버님이 자넬 죽이려고 한다면 내가 반드시 알려 주겠네. 나를 믿고 기다려 주게."

요나단은 그 동안의 모든 일로 미루어 볼 때 하나님께서 언젠가는 다윗을 이 나라의 왕으로 삼으실 것이라고 확신하고 있었다. 그러나 요나단은 다윗을 사랑하고 믿었기 때문에 조금도 질투하거나 미워하지 않았다.

"다윗, 힘을 내게. 하나님께서 자네를 지켜주시므로 자네를 해치려는 적들은 모두 심판하실 거야. 하나님께서 반드시 자네를 안전하게 지켜주실 것이라 믿네."

요나단은 다윗에게 왕궁 근처의 들판에 숨어 있게 했다. 아버지 사울 왕의 마음을 알아본 다음, 활쏘기 연습을 한다는 핑계로 다시 그 들판에 나오겠다고 했다.

"다윗, 자네는 이 바위 옆에 숨어 있게. 내가 활을 쏜 다음 화살 줍는 시종에게 큰 소리로 외치겠네. 만일 시종에게 너무 멀리 갔다고 외치면 자네가 안전하다는 신호이고, 화살이 더 먼 곳에 있으니 아직 더 가야 한다고 외치면 아버지가 자네를 해치려 한다는 신호야. 그러면

속히 길을 떠나 몸을 피하도록 하게."

사울 왕의 진심 삼상 20:24-42

매월 초하루는 왕궁에서 잔치가 벌어지는 날이었다. 그런데 그 자리에 있어야 할 다윗의 모습이 보이지 않았다. 사울 왕은 모르는 척 지나갔다. 하지만 다음 날에도 여전히 다윗이 보이지 않자 왕은 요나단에게 물었다.

"다윗은 어디 있느냐? 다윗이 어제도 오늘도 나오지 않는 이유가 뭐지?"

요나단이 기다렸다는 듯이 대답했다.

"급한 일이 생겨 고향 베들레헴에 다녀와야 된다면서 저에게 허락을 내려 달라고 간청했습니다. 해마다 이맘때가 되면, 집안의 온 식구가 모여 제사를 올린다고 합니다."

요나단의 말에 사울 왕은 버럭 화를 냈다.

"요나단, 이 어리석은 것아. 다윗이 살아 있으면 네가 왕이 되지 못한다는 걸 왜 모르느냐? 그를 반드시 죽여야 한다. 당장 사람을 보내어 그놈을 잡아오너라. 그자는 죽어 마땅한 놈이다."

"아버님, 다윗이 도대체 무슨 잘못을 저질렀다고 그러십니까?"

요나단도 물러서지 않았다.

"뭐라고? 감히 나에게 대들어?"

사울 왕은 버럭 소리를 지르며 의자에서 일어나더니, 아들을 향해 창을 던지려고 했다. 요나단은 그제서야 아버지의 뜻을 확실히 알고는, 분노와 절망감으로 자리를 박차고 나갔다.

다음 날 아침, 요나단은 어린 시종을 데리고 다윗이 숨어 있는 들판으로 가서 활을 쏘았다. 일부러 화살을 멀리 쏘았다. 시종이 화살을 찾으려고 달려가자 요나단이 큰 소리로 외쳤다.

"더 멀리 가거라. 화살은 더 먼 곳에 떨어졌다."

깊은 슬픔이 배인 목소리였다. 시종이 화살을 찾아오자, 요나단은 시종에게 활과 화살을 주면서 먼저 왕궁으로 돌아가라고 명했다. 시종이 돌아가자, 바위 뒤에 숨어 있던 다윗이 나왔다.

"다윗!"

"요나단!"

둘은 서로를 껴안고 오래도록 슬피 울었다.

"평안히 가게. 우리가 주의 이름을 걸고 맹세한 우정을 잊지 말게. 주께서 자네와 나 사이뿐만 아니라 자네의 후손들과 내 후손들 사이에도 증인이 되어 주실 것이네."

요나단이 작별 인사를 했다. 다윗은 정처없는 도피의 길에 올랐다.

사울의 추격과 다윗의 충성

사울 왕의 집요한 추격 삼상 21:10–22:5, 23:15–29

'아무래도 안 되겠어. 이스라엘 땅에서는 숨을 데가 없어. 다른 나라로 도망가야겠어.'

다윗은 마침내 이스라엘을 떠나기로 마음먹었다. 사울 왕의 집요한 추격으로부터 안전하려면, 멀리 타국으로 피신하지 않으면 안 될 상황이었다. 다윗은 남쪽을 향해 길을 떠났다. 그가 도착한 곳은 이스라엘과 이집트 사이에 위치한 지중해 해안의 블레셋 땅 가드였다.

그러나 그곳은 안전 지대가 아니었다. 오히려 더 위험한 땅이었다. 가드 사람들 중에 다윗을 알아보는 자들이 있었던 것이다.

"저 자는 골리앗을 죽인 이스라엘의 다윗임이 분명해. 전에 우리가 이스라엘로 쳐들어갔을 때 우리와 싸웠잖아. 우린 크게 패배했고, 이스라엘 사람들은 사울은 수천을 죽였는데 다윗은 수만을 죽였다고 노래를 불렀어. 맞아. 저 자는 이스라엘의 영웅 다윗이야."

다윗은 곧 체포되어 왕궁으로 호송되었다. 사자 굴에 들어온 셈이었다.

다윗은 사람들 앞에서 미친 사람 흉내를 내기 시작했다. 문짝에 글씨인지 그림인지 알아볼 수 없는 낙서를 끄적이고, 침을 질질 흘려 수염을 적셨다. 누가 보아도 미친 사람이었다.

"저자는 미친 놈이 아니냐? 나에게 미친 사람이 부족해서 저런 자를 왕궁에 데려왔단 말이냐? 저런 자를 나의 왕궁에 들여놓아서는 안 돼!"

가드 왕이 노발대발했다.

위기를 모면한 다윗은 즉시 블레셋을 떠나 다시 조국 땅으로 돌아가서, 유다 남부에 있는 아둘람 성읍의 한 동굴에 몸을 숨겼다. 그곳에는 크고 작은 석회암 동굴들이 많았다.

다윗을 모르는 이스라엘 사람들은 없었다. 많은 사람들이 죄 없는 다윗을 죽이려고 하는 사울 왕을 미워했다. 그런 사람들이 하나 둘 다윗을 찾아왔다. 다윗의 부모와 가족들도 먼 길을 걸어 아둘람 동굴로 찾아왔다. 다윗은 그들의 우두머리가 되었고, 4백 명 정도가 다윗을 따르며 함께 지냈다.

아둘람 동굴 지대는 크고 작은 수많은 동굴들이 있는 곳으로, 도피자들이 몸을 숨기기에는 안성맞춤이었다. 다윗 일행은 한동안 그곳에서 머물다가 요단 강 건너편 구릉에 펼쳐진 풍요로운 모압 땅으로 이동했다.

그곳에서 지낸 지 얼마 후, 하나님의 예언자 갓이 다윗을 찾아와 다시 이스라엘 땅으로 돌아가라고 일러주었다. 다윗은 예언자의 말에 순종하여, 4백 명의 부하를 거느리고 요단 강을 건너 유다 땅으로 들어왔다. 하지만 늙으신 부모님은 모압 땅에 남겨두었다.

다윗 일행은 넓은 숲을 발견하고 그곳으로 들어갔다. 헤렛 수풀 지대였다. 그러나 소문을 들은 사울 왕의 군대가 그곳을 수색하기 시작했다. 다윗은 급히 다른 곳으로 피신했다.

다윗은 부하들과 함께 피신 생활을 계속했다. 며칠씩 계곡의 동굴에 숨어 있기도 했다. 그 무렵, 요나단이 다윗의 은신처를 알아내고 은밀하게 찾아왔다.

"다윗, 걱정 말게. 하나님께서 자넬 지켜주실 거야."

"요나단, 고맙네. 우리의 우정은 영원할 거야."

다윗과 요나단은 어떤 일이 생겨도 서로의 가족을 보호해주고 도와주기로 굳게 다짐했다.

한편, 사울 왕은 다윗을 숨겨주면 그 지역 사람들을 모두 죽이겠다고 포고령을 내렸다. 지역 주민들은 다윗의 소재가 파악되면 즉시 보고하기로 되어 있었다. 사울 왕은 정보가 들어오는 대로 군대를 이끌고 나가 그 지방을 샅샅이 수색하곤 했다. 다윗은 일행이 4백 명이나 되었으므로 몸을 숨기기가 쉽지 않았다. 피해 다니던 다윗과 일행은 급기야 사울 왕의 군대에게 포위당하는 지경에 이르고 말았다. 포위망이 압축되면, 도망칠 길이 아무 데도 없었다.

'아, 이대로 잡혀 죽는단 말인가.'

다윗은 절망에 빠졌다. 그 순간, 왕궁에서 사울 왕에게 전령이 급히 도착했다.

"폐하, 급보입니다. 블레셋이 또 공격해 왔습니다. 급히 돌아가야만 합니다."

위기일발의 순간에 하나님께서 다윗을 도우신 것이다. 적군의 공격을 받게 되었으니, 일단 그들을 물리치는 것이 급선무였다. 사울 왕은 다 잡은 다윗을 그냥 두고 가는 것이 억울했지만, 상황이 상황인지라 블레셋과 맞서기 위해 황급히 군대를 철수하여 돌아갔다.

다윗이 사울 왕의 목숨을 살려주다 삼상 24장

구사일생으로 살아난 다윗은 더 안전한 곳으로 몸을 피하기 위해 유대 광야의 남쪽 황무지로 이동했다. 사해 남서부 지역의 황량한 엔게디 지역에는 거대한 자연 동굴이 도처에 널려 있었다. 다윗 일행은 어느 큰 굴로 은신했다.

블레셋과 싸워 이긴 사울 왕은 또 다시 정예 병사 3천을 이끌고 다윗을 추적했다. 엔게디 광야에 이르자 그들은 본격적으로 동굴 수색 작전을 펼쳤다. 그러나 동굴이 워낙 많고 규모가 커서 다윗 일행을 찾아내기가 수월하지 않았다.

어느 날, 사울 왕은 용변을 보기 위해 어느 굴 속으로 들어갔는데, 우연하게도 다윗 일행이 숨어 있는 바로 그 동굴이었다.

"대장님, 마침내 하나님께서 원수를 제거할 절호의 기회를 주셨습니다. 사울을 죽이고 이스라엘의 왕이 되십시오."

다윗의 부하가 다윗에게 속삭이듯 말했다. 다윗은 사울 왕에게 다가가 칼을 뽑았다. 그리고 사울의 옷자락을 베어 왔다. 그런 다음, 자기 부하들에게 엄명했다.

"누구도 왕의 몸에 손을 대서는 안 된다."

사울 왕이 동굴 밖으로 나가 군대를 이끌고 길을 떠나자, 다윗이 멀리서 뒤를 따라가며 소리쳤다.

"왕이시여!"

사울 왕은 다윗을 발견하자 깜짝 놀랐다. 다윗은 즉각 그 자리에서 무릎을 꿇고 왕에 대한 신하의 예를 갖추고 말했다.

"왕이시여, 폐하께서는 다윗이 폐하를 해치려 한다는 터무니없는 소문을 정녕 믿고 계시는 것입니까? 오늘 하나님께서는 왕의 목숨을 저에게 주셨으나, 저는 하나님께서 기름 부어 세우신 왕을 해칠 수 없었습니다. 이걸 보십시오. 저는 다만 폐하의 옷자락만 잘랐을 뿐입니다. 보시다시피, 저는 폐하를 해칠 생각이 추호도 없습니다."

"뭣이? 내 옷자락을?"

사울이 자기 옷을 살펴보자, 정말 겉옷의 일부가 잘려나가고 없었다. 사울 왕은 눈물을 흘리며 다윗에게 말했다.

"내 아들 다윗아! 나는 너를 죽이려 하는데, 너는 나를 살렸구나. 세상의 어

느 누가 원수를 손에 넣고서도 그냥 살려 보내 주겠느냐? 오늘 네가 나를 살려주었으니, 하나님께서 너에게 좋은 것으로 베풀어주실 것이다. 나는 네가 왕이 될 것임을 이제야 알겠구나. 네가 왕이 되면 나의 후손들을 죽이지 않겠거니와, 선조들의 가문에서도 내 이름을 지워버리지도 않겠다고 주의 이름으로 맹세해 다오."

다윗은 절대로 보복하지 않겠다고 기꺼이 약속했다. 그러자 사울은 왕궁으로 돌아갔고, 다윗은 다시 광야의 은신처로 돌아갔다.

어리석은 남편과 현명한 아내 삼상 25장

그 무렵, 사무엘이 그의 고향 라마에서 세상을 떠났다. 다윗은 사무엘의 죽음을 크게 슬퍼했다. 사무엘은 자신에게 기름을 부었던 정신적 후원자였기 때문이다.

다윗은 자신의 위치가 더욱 불리하게 된 것을 깨닫고는, 시나이 반도의 바란 광야로 도피해 들어갔다. 그를 따르는 추종자는 더욱 늘어나서 이제는 6백여 명에 달했다.

하루는 다윗 일행이 3천 마리의 양과 1천 마리의 염소를 소유한 '나발'의 땅을 지나게 되었다. 그는 완고하고 인색하기로 소문난 사람이었다. 그의 아내 '아비가일'은 미인인 데다 총명한 여인으로 소문이 자자했다. 다윗은 양털을 깎는 시기가 되자 열 명의 부하를 보내어 나발을 찾아가 전갈하게 했다.

"나발이여, 당신이 건강을 누리시길 빕니다. 당신의 집안이 형통하시기를 빕니다. 당신이 하는 일들이 모두 잘 되기를 빕니다. 당신의 양치기들이 우리와 함께 있었을 때, 우리는 그들에게 해를 끼친 적이 없고, 갈멜에 있는 동안에는 양 한 마리도 잃어버린 일이 없습니다. 우리는 당신의 가축을 하나도 해치지 않고 잘 보호해 주었습니다. 이제 우리가 이렇게 찾아왔으니, 우리에게 호의를 베풀어 당신의 종들에게 음식을 좀 나누어 주시기 바랍니다."

그러자 나발은 다윗의 부하들에게 화를 냈다.

"다윗이 너희들을 보냈다고? 다윗이란 자가 도대체 누구야? 요즘에는 도망친 종들이 많다던데, 내가 그런 놈들까지 먹여 살려야 되겠느냐? 양털 깎는 일꾼들을 위해 마련한 빵과 포도주와 고기를 왜 내가 누구인지도 모를 작자들에게 나눠 주어야 한단 말이냐? 썩 돌아가라!"

당시의 이스라엘에서는, 먹을 것을 요청하는 사람에게 음식 제공을 거절하는 것이 대단한 실례였다. 더구나 나발은 다윗을 모독하기까지 한 것이다.

그 소식을 전해 들은 다윗은 진노했다. 그는 400명의 부하들을 이끌고 나발의 집으로 향했다. 그 사실을 나발의 종이 알고는 나발의 아내 아비가일에게 달려갔다.

"큰일났습니다, 마님! 다윗은 우리가 양떼를 칠 때 잘 대해 준 사람인데, 음식을 좀 달라는 그분의 요청을 주인님이 박절하게 거절했다고 합니다. 지금 다윗이 화가 나서 부하들을 이끌고 오고 있는 중입니다. 속히 방도를 강구해야 됩니다."

아비가일은 지혜로운 여자였다. 사태의 심각성을 알아차린 그녀는 빵 200덩이, 포도주가 가득 든 가죽 부대 두 개, 손질해 놓은 양 다섯 마리, 볶은 곡식 열 말, 건포도 100덩이, 말린 무화과 200덩이를 준비하게 하여, 나귀에 실어 보내고 자신도 뒤를 따랐다. 다윗 앞에 도착한 그녀는 즉시 나귀에서 내려

다윗 앞에 엎드리고 남편의 잘못을 사과했다.

"내 주여, 이 천한 계집종이 당신이 보낸 사람들을 만나보지 못하여 이런 불상사가 생겼으니, 허물을 용서해 주시기 바랍니다. 제 남편은 어리석은 자입니다. 장차 당신이 이 나라의 왕위에 오르실 때, 오늘 부질없이 피 흘리지 않은 것을 다행으로 여기실 것입니다. 제가 준비한 예물을 받으시고, 부디 노여움을 거두시길 바랍니다."

다윗은 아름답고 지혜로운 아비가일의 처신에 감동했다.

"그대가 올바른 분별력으로 미리 막아주지 않았더라면 오늘 나는 피를 흘리고 내 손으로 사람을 죽일 뻔했습니다. 그대의 요청을 받아들일 터이니, 평안히 집으로 돌아가시오."

다윗은 아비가일이 준비한 음식을 받아들이고, 그녀를 돌려보냈다. 아비가일이 집에 돌아와 보니, 나발은 자신이 마치 왕이라도 된 듯이 호화로운 술잔치를 벌이고 있었다. 아비가일은 날이 밝을 때까지 나발에게 아무 말도 하지 않았다.

다음 날 아침, 나발이 잠에서 깨어나 맑은 정신이 되자 그녀는 그동안 있었던 일을 말해 주었다.

"당신은 다윗에게 큰 잘못을 저질렀어요. 다윗이 부하들을 이끌고 당신을 죽이려고 오는 것을 내가 간신히 막았어요."

"뭐라고? 다윗이 나를?"

나발은 심장이 멎을 정도로 놀랐다. 너무 놀란 나발은 열흘 동안 끙끙 앓다가 그만 죽고 말았다. 나발의 사망 소식을 들은 다윗은 즉시 아비가일에게 사람을 보냈다. 다윗의 종들이 그녀에게 다윗의 뜻을 전하자, 아비가일은 그들을 향해 몸을 굽혀 절을 하면서 말했다.

"이 몸은 내 주인님의 여종이니, 내 주인님을 섬기는 종들의 발을 기꺼이 씻어 드리겠습니다."

아비가일은 다윗의 종들을 깍듯이 대접한 후, 자신의 몸종 다섯을 데리고 다윗에게로 가서 그의 아내가 되었다.

사울 왕을 다시 살려 준 다윗 삼상 26장

그 후, 다윗이 사해 서편의 광야에 머물고 있을 때였다. 그 지방 사람들이 사울 왕에게 사람을 보내어 다윗이 그곳에 숨어 있다고 밀고를 했다. 사울은 다윗을 해치지 않겠다던 약속을 까맣게 잊은 채 3천 명의 병력을 이끌고 다윗을 찾아 나섰다.

다윗은 사울 왕이 왔다는 정보를 듣고, 그들의 동태를 살피고 있었다. 거대한 원형의 진지 한가운데에 사울 왕의 천막이 있었다. 다윗이 부하들을 향해 말했다.

"누가 나와 함께 적진 중앙으로 쳐들어 가겠느냐?"

그러자 아비새가 나섰다. 다윗과 아비새는 밤중에 적진 속으로 침투해 들어갔다. 먼 길을 추격해 온 사울 왕의 병사들은 깊이 잠들어 있었다. 아무도 그들의 침입을 알지 못했다. 두 사람은 드디어 사울 왕의 천막으로 들어갔다. 사울 왕도 깊은 잠에 빠져 있었다. 그의 머리맡에는 물병이 있었고, 그 옆의 땅바닥에는 창이 꽂혀 있었다. 왕을 호위하는 군사령관 아브넬도 깊이 잠들어 있었다. 아비새가 다윗에게 속삭였다.

"대장님, 하나님께서 원수 사울을 당신의 손에 넘겨주셨습니다. 제가 창으로 단번에 찔러 죽이겠습니다."

"아니다. 죽이지 말아라. 하나님께서 기름 부은 자를 죽이면 죄가 된다. 오직 하나님만이 그를 치실 수 있다. 우린 왕의 창과 물병만 가지고 이곳을 빠져 나가자."

두 사람은 왕의 창과 물병만 들고, 진지를 빠져 나와 건너편 산꼭대기로 올라갔다.

"사울 왕의 군사령관 아브넬아! 대답하라. 아브넬아!"

다윗이 크게 고함치자, 사울 왕의 진영이 잠에서 깨어났다.

"감히 왕을 들먹이며 나를 부르는 너는 누구냐?"

아브넬이 대꾸했다.

"아브넬아, 너는 이스라엘 군대에서 최고의 장군이 아니냐? 그런데 너는 어찌하여 왕을 지키는 임무를 그렇게 소홀히 할 수 있느냐? 방금 왕을 죽이려고 왕의 천막 안에까지 들어간 사람이 있다. 너는 하나님이 기름 부어 세우신 왕을 보호하지 않았으니, 마땅히 죽을 죄를 지었다. 자, 이걸 보아라. 왕의 머리맡에 있던 물병과 창이다."

사울도 다윗의 음성을 알아듣고 천막에서 나왔다.

"이건 다윗의 목소리가 아니냐?"

천막 밖으로 나와 산꼭대기의 다윗을 올려다보는 사울에게 다윗이 소리쳤다.

"왕께서는 도대체 무엇 때문에 이 종을 쫓고 계십니까? 제가 무슨 짓을 했습니까? 제가 왕께 무슨 잘못을 저질렀습니까? 보잘것없는 저를 왜 쫓아다니시는 것입니까? 왜 저의 피를 원하십니까? 지금 왕은 벼룩 한 마리를 잡기 위해 출동하신 것과 다를 것이 없습니다."

사울은 금세 자신의 잘못을 깨달았다. 사울은 감정의 기복이 심한 사람이었다.

"내 아들 다윗아, 내가 죄를 지었구나. 내게로 오너라. 너는 오늘도 나를 죽일 수 있었는데 죽이지 않았구나. 이제 맹세하마. 두 번 다시 네게 해를 끼치지 않겠다."

"왕께서는 부하를 보내어 왕의 창을 가져가십시오. 오늘 제가 왕의 생명을 소중히 여긴 것처럼, 하나님께서 저의 생명을 소중히 여기셔서 저를 온갖 환난에서 구해 주실 것입니다."

사울 왕이 대답했다.

"내 아들 다윗아, 네게 복이 있을 것이다. 네가 반드시 승리하겠고, 큰 일을 해낼 것이다."

다윗의 망명과 사울의 전사

다윗이 블레셋으로 망명하다 삼상 27:1–7

사울 왕은 군대를 이끌고 돌아갔지만, 다윗은 사울 왕을 신뢰할 수 없었다. 언제 사울 왕의 손에 붙잡혀 죽을지 모를 일이었다. 그렇다고 언제까지나 쫓고 쫓기는 숨바꼭질 노릇을 할 수도 없는 일이었다.

"그래, 이스라엘을 떠나자. 그 길만이 내가 살 길이다. 그렇게 되면, 왕도 나를 추격하는 것을 포기하겠지."

다윗은 조국을 떠나 망명의 길을 떠났다. 그는 6백 명의 추종자들과 가족들을 이끌고 길을 떠나, 블레셋의 다섯 성읍 중 하나인 가드에 도착했다. 가드 왕 아기스는 다윗 일행을 반갑게 맞아 주었다.

다윗은 한동안 가드에 손님처럼 머물렀다. 가드 왕 아기스는 블레셋의 남쪽 광야에 있는 시글락을 그에게 내주었다. 다윗과 그의 일행은 블레셋 땅에 정착했다. 다윗은 1년 4개월 동안 시글락에서 살았다.

다윗이 약탈자 아말렉 족속을 응징하다 삼상 28:1–2, 29–30장

블레셋이 또다시 이스라엘을 침공하기 위해 군사들을 모집했다. 다윗은 블레셋 족속들에게 신세를 지고 있는 형편이어서, 블레셋을 도우려고 병사들을 이끌고 가드로 갔다. 가드 왕 아기스는 다윗과 그 휘하 병력을 자기의 친위대로 삼았다.

블레셋은 가드, 아스돗, 아스글론, 가사, 에그론 등 다섯 개의 큰 성읍으로 구성된 도시 국가 연맹 형태의 나라로, 각 성읍마다 왕이 있었다. 그런데 다른 성읍의 왕들은 가드 왕 아기스와 생각이 달랐다.

"그 자는 예전에 이스라엘 사람들이 '사울이 죽인 자는 수천이요, 다윗이 죽인 자는 수만이로다!'라고 칭송하던 바로 그 다윗이 아니오? 그런 자를 우리가 어떻게 신뢰할 수 있단 말이오? 당장 그를 돌려보내시오."

네 성읍의 왕들은 다윗이 이스라엘의 지휘관으로서 전에 블레셋과의 전투에서 큰 전과를 올린 사람이라는 점을 우려하지 않을 수 없었다. 만약 다윗이 전투 중에 등을 돌려 이스라엘 편에 붙기라도 한다면 큰 낭패를 당할 것이 뻔했기 때문이다. 가드 왕 아기스는 어쩔 수 없었다.

"다윗, 섭섭하게 생각하지 마시오. 나는 그대를 믿지만, 다른 왕들이 도무지 믿으려 들지 않는구려. 그러니 그대는 이번 전투에 참전하지 말고, 그대의 처소로 돌아가는 것이 좋겠소."

가드 왕의 말에, 다윗은 부하들을 이끌고 시글락으로 돌아갔다. 다윗에게는 참으로 다행한 일이었다. 만일 그가 이스라엘과의 전투에서 블레셋 편에 서서 싸운다면, 그것은 조국에 대한 배신 행위가 명백하기 때문이다. 이스라엘에 배신 행위를 하고서 어찌 이스라엘의 왕위에 오를 수가 있겠는가?

'오, 하나님! 감사합니다.'

다윗도 내심 가슴을 쓸어내리며 시글락으로 향했다.

그런데 이런 낭패가 어디 있는가! 다윗 일행이 시글락을 비운 사이 아말렉 사람들이 쳐들어온 것이다. 시글락에 돌아온 다윗과 그의 부하들은 슬픔과 분노로 몸을 떨었다.

성은 잿더미로 변해 있었다. 부녀자들은 납치를 당하고, 재물은 약탈을 당했다. 다윗의 두 아내 아히노암과 아비가일도 끌려갔다.

눈앞에 펼쳐진 참상에 다윗과 그의 부하들은 말을 잃었다. 극도로 분노한 일부 백성들은 다윗의 잘못된 선택으로 이런 비극이 생겼다면서 다윗을 돌로

치려고 했을 정도였다. 다윗도 크게 상심하고 당혹했지만, 곧 용기를 내어 부하들을 이끌고 아말렉 사람들을 추격하려고 나섰다.

하지만 아말렉 사람들은 광야의 떠돌이였다. 어디로 갔는지 행방을 알 수 없었다. 더구나 시글락 성읍 주변은 마을조차 없는 드넓은 야산이어서 목격자를 찾는 것조차 힘들었다. 다윗은 하나님 앞에 기도하는 수밖에 없었다. 그러자 하나님께서 응답하셨다.

"그들을 뒤쫓아라. 빼앗긴 것을 되찾게 될 것이다."

다윗은 즉각 6백 명의 부하들을 거느리고 끝없는 광야로 달려 나갔다. 브솔 시내 앞에 이르렀을 때, 다윗의 부하들 중 200명은 너무 피곤하여 더 이상 추격할 수 없는 지경에 이르러 있었다. 다윗은 400명의 부하들을 이끌고 계속 추격했다.

"앗, 저기 누군가가 쓰러져 있다!"

다윗의 부하들이 들판에 쓰러져 있는 사람을 발견했다. 그는 사흘 동안이나 물과 음식을 먹지 못하여 거의 죽어가고 있었다. 다윗은 그를 보살펴서 기력을 되찾게 해주었다. 그는 본래 이집트 사람이었으나 아말렉 족속의 노예가 된 사람이었다. 그런데 그의 몸이 병들자 주인이 그를 버리고 간 것이다.

"그래? 그렇다면 아말렉 사람들이 있는 곳을 가르쳐 주지 않겠느냐?"

"저를 죽이지 않겠다고 약속해 주십시오. 또, 제 주인에게 넘겨주지도 않겠다고 하나님의 이름을 걸고 맹세해 주십시오. 그러면 제가 길을 안내하겠습니다."

"오냐, 약속하마. 즉시 우리를 아말렉 사람들이 있는 곳으로 인도하라."

한편, 아말렉 사람들은 자신들의 진영에 도착하자 여러 성읍을 약탈한 재물로 한 바탕 큰 잔치를 벌였다. 그들은 마음껏 먹고 마시며 흥에 겨워 취하여, 모두들 정신없이 곯아떨어졌다.

그날 밤, 다윗은 4백의 군사로 그들을 습격했다. 전투는 다음 날 저녁까지 계속되었다. 다윗의 일방적인 승리였다. 낙타를 타고 도망친 4백여 명의 젊은 아말렉 사람들을 제외하고는 모두를 멸절시켰다. 다윗은 납치당한 두 아내와 부녀자들, 가축들을 되찾았다. 거기에 아말렉 사람들의 재물까지 차지하게 되었다.

다윗은 탈취한 노획물을 부하들에게 골고루 분배해 주었다. 추격 도중에 낙오한 200명의 부하들에게도 차별없이 나누어 주었다. 그런 후, 그 동안 아말렉 사람들에게 약탈당했던 유다의 여러 성읍들에도 빼앗은 재물을 나누어 주었다. 시글락 백성들은 크게 기뻐했고, 유다의 장로들은 다윗을 칭찬하기에 바빴다.

사울 왕이 전사하다 삼상 31장 ; 대상 10장

그 무렵, 멀리 북쪽 이스라엘 땅으로 쳐들어간 블레셋 군대는 사울의 군대와 길보아 산에서 큰 전쟁을 벌였다. 하지만 이스라엘의 사울 왕은 예전의 그가 아니었다. 죄 없는 다윗을 쫓느라 군대의 힘을 소비한 데다 오랫동안 악령에 시달린 탓에 그의 몸과 마음은 쇠약해질 대로 쇠약해져 있었다.

전투는 블레셋의 일방적인 승리였다. 수많은 이스라엘의 병사들이 전사하거나 도망쳤다. 다윗의 절친한 친구인 요나단을 비롯하여, 사울 왕의 세 왕자들도 모두 전사했다.

"사울을 찾아라! 반드시 그를 찾아 죽여야 한다!"

블레셋 군대의 지휘관들은 이스라엘의 왕 사울을 찾기 위해 혈안이 되었다. 사울은 도망치다가 뒤쫓아오는 자들에게 화살을 맞고 말았다. 사울은 자신의 무기를 들고 다니는 부하에게 명령했다.

"네 칼을 뽑아서 어서 나를 죽여 다오. 어찌 내가 저 할례받지 못한 자들에게 붙잡혀 수모를 당할 수 있겠느냐?"

"하지만 어찌 제가 감히 왕을…."

그 자는 겁을 집어먹고 감히 칼을 빼들지 못했다. 사울은 자신의 칼을 뽑아 들고 그 위에 엎어졌다.

그 광경을 목격한 왕의 무기담당 병사도 사울 왕과 같은 방법으로 자기 칼을 땅에 세우고 그 위에 엎드러져 죽었다. 이스라엘의 첫 번째 왕이 되어 한때 블레셋을 떨게 만들었던 사울의 비참한 최후였다.

다음 날, 전사자들의 물건을 탈취하러 온 블레셋의 병사들이 왕자 셋과 사울 왕의 시체를 찾아냈다. 그들은 사울 왕의 갑옷을 벗겨 그들의 나라로 보내어 자기들의 신전에 보관케 했고, 네 부자의 시체는 벧산 성벽에 못 박아 매달아 놓고 구경거리가 되게 했다.

벧산 인근에 살고 있던 길르앗 야베스 사람들이 이 소식을 전해 들었다. 그들은 사울 왕에게 큰 신세를 진 적이 있었다. 암몬 사람들에게 꼼짝없이 죽게 되었을 때, 사울 왕의 도움으로 구원을 받았던 것이다.

"사울 왕의 시신이 저토록 모욕을 당하다니, 그대로 둘 수 없다. 죽음을 각오하고서라도 시신을 수습하여 평안히 장사시켜 주는 것이 도리가 아니겠는가!"

길르앗 야베스 성읍의 장사들이 자기 일처럼 적극적으로 나섰다. 그들은 밤을 틈타 벧산으로 올라가서 죽기를 각오하고 싸운 끝에 사울 왕과 그의 세 아들들의 시신을 탈취하여 돌아왔다. 그들은 시신을 화장하여 그 뼛가루를 길르앗 야베스 땅의 한 나무 아래에 파묻고, 7일 동안 금식하며 이스라엘 왕과 왕자들의 죽음을 슬퍼했다. 길르앗 야베스 사람들의 애도 속에, 이스라엘 왕 사울의 40년 통치는 쓸쓸히 막을 내렸다.

다윗의 등극과 국토의 확장

새 왕도王都 예루살렘 삼하 2:1–4, 5:1–12 ; 대상 11:1–9

사울 왕과 왕자들이 모두 죽게 되자, 이스라엘에는 새로운 왕이 필요하게 되었다. 다윗은 예언자 사무엘로부터 일찍이 왕으로 기름부음을 받았기 때문에, 이제 곧 하나님께서 자신을 왕으로 세우실 것이라고 믿었다.

다윗은 자기가 왕이라는 것을 선포하기 위하여 어디로 가야 하는지를 하나님께 여쭈어 보았다. 하나님께서는 그에게 헤브론으로 가라고 하셨다. 다윗은 잿더미로 변해 버린 시글락을 떠나, 부하들과 함께 이스라엘의 남부 도시 헤브론으로 갔다. 헤브론은 해발 930m나 되는 고성古城으로, 아브라함과 이삭과 야곱의 무덤이 있는 유서 깊은 곳이었다.

많은 사람들이 헤브론으로 모여들었다. 백성들은 다윗에게 기름을 부어 그를 왕으로 세우고, 충성을 맹세했다. 사울 왕을 피해 도망다니던 다윗은 일약 이스라엘의 왕이 되었다. 그의 나이 서른 살 때의 일이었다. 그는 40년 동안 이스라엘을 통치했다.

왕이 된 다윗은 7년 동안 헤브론을 왕도로 삼고 통치하다가 30km 북쪽의 예루살렘으로 수도를 옮겼다.

해발 850m의 중앙 고지대에 위치한 예루살렘은 북쪽은 바위 절벽이고, 동쪽과 서쪽과 남쪽은 깊은 골짜기로 둘러싸여 있어서 외적의 침략에 방어하기가 유리한 지형이었다.

예루살렘은 번창해 갔다. 예루살렘은 다윗과 그의 신하들이 살고 있다고 하여 '다윗의 성'이라고 불렸다. 예루살렘에는 많은 주택이 세워지고, 북방의 두로 왕이 보낸 삼나무로 번듯한 왕궁도 건축되었다.

예루살렘으로 돌아온 법궤 삼하 6-7장 ; 대상 13장, 15-17장

어느 날 다윗은 법궤가 아직도 기럇여아림에 있다는 사실을 떠올렸다. 블레셋이 침공하여 법궤를 빼앗아갔으나 재앙이 뒤따르자 그들은 두려운 나머지 법궤를 이스라엘에 되돌려 보냈다. 그 후 70년 동안 법궤는 기럇여아림에 머물러 있었다. 다윗이 신하들에게 법궤를 옮겨 오자고 제안하자, 모두들 환영했다.

마침내 두 마리의 소가 끄는 새 수레에 법궤가 실리고, 예루살렘을 향해 길을 떠났다. 사람들은 수레를 따르면서 수금과 비파와 소고와 제금으로 연주하며 노래하고 춤을 추었다. 왕도 기쁨을 억제할 수 없어 친히 수금을 탔다. 그야말로 축제 분위기였다.

수레가 나곤의 타작마당에 이르렀을 때였다. 수레를 끌던 소가 갑자기 뛰자 법궤가 떨어지려고 했다. 소를 몰던 웃사가 엉겁결에 법궤를 손으로 받쳤다. 그 순간 웃사는 그 자리에 거꾸러져 죽었다. 하나님께서는 더러운 손이 신성한 법궤에 닿는 것을 용납하지 않으셨던 것이다. 이것을 본 다윗은 감히 주의 법궤를 모실 생각을 할 수가 없었다. 백성들도 법궤에 접근하지 못하게 되었다.

다윗은 법궤를 그곳에 사는 오벧에돔의 집에 옮겨 놓고, 석 달 동안이나 손을 대지 못했다. 그러자 하나님께서는 법궤가 안치된 오벧에돔의 집에 큰 복을 내려 주셨다.

이 소문을 들은 다윗은 용기를 내어 법궤를 옮겨 올 것을 결심했다. 이번에는 모세의 규정에 따라 레위 사람들만 법궤를 어깨에 메게 했다. 법궤를 멘 사람들이 여섯 걸음을 옮기도록 아무런 사고가 없자, 다윗은 소와 양을 잡아서 하나님께 제물을 바쳤다. 다윗은 백성들과 함께 노래하고 춤추면서 법궤를 모시고 왔다.

예루살렘에 이르자 미리 준비해두었던 성막 안에 법궤를 모셔 놓고, 제물을 바쳤다. 다윗은 주의 이름으로 사람들을 축복하고는, 빵 한 덩이와 건포도 빵 한 개, 고기 한 덩이씩을 선물로 나누어 주었다.

성막의 법궤는 이스라엘 신앙의 중심이다. 다윗은 찬양대를 조직하고 연주팀을 만들어 하나님께 영광을 돌리는 예배를 드리게 했다. 그리고 자신이 직접 지은 찬양시로 하나님을 찬양했다.

어느 날 다윗은 자신은 호화로운 왕궁에 살면서 하나님의 법궤는 초라한 성막에 모시고 있다는 사실이 마음에 걸렸다. 다윗은 성전을 짓기로 마음먹고 예언자 나단에게 말했다.

"나는 이렇게 백향목으로 지은 궁전에서 사는데, 주님의 법궤는 아직도 장막에 모셔져 있군요."

나단은 다윗의 뜻을 알고는 기뻐했다. 그날 밤 하나님께서 다윗에게 전하실 말씀을 나단에게 일러주셨다.

"너는 나의 종 다윗에게 전하라. 나 주는 이스라엘 자손을 이집트에서 이끌어낼 때부터 내가 머물 집을 지으라고 한 적이 없다. 나는 양떼를 치는 너를 데려다가 이스라엘 백성의 왕을 삼았다. 네가 어디를 가든 내가 함께 하리라. 네가 조상들의 뒤를 따라 잠들게 되면 네 아들을 왕으로 세우리니, 그가 나의 집을 지을 것이며, 나는 그의 나라를 견고하게 세우리라."

하나님은 어찌하여 다윗이 지으려고 하는 성전을 거부하시고 그의 뒤를 이을 아들의 손에 의해 성전을 짓게 하셨을까. 그것은 다윗이 많은 전쟁을 치르면서 손에 피를 묻혔기 때문이었다. 거룩한 하나님의 성전을 피비린내 풍기는 손으로 세울 수는 없는 것이다. 다윗은 나단이 전해준 하나님의 말씀을 듣고 자기 자손에게 왕위를 계승시켜 주신다는 약속에 감사하면서, 성전 건축은 포기했다.

다윗의 국토 확장 삼하 8장, 10장 ; 대상 18–19장

다윗이 왕이 되었다는 소식을 들은 남방의 블레셋 사람들은 온 군대를 이끌고 이스라엘을 공격해 왔다. 한때 자기네 나라에서 망명생활을 한 다윗을 일찌감치 제압하려는 욕심이 앞섰기 때문이었다. 우상을 앞세우고 공격해 온 블레셋은 다윗에게 패하여, 우상을 방치한 채 도주했다. 이스라엘 군대는 블레셋의 우상을 불살라 버렸다. 그 후에도 다윗은 블레셋을 공격하여 그들의 다섯 성읍 중 하나를 빼앗는 데에 성공했다.

다윗은 동쪽 요단 강 건너편의 모압을 공격하여 전투 능력을 가진 사람들은 모두 죽이고 노인들과 부녀자만 살려두었다. 모압은 다윗 왕국에 조공을 바치게 되었다.

북동쪽의 다마스커스에 위치한 소바 왕국이 영토를 확장하기 위해 유프라테스 강 쪽으로 진군해 오자, 다윗은 또 군대를 이끌고 나아가 전차 1천 대, 기마병 700명, 보병 2만 명을 포획했다. 소바 왕을 돕기 위해 주변 지역의 아람 군대가 지원에 나섰으나 다윗은 그들도 격파하여 2만 2천 명을 죽였다. 이스라엘은 많은 노획물을 가져왔을 뿐만 아니라 아람으로부터 조공을 받게 되었다. 이스라엘의 승승장구였다.

다윗의 국토 확장은 계속되었다. 사해 남부의 건조한 협곡과 산악지대를 장악하고 강도질을 일삼는 에돔을 공격하여 1만 8천 명의 군사를 죽이고 점령하여 그곳에 이스라엘 수비대를 두었다.

요단 강 건너편의 비옥한 구릉지대에 자리한 모압 족의 왕 나하스가 죽었다는 소식이 들려오자, 다윗은 조문 사절단을 보냈다. 나하스는 사울 왕 시절에 길르앗 야베스에 살고 있는 이스라엘 사람들의 오른쪽 눈을 모두 뽑아버리겠다고 협박했던 자였다. 다윗 왕이 보낸 사절단이 암몬 사람들의 땅에 이르렀을 때, 암몬 왕의 대신들이 나하스의 아들인 하눈 왕에게 말했다.

"다윗 왕이 사절단을 보낸 것은 임금님의 선친께 조의를 표하기 위해서가 아니라, 우리 도성을 정탐하여 이 나라를 정복할 속셈이 있어서일 것입니다."

이 말을 들은 하눈은 사절단의 수염을 깎아 버리고, 의복도 잘라내어 양쪽 엉덩이가 드러나도록 만든 다음 돌려보냈다.

다윗은 사절단들에게 수염이 자랄 때까지 여리고에 머물도록 조치하고, 요압 장군에게 군대를 이끌고 모압을 공격하라고 명했다. 한편 하눈은 다윗이 대군을 이끌고 공격해 올 것을 예상하고 여러 나라들에 원군을 청하여 대비했다. 요압은 자신의 앞뒤에 적들이 포진해 있는 것을 알아차리고, 예루살렘으로 전령을 보내 원군을 요청했다. 다윗 왕은 직접 대군을 거느리고 암몬으로 향했다. 대격돌이 예상되었지만, 전투는 이스라엘의 일방적인 승리로 끝났다.

다윗의 백전백승 소식이 널리 번져 나가자, 여러 나라에서 선물을 보내며 화친을 요청했다. 이스라엘은 어느덧 주변의 여러 나라들로부터 조공을 받는 강대국으로 성장해 있었다.

다윗의 신의와 다윗의 죄악

약속을 지키는 다윗의 신의 삼하 9장

나라가 튼튼해져서 태평성대를 누리게 되자 다윗은 문득 요나단을 떠올렸다. 오랫동안 자기를 추격하며 죽이려 했던 사울 왕의 아들이었지만 두 사람은 누구보다 절친한 친구였다. 다윗은 어떤 경우에도 요나단의 가족을 돌보아 주기로 했던 자신의 약속을 잊지 않고 있었다. 다윗은 수소문 끝에 과거 사울 왕의 종이었던 시바를 찾아냈다.

"사울의 집안에서 살아남은 사람이 있는가? 그런 사람이 있으면 요나단을 생각해서라도 잘 보살펴주고 싶구나."

시바가 대답했다.

"요나단의 아들 므비보셋이 살아 있습니다. 그는 할아버지 사울 왕과 아버지 요나단 왕자가 블레셋과의 전투에서 전사할 때 겨우 다섯 살이었습니다. 패전 소식을 들은 유모가 어린 왕손을 숨기려고 품에 안고 급히 도망치다가 아이를 떨어뜨려 다리를 다쳤는데, 절름발이가 되고 말았습니다."

친구의 하나뿐인 아들이 장애인이라니, 다윗은 마음이 아팠다.

"그가 있는 곳을 아느냐?"

"예, 폐하. 마길이라는 사람의 집에 신분을 숨긴 채 살고 있습니다."

"내게 데려오너라."

서둘러 왕 앞에 데려온 므비보셋은 엎드린 채 두려움으로 몸을 떨었다. 원수 사울의 손자이니 살려두지 않을 것이라고 생각한 것이다.

"므비보셋, 두려워하지 마시오. 나는 그대의 아버지 요나단에게 입은 은혜를 갚으려고 하오. 그대의 할아버지 사울의 땅을 그대에게 돌려주겠소. 그리고 이제부터는 왕궁에서 나와 함께 식사를 하도록 하시오."

다윗은 사울이 차지했던 땅을 므비보셋에게 주고 시바로 하여금 그 땅을 경작하게 했다. 므비보셋은 예루살렘에 살면서 왕과 함께 식사를 하는 특별 대우를 받았다.

다윗과 밧세바 삼하 11장

우기雨期가 끝나고 건기乾期가 시작되었다. 우기에는 전투를 중단하는 관례에 따라 이스라엘도 반 년 정도는 조용했다. 그러나 동쪽의 암몬이 들먹거리자 다윗은 요압 장군에게 그들을 공격하게 했다. 요압은 암몬의 왕도王都 랍바를 점령했다. 다윗은 예루살렘의 왕궁에 머물고 있었다.

어느 날 오후였다. 낮잠을 즐기던 다윗은 침상에서 일어나 옥상으로 나갔다. 넓은 옥상을 거닐며 바람을 쐬던 다윗은 문득 걸음을 멈추지 않을 수 없었다. 아래쪽 저택의 정원에서 알몸으로 목욕하는 여인의 모습이 보였기 때문이다.

다윗은 여인에게서 시선을 뗄 수 없었다. 하얀 피부와 매끄러운 곡선이 다윗을 사로잡았다. 도저히 지나칠 수 없었다. 다윗은 망설이다가 결국 사람을 불렀다.

"지금 당장 저 여인이 누구인지 알아오너라."

잠시 후, 심부름꾼이 돌아왔다.

"엘리암의 딸이고, 헷 사람 우리아의 아내입니다. 이름은 밧세바입니다."

"밧세바에게 가서, 왕이 초대한다고 전하여라."

그날 저녁, 밧세바가 왕 앞에 나타났다. 과연 아름다운 여인이었다. 한눈에 반해버린 다윗은 그날 밤 그녀와 잠자리를 함께 했다.

그 후 밧세바가 사람을 왕에게 보내 소식을 전했다.

"이 몸이 폐하의 아기를 잉태했습니다."

다윗은 이스라엘의 절대 군주였지만, 이스라엘은 하나님의 나라였다. 하나님이 모세에게 주신 율법이 무엇보다 우선이었고, 왕도 율법을 벗어날 수는 없는 일이었다. 다윗은 고민에 빠졌다. 유부녀 밧세바와의 관계는 엄연히 간음죄에 해당했기 때문이었다. 더구나 이제는 밧세바에게 아기까지 생겼으니, 이를 어찌할 것인가?

고민하던 다윗에게 문득 묘책이 떠올랐다. 가급적 빨리 우리아로 하여금 아내인 밧세바와 잠자리를 함께 할 기회를 마련해 준다면, 그녀가 잉태한 아기를 남편의 아기로 위장할 수 있을 것이다.

생각이 여기에 미친 다윗은 모압과의 전쟁터에 나가 있는 사령관 요압에게 전령을 보내어 우리아를 급히 불러들였다. 영문도 모르고 왕 앞에 불려간 우리아에게 다윗은 요압 장군과 병사들의 안부와 상황을 상세히 묻고 나서 이렇게 말했다.

"이제 집으로 가서 발을 씻고 편히 쉬도록 하시오."

그러나 우리아는 집으로 가지 않고 왕궁 문간에서 다른 신하들과 함께 잠을 잤다. 우리아가 집에 돌아가지 않았다는 보고를 들은 왕은 초조해졌다. 다윗은 다시 우리아를 불렀다.

"그대는 오랫동안 집을 떠나 있지 않았소? 그런데 어찌하여 집에 가서 편히 쉬지 않는 거요?"

우리아가 대답했다.

"지금 모압 땅에서는 요압 장군을 비롯한 모든 전우들이 들판에서 밤을 보내고 있습니다. 어찌 저만 집으로 가서 아내와 편히 쉴 수 있겠습니까? 맹세코 그럴 수는 없습니다."

가슴이 뭉클해지는 충성심이었다. 하지만 다윗은 야비한 술수를 중단하지 않았다.

“그대의 충성심을 높이 평가하오. 그러니 오늘은 나와 함께 즐기고 집에 가서 푹 쉰 후 내일 전선으로 떠나도록 하시오.”

그날 저녁, 왕은 우리아를 거나하게 취하게 했다. 그러나 식탁에서 일어난 우리아는 집으로 가지 않고, 신하들과 함께 왕궁에서 지냈다.

다윗은 결단하지 않을 수 없었다. 충성스러운 밧세바의 남편 우리아를 제거하지 않으면 안 된다고. 그렇다. 그가 죽으면 간음죄에서 벗어날 수 있고, 아울러 그녀를 아내로 맞을 수도 있게 된다.

다윗은 다음 날 아침 우리아의 손에 요압 장군에게 보내는 편지 한 통을 들려 전선으로 보냈다. 내용은 간략했다.

‘장군, 우리아를 전투가 가장 치열한 전방으로 배치하시오. 그런 뒤 다른 군인들을 갑자기 후퇴시켜 그가 혼자 싸우다가 전사하게 하시오.’

요압은 적의 수비가 가장 단단한 지점을 알고 있었다. 그는 우리아를 그런 곳에 배치하여 우리아를 전사하게 했다.

밧세바는 남편의 전사 소식을 듣고 슬퍼하며 울었다. 장례가 끝나자 다윗은 사람을 보내어 밧세바를 왕궁으로 데려다가 결혼했다. 간음으로 잉태한 아기는 아들이었다.

야비한 죄인–바로 당신이오 삼하 12:1–25

어느 날 주께서는 예언자 나단을 다윗에게 보냈다. 늙은 예언자는 다윗에게 이야기를 들려주었다.

“어느 마을에 부자와 가난한 사람이 함께 살고 있었습니다. 부자는 양과 소가 무척 많았지만, 가난한 사람은 새끼 양 한 마리가 전부였습니다. 그는 새끼 양과 함께 먹고 물도 같은 그릇으로 마셨습니다. 잘 때도 품에 안고 자면서, 마치 딸처럼 애지중지했습니다. 어느 날 마을의 부자에게 한 나그네가 찾아왔습니다. 부자는 자기 가축이 아까워서 가난뱅이가 딸처럼 키우는 새끼 양을 빼앗아다가 나그네를 대접했습니다."

그러자 다윗은 분노하면서 나단에게 외쳤다.

"저런 고얀 놈! 그런 자는 마땅히 죽어야 하오. 그자는 새끼 양 주인에게 네 배로 갚아야 하오."

나단이 다윗을 지그시 바라보면서 말했다.

"왕이 바로 그 사람이오."

다윗은 소스라치게 놀랐다. 나단은 놀라는 다윗을 향해 차분하게 말을 이었다.

"하나님께서는 당신을 왕으로 세우시고, 사울의 손에서 구원하셨으며, 여러 명의 아내를 거느리게 했습니다. 그런데 그것도 부족해서 우리아에게는 하나뿐인 아내를 빼앗으려고 그를 암몬 족의 손에 죽게 했습니다. 이제 하나님께서는 그 죄를 물어 왕가에 벌을 줄 것입니다. 칼이 왕가에서 떠나지 않을 것이며, 왕비들이 왕 앞에서 다른 남자들과 대낮에 동침할 것입니다. 왕은 은밀하게 죄를 저질렀지만, 하나님은 대낮에 이런 일을 행하실 것입니다."

다윗은 자신의 죄를 지적 받자 큰 충격을 받고 즉각 회개했다.

"내가 하나님께 죄를 지었습니다."

그러자 나단이 말했다.

"하나님께서는 왕의 죄를 용서하실 것입니다. 그러니 왕은 죽지 않을 것입니다. 그러나 밧세바에게서 낳은 아들은 죽게 될 것입니다."

나단이 집으로 돌아간 후, 밧세바가 낳은 아들이 아프기 시작했다. 다윗은 밤새도록 엎드려 주께 간구했다. 어떠한 음식도 입에 대지 않았다. 하지만 이레가 되자 아이는 죽고 말았다.

신하들이 모여서 걱정스러운 얼굴로 수군거렸다. 아이의 죽음을 왕에게 알릴 수 없어서였다. 아이를 살려 달라고 금식하며 땅바닥에 엎드려 애절하게 기도하는 왕에게 그 아이의 죽음을 보고하기가 두려웠던 것이다.

"아이가 죽었느냐?"

신하들의 수상쩍은 행동과 수군거림에서 직감한 듯 왕이 물었다.

"예, 그러하옵이다. 폐하."

왕이 자리에서 일어났다. 그는 말없이 안으로 들어가 몸을 씻고 깨끗한 옷으로 갈아입은 후 곧장 성전으로 들어가서 경배하고, 다시 왕궁으로 돌아왔다. 이어서 푸짐한 식탁을 차려오게 하여 맛있게 먹기 시작했다. 그 광경을 지켜보던 신하들은 왕의 행동을 도무지 이해할 수 없어서 마침내 이렇게 물었다.

"폐하, 아이가 살아 있을 때는 금식을 하시며 그토록 슬퍼하시더니, 막상 아이가 죽고 나자 음식을 드시니 어찌된 영문인지 신들은 이해할 수가 없습니다."

다윗이 아무렇지도 않다는 투로 대답했다.

"아이가 살아 있을 때는 주께서 혹시나 살려 주실까 해서 금식하며 슬피 울었던 것이오. 하지만 이제 아이가 죽었으니 굶는다고 무슨 소용이 있겠소? 나는 아이가 있는 곳으로 갈 수 있지만, 아이는 내가 있는 곳으로 돌아올 수 없는 몸이 되었소."

이듬해, 다윗과 밧세바 사이에서 두 번째 아들이 태어났다. 솔로몬이다.

암논의 죄악과 압살롬의 보복

왕자와 공주의 불행 삼하 13:1–19

사랑은 아름답고 행복한 것이지만 짝사랑은 슬프고 괴로운 것이다. 더구나 사랑할 수 없는 상대를 짝사랑한다면 불행은 이미 예고된 것이다.

다윗 왕에게는 여러 왕비가 있었다. 밧세바에게서 3남 솔로몬이 태어났고, 마아가에게서 2남 압살롬과 다말 남매가 태어났으며, 아히노암에게서 장남 암논이 태어났다. 압살롬과 다말 남매는 그 중에서도 특출한 미남 미녀였다.

장남 암논이 이복 동생 다말에게 사랑하는 마음을 품게 되었다. 암논은 자기 누이인 다말 때문에 병이 날 지경이었다. 그럴 수밖에 없는 것이 다말은 처녀였고, 자신은 그녀의 이복 오빠에다가 결혼한 몸이었으니 그 사랑이 성사되기를 기대하는 것은 거의 불가능한 일이었기 때문이었다.

암논이 상사병으로 파리해져 있을 때였다. 그의 사촌이며 절친한 친구로 지내는 요나답이 찾아와서 사연을 물었다.

"내가 내 아우 압살롬의 누이 다말을 사랑하게 되었기 때문이라네."

그러자 요나답이 말했다.

"왕자님께서는 지금부터 이불을 뒤집어쓰고 누워 계십시오. 부왕께서 문병을 오시거든 이렇게 간청하십시오. '다말이 와서 제게 음식을 좀 해주면 좋겠어요.'"

마침내 다윗 왕이 아들의 병상에 찾아오자, 암논은 요나답이 시키는 대로 말했다.

"제 누이인 다말이 와서 요리를 해주면, 제가 맛있게 받아 먹을 것 같습니다."

다윗은 지체 없이 다말을 암논에게로 보냈다.

다말이 왔을 때, 암논은 자리에 누워 있었다. 다말은 암논이 보는 데서 빵을 구워다가 차려놓았다.

"오빠, 좀 들어 보세요."

그러나 암논은 관심을 보이지 않고 사람들을 모두 내보냈다.

다말만 남게 되자 암논이 말했다.

"다말, 그 빵을 내 침상으로 가지고 와서 네 손으로 직접 먹여 다오."

다말이 암논의 입에 먹을 것을 넣어주려고 하자 그가 다말을 와락 끌어안으며 속삭였다.

"누이야, 나와 동침하자. 이 오빠는 너를 지극히 사랑하다가 병들었단다."

놀란 다말이 몸을 빼며 말했다.

"나를 욕되게 마세요. 이스라엘에서는 이런 일을 하지 못하게 되어 있습니다! 이러지 마세요, 오빠. 이런 수치를 당하면 제가 설 자리가 어디에 있겠습니까? 오빠 역시 못된 치한으로 여겨지게 될 것입니다. 아버님께 나를 아내로 달라고 말씀해 보세요. 아버지께서 허락하실지도 모르잖아요."

그러나 암논은 다말을 그냥 보낼 수가 없었다. 그는 힘으로 밀어붙여서 그녀에게 몹쓸 짓을 했다.

하지만 막상 몸을 범하고 나자 암논은 그녀가 보기 싫어졌다. 그녀를 사랑

했던 마음은 순식간에 사라지고, 미워하는 마음이 오히려 더 커져 버렸다. 암논이 그녀를 향해 말했다.

"어서 일어나 이 방에서 나가거라!"

다말이 말했다.

"이제 와서 저보고 나가라고요? 저는 못 나갑니다. 나를 내보내는 것은 오빠가 방금 제게 하신 행위보다 훨씬 더 나쁩니다."

다말의 항의는 들은 체도 않고 암논이 하인들을 불러 명령했다.

"이 계집을 내보내고 문빗장을 질러라."

하인들이 그녀를 밖으로 쫓아내고 빗장을 질렀다. 다말은 어이없고 원통하여 공주들이 입는 아름다운 색동옷을 찢고는 재를 머리에 뿌리고 큰 소리로 울면서 그 자리를 떠났다.

압살롬의 보복 삼하 13:20-37

다말의 친오빠 압살롬이 그 사실을 알게 되었다. 압살롬은 암논의 파렴치하고 잔인한 만행을 용서할 수 없었다. 그러나 암논은 장자로서 장차 왕위를 이어받을 우선권을 갖고 있었다. 어설프게 보복에 나선다면 큰 낭패를 당할 것이 뻔했다.

"다말, 지금은 조용히 참고 이 오빠 집에 있거라. 우리가 성급하게 굴면 안 된다."

다말은 압살롬의 집에서 버림받은 여인처럼 비참하게 살았다. 압살롬은 암논을 미워하면서도 내색을 하지 않았다. 다윗 왕은 큰 왕자의 몹쓸 짓을 알고는 진노했으나 어떤 조치를 내리지는 않았다. 그렇게 2년의 세월이 흘렀다.

양털을 깎는 때가 오자, 압살롬은 주변 사람들을 초대하여 잔치를 벌였다. 압살롬은 다윗 왕에게 가서 말했다.

"아버님, 이번에 제가 양털을 깎게 되었습니다. 아버님께서도 신하들과 함께 참석해 주셨으면 합니다."

"우리가 다 가면 네게 짐만 될 것이다. 멀리서 즐거운 축제가 되기를 빌어 주마."

압살롬은 다시 한 번 간청했지만, 왕은 여전히 거절했다. 그러자 압살롬이 말했다.

"아버님께서 못 가신다면 만형 암논이라도 우리와 함께 가도록 허락해 주십시오."

압살롬이 이렇게 조르자 왕은 암논을 비롯한 모든 왕자들을 압살롬과 함께 보냈다. 압살롬은 자기의 하인들에게 미리 명령해 두었다.

"암논이 술에 취하면 내가 너희에게 신호를 보낼 테니 지체하지 말고 그를 해치워라. 두려워하지 말고 죽여 버려라."

왕자들은 둘러앉아 실컷 먹고 마셨다. 암논은 압살롬이 권하는 대로 받아 마셨다. 다말을 욕보인 지 어느덧 2년이 흘렀지만 그동안 아무런 반응이 없었으니 이젠 다 괜찮아진 것이라고 스스로 안심한 모양이었다. 그러나 암논이 만취하자 압살롬이 신호를 보냈고, 그의 하인들이 칼을 뽑아 암논을 죽였다. 축제 마당은 순식간에 공포의 아수라장으로 변했다. 다른 왕자들은 노새를 타고 도망가느라고 허둥거렸다.

그들이 가고 있는 중에, 충격적인 소식이 왕에게 전달되었다.

"압살롬 왕자님이 왕자님들을 모두 한 자리에서 죽였습니다, 폐하. 한 사람도 살아남지 못했다고 합니다."

다윗은 자리에서 일어나 옷을 찢으며 땅에 엎드려졌다. 옆에 있던 신하들도 옷을 찢으며 슬퍼했다. 왕궁이 온통 경악과 비탄에 젖어 있을 때 암논으로 하여금 다말을 겁탈하도록 기회를 만들어 주었던 요나답이 나서서 말했다.

"폐하, 왕자들이 다 죽지는 않았을 것입니다. 압살롬 왕자님은 암논이 다말을 욕보인 날부터 보복을 하겠다고 별렀습니다. 그러니 큰 왕자님만 죽었을 것입니다."

그때, 왕자들이 왕궁으로 돌아오는 모습을 파수꾼들이 확인하고 보고해 왔다. 압살롬은 그 길로 외할아버지의 나라로 도망쳤다.

압살롬의 반역과 다윗의 도피

압살롬의 반역 삼하 13:38-39, 14:21-15:37, 16:5-14

아픈 상처도 세월이 흐르면 잊혀지게 마련이다. 3년이라는 세월이 흐르자 다윗 왕은 큰아들 암논이 죽은 것에 대해서도 어느 정도 잊게 되었고, 한편으로는 압살롬이 보고 싶어졌다. 다윗은 요압 장군을 압살롬이 망명해 있는 그술로 보내어 데려오게 했다. 그러나 예루살렘으로 돌아온 왕자는 왕의 명령으로 왕궁에 들어가지 못하고 자기 집에 머물게 되었다.

큰 형이 죽어 왕위 계승자 2순위가 된 압살롬은 나라 안에서 그만큼 잘생긴 사람을 찾아볼 수 없을 만큼 미남이었다. 일년에 한 번 잘라내는 머리의 무게가 3kg이나 되었다. 압살롬 왕자는 예루살렘의 화젯거리였다. 그에게는 아들 3형제와 딸 하나가 있었는데, 그 딸 다말이 또한 미인이었다.

예루살렘의 왕자 저택에서 늘 호화로운 생활을 즐기는 압살롬은 그러나 이태 동안이나 아버지의 얼굴을 대하지 못했다. 압살롬은 군대장관 요압을 시켜 왕에게 탄원했다. 이럴 바에야 차라리 그술에서 지내도록 내버려두지 왜 불러들였느냐는 것이었다. 그 말에 왕은 마음이 바뀌어 비로소 압살롬을 왕궁으로 불러들였다. 5년 만의 부자 상봉이었다.

압살롬은 전차와 여러 필의 말을 지니고 있었고, 외출할 때는 50명의 호위병을 거느리고 다녔다. 그는 아침 일찍부터 성문으로 가는 길목을 지키고 있다가, 소송 문제로 성으로 들어가는 사람들의 억울한 사정을 들어주고는 이렇게 덧붙였다.

"내가 이 나라의 재판관이 된다면 억울한 사정을 다 풀어줄 수 있을 텐데, 안타까운 일이오."

백성들 사이에서는 압살롬의 칭찬이 자자할 수밖에 없었다.

압살롬은 아버지가 장차 솔로몬에게 왕위를 물려줄 것임을 잘 알고 있었다. 백성들의 마음을 사로잡으려고 애쓴 것은, 반역을 위한 친절이었다.

예루살렘으로 돌아온 지 4년째 되는 어느 날, 압살롬은 아버지를 찾아가 말했다.

"저는 그술에 있을 당시 하나님께 서원한 적이 있습니다. 저를 예루살렘으로 돌아가게 해주신다면 헤브론에 가서 주께 예배를 드리겠다고 했습니다. 그러니 이제 그 서원을 이루도록 허락하여 주십시오."

"그렇다면 헤브론에 다녀오너라."

왕이 허락하자 압살롬은 지체 없이 길을 떠났다. 압살롬은 예루살렘을 떠날 때 2백 명의 부하와, 다윗의 신하 아히도벨을 자기 편으로 만들어 데리고 갔다. 동시에 전국 곳곳에 부하들을 파송하여 나팔소리가 울려 퍼지면 백성들에게 '압살롬이 헤브론에서 왕이 되었다!'고 외치게 했다.

온 나라에서 동시에 자신을 왕으로 받아들이도록 할 계획이었다. 이런 계획이 암암리에 퍼져 나가자 많은 지지자들이 압살롬에게 몰려왔다.

다윗은 압살롬을 사랑하고 있었으며, 동시에 그가 매우 위험한 인물이라는 점도 알고 있었다. 압살롬이 반역을 도모했고, 인심이 그에게 쏠려 있다는 보고를 받은 왕은 당황했고 두려웠다. 그는 이미 늙은 몸이었다. 큰 왕자를 죽인 압살롬이니 아버지인들 죽이지 못하겠느냐는 생각이 들었다. 다윗은 압살롬과 대항하여 싸울 생각도 기력도 없었다.

"당장 왕궁을 빠져 나가자. 여기에 그대로 있다가는 도성 전체가 피바다가 될 것이다."

다윗은 왕궁에 후궁 10명만 남겨둔 채 온 가족을 거느리고 예루살렘을 떠났다. 신하와 백성들도 그를 따라나섰다. 젊은 시절 사울 왕을 피해 도망치던 그가 늙은 몸이 된 이제 와서는 아들을 피해 도망가다니, 이 얼마나 기구한 운명인가.

레위인들이 법궤를 메고 행렬에 끼었고, 6백 명의 가드 사람들이 뒤를 따랐다. 다윗 왕이 제사장 사독에게 말했다.

"법궤를 다시 도성 안으로 모셔 가시오. 주께서 나를 어여삐 여기신다면 나를 다시 예루살렘으로 돌아가게 해주셔서 이 법궤를 뵙게 될 것이오. 그대는 그대의 아들 아히마아스와 아비아달의 아들 요나단도 함께 데리고 예루살렘으로 가시오. 압살롬이 설마 제사장을 해치겠소? 나는 그대들이 소식을 전해 줄 때까지 광야의 이 나루터에서 기다릴 것이오."

비장한 이별이었다. 그들이 예루살렘으로 돌아가자 다윗은 눈물을 흘리며 올리브 산으로 올라갔다. 밧세바와의 간통죄를 모면해 보려고 그녀의 남편 우리아를 위험 지역으로 보내 전사하게 한 야비하고 교활한 행위가 이런 피비린내를 불러 오는 것이라는 생각이 들었다.

"폐하, 폐하의 신하 아히도벨이 압살롬의 반역에 가담했다고 합니다."

한 신하의 보고에 다윗은 더욱 힘이 빠졌다. 아히도벨은 이스라엘 최고의 전략가였고 다윗의 탁월한 참모였다.

"오 하나님, 아히도벨의 모략을 어리석은 것이 되게 해주소서."

다윗은 하나님께 간절히 기도를 드렸다.

올리브 산 마루턱을 조금 지나자 신하 후새가 찢어진 옷에 흙으로 머리를 덮어쓴 채 왕을 맞이했다.

"후새, 당신은 예루살렘으로 들어가 압살롬에게 가서 말하시오. 나는 다윗의 신하였으나 이제부터는 당신의 신하가 되겠다고. 압살롬을 속여서 아히도벨의 계략을 헛되게 하도록 하시오. 제사장과 그 아들도 성 안에 들어가 있으니, 그대가 압살롬에게 들은 것을 모두 제사장에게 알려주시오. 그러면 그들이 내게 소식을 전해줄 것이오."

다윗 왕이 바후림 마을에 이르렀을 때였다. 사울 집안의 먼 친척인 시므이라는 자가 다윗과 신하들에게 돌팔매질을 하면서 저주를 퍼부었다.

"꺼져! 꺼져! 피비린내 나는 살인자야! 네가 사울의 집안 사람들에게 흘린 피를 주께서 갚아주시는 것이다. 그래서 네가 차지한 나라에서 피를 흘리는 거야. 주께서는 이 나라를 네 아들인 압살롬에게 넘겨주셨다. 네가 피를 많이 흘렸으니, 너는 이제 망하게 된 거다."

신하들이 시므이를 처단하겠다고 나섰지만, 다윗은 만류했다.

"내 몸에서 태어난 아들도 지금 나를 죽이려고 하오. 주께서 그에게 하라고 명하신 것이니 계속 저주하도록 내버려두시오! 내가 오늘 이런 수모를 당한 것 때문에 주께서 나의 비참한 꼴을 지켜보시고 혹시 좋은 일로 갚아 주실지 누가 알겠소?"

다윗과 신하들이 길을 따라 내려가는 동안에도 시므이는 반대편 산비탈을 내려오면서 돌을 던지고 흙먼지를 뿌리면서 저주를 그치지 않았다.

아히도벨과 후새의 계략 삼하 16:15-17:29

다윗이 피난길에 오른 후 압살롬은 예루살렘 성으로 진입하여 왕궁을 차지했다. 다윗과 뜻을 함께한 대제사장도, 그리고 다윗의 신실한 신하 후새도 다윗을 배신한 것처럼 위장하고 예루살렘에 있었다.

압살롬이 후새를 추궁했다.

"당신은 내 아버지의 좋은 친구요 충성스러운 신하인데 어찌하여 아버지를 따라 가지 않고 예루살렘에 머물러 있는 것이오?"

"저는 하나님과 이스라엘 온 백성이 택하여 세운 왕을 섬깁니다. 하나님과 백성이 폐하의 아버지를 왕으로 세웠을 때 그 왕을 섬겼듯이, 이제는 새 왕을 충실하게 섬기겠습니다."

압살롬은 후새의 말을 믿고, 아히도벨에 이어 두 번째 고위직을 주었다.

"자, 그럼 우리가 어떻게 해야 좋을지 아히도벨의 계략을 들어 봅시다."

아히도벨이 기다렸다는 듯 거침없이 입을 열었다.

"먼저 왕권을 다져야 합니다. 온 백성에게 이제는 다윗이 아닌 압살롬이 왕이 되었다는 사실을 분명하게 알려주어야 합니다. 그러려면 주변 모든 나라들이 그렇듯이 차기 왕권 계승자가 전前 왕의 후궁들을 후궁으로 취해야 합니다. 폐하의 부친이 남겨둔 열 명의 후궁들과 잠자리를 함께 하시어 그들을 후궁으로 삼으십시오."

압살롬은 아히도벨의 의견을 받아들였다. 압살롬은 옥상에 장막을 세우게 하고, 거기에서 부왕의 후궁들을 데리고 들어가 잠자리를 함께 했다.

그 후 아히도벨은 압살롬에게 말했다.

"폐하, 저에게 1만 2천의 병력을 주셔서 오늘 밤 즉각 다윗을 뒤쫓게 하소서. 지쳐 있을 때 기습하면 다윗과 신하들은 도망치기 바쁠 것입니다. 제가 다윗을 죽이면, 다른 사람들은 모두 임금님께 돌아올 것입니다."

그러자 신하들은 모두 한 목소리로 아히도벨의 의견에 찬성했다.

"그리 되기만 하면 백성들은 더 이상 갈등하지 않고 폐하를 왕으로 섬기게 되어, 나라가 평안해질 것입니다. 아히도벨의 계략대로 하소서."

그러자 압살롬은 아히도멜의 계략을 후새에게 들려주고, 의견을 물었다.

"폐하, 아히도벨의 계략은 별로 좋다고 생각되지 않습니다."

그는 어떻게든 다윗을 살리기 위해 반대의견을 펼쳤다.

"왜냐하면 폐하의 부친과 그 부하들은 뛰어난 용사들입니다. 더구나 새끼를 빼앗긴 곰처럼 격분해 있을 게 분명합니다. 다윗은 병법에 탁월하므로 밤에는 기습당하지 않도록 잠을 자지 않고 철저하게 대비합니다. 만약 폐하의 군대가 섣불리 공격하다가 오히려 역습을 당해 몇 명이 죽기라도 한다면 삽시간에 소문이 나서, 폐하의 군대는 사기가 저하될 것입니다."

후새는 차분하고 설득력 있게 말을 이어 나갔다.

"저는 이렇게 하는 것이 좋으리라 생각됩니다. 우선 이스라엘 전역에서 군대를 모집하여 바닷가의 모래알같이 많은 대군을 이룬 후 폐하께서 친히 싸우러 나가십시오. 그러면 폐하의 승리가 확실할 것입니다."

압살롬도 신하들도 모두 이번에는 후새의 계략을 지지했다. 후새는 시간을 벌어 다윗과 그 일행이 멀리 도망하도록 돕는 것과 동시에 반격 태세를 갖추게 하려는 전략이었다.

사정이 이렇게 돌아가자 아히도벨은 큰 충격을 받았다. 왕이 자기의 의견을 버리고 후새의 의견을 수용한 것은 그를 더 신임한다는 증거였기 때문이다. 그는 나귀를 타고 고향으로 돌아가 집을 정리한 후 스스로 목을 매달아 죽었다.

후새는 다윗의 지시대로 예루살렘에 있는 대제사장 사독과 그의 아들 아비아달에게 그동안의 정황을 알리고, 다윗에게 앞뒤 사정을 전하게 했다. 요나단과 아히마아스는 하마터면 압살롬의 병사에게 잡힐 뻔했지만, 위기를 모면하고 다윗에게 달려가 후새의 말을 전했다.

"지금 즉시 길을 떠나 요단 강 건너편으로 가시랍니다. 압살롬이 병사를 이끌고 추격해 오면 매우 위험합니다."

다윗은 피곤한 몸을 쉬어 가려다가 그날 밤 요단 강을 건넜다. 새벽이 되어서야 그들 일행은 강 건너편으로 갔다. 압살롬은 마음이 변하여 군대를 이끌고 다윗의 뒤를 좇았다.

이스라엘 백성 대부분은 왕자의 반역에도 불구하고 아직도 다윗 왕을 지지하고 있었다. 그리하여 왕이 필요로 하는 물자를 제공하고, 다윗을 직접 도와 압살롬과 싸우려고 많은 이들이 모여들었다.

압살롬의 죽음과 다윗의 슬픔

부자간의 한 판 승부 삼하 18:1-18

병사가 수천에 이르자 다윗은 요압과 아비새와 잇대를 각각 천부장으로 임명하여 전투조직을 마친 후 비장하게 선언했다.

"나도 너희와 함께 나가서 싸울 것이다."

"안 됩니다, 폐하."

부하들이 만류하고 나섰다.

"그들은 우리들 절반이 죽더라도 아무 관심이 없을 것입니다. 관심은 오직 폐하에게만 있을 뿐입니다. 우리들 만 명보다 폐하 한 분이 더 소중합니다. 폐하께서는 전투에 나가지 마시고 성 안에 머무시면서 우리를 도와주십시오."

한편 많은 병력을 이끌고 요단 강을 건넌 압살롬은 아버지와의 한판 승부를 위해 다윗이 머물고 있는 성읍 가까운 숲 속에서 전투준비를 완료하고 대기하고 있었다. 다윗의 군대는 세 명의 천부장이 지휘하는 가운데 성 밖으로 나아갔다. 길르앗에서 부자간의 전투가 전개될 것이었다.

"나를 생각해서라도 내 아들 압살롬을 심하게 대하지 말아주게."

다윗은 지휘관들에게 당부했다. 아버지의 왕관을 빼앗으려고 반란을 일으켰을 뿐만 아니라 아버지를 죽이려고 덤벼드는 아들인데도 아버지의 사랑은 도저히 지울 길이 없었다.

마침내 전투가 벌어졌다. 다윗의 군대가 압살롬의 군대를 압도하여, 순식간에 2만여 병사들이 전사했다. 패배한 압살롬의 군대는 사방으로 흩어져 도주하기에 바빴다. 어찌나 황망하게 도망쳤던지, 숲 속의 가시덤불과 늪지대에 빠져 죽은 숫자가 칼과 화살에 맞아 죽은 병사보다 더 많았다.

압살롬은 다윗의 군대를 피하여 숲 속을 뚫고 도주하기 시작했다. 그가 탄 나귀도 제 정신이 아닌 듯 달려갔다. 그런데 이런 어처구니없는 일이! 상수리나무 밑을 달리던 압살롬의 머리칼이 나뭇가지에 걸리고 말았다. 순간 그는 나무에 매달려 버둥거렸고, 나귀는 주인을 버려둔 채 걸음아 날 살려라 도주했다.

그 장면을 목격한 병사가 요압에게 달려가 보고했다.

"압살롬이 상수리나무에 매달려 있습니다."

"그걸 그냥 두고 왔단 말이냐? 그를 당장 죽였더라면 내가 포상으로 은 열 냥과 용사의 띠를 주었으리라."

요압의 질책에 병사가 대답했다.

"은 천 냥을 주신다 한들 제 손으로 왕자를 죽일 수는 없습니다. 다윗 왕께서 당신과 아비새와 잇대에게 압살롬을 죽이지 말라고 명령하는 소리를 저도 들었습니다. 제가 압살롬을 죽였더라면 제 목숨이 살아남지 못했을 것입니다."

"너와 이렇게 꾸물거릴 시간이 없다."

요압은 즉각 호위병들을 데리고 압살롬이 아직도 매달려 있는 상수리나무로 달려갔다. 그는 단창 세 자루를 던져 압살롬의 심장을 찔렀다. 그러자 호위병 십여 명이 달려들어 압살롬을 때려 죽여 버렸다. 병사들은 압살롬의 시신을 끌어내려 큰 구덩이 속에 던져 넣었다.

압살롬의 죽음으로 전투는 막을 내렸다. 병사들은 압살롬의 시체 위에 돌멩이를 던져 돌무덤을 만들었다.

비탄에 젖은 다윗 삼하 18:18–19:8

예루살렘에서 후새가 준 정보를 다윗에게 알리러 왔던 대제사장의 아들 아히마하스는 한시 바삐 승전의 기쁜 소식을 왕에게 전하고 싶었다.

“제가 폐하께 달려가 이 소식을 전하겠습니다.”

아히마하스가 요압에게 청했다.

“왕자가 죽었다는 소식을 들으시면 얼마나 슬퍼하시겠느냐. 그러니 나쁜 소식을 전하는 자가 되지 말거라.”

요압은 가까이에 있던 에디오피아 병사를 불러 왕에게 보냈다. 그러자 아히마하스가 또 다시 간청했다.

“제가 저 에디오피아 병사의 뒤를 따라가겠습니다.”

“안 된다. 왜 하필이면 나쁜 소식을 폐하에게 전하려고 그러느냐? 그런 보고를 해보았자 상을 받지는 못할 것이다.”

그래도 아히마하스는 포기하지 않고 간청했다. 요압이 하는 수 없이 허락하자, 아히마아스는 들판을 달려 에디오피아 병사를 앞질러 성으로 갔다.

성문 위의 파수꾼이 달려오는 사람을 보았다. 그는 전선의 소식을 학수고대하는 왕에게 소리쳐 보고했다.

“누군가 달려오고 있습니다.”

“한 명이 달려오고 있다면 틀림없이 좋은 소식일 것이다.”

다윗의 반응이 채 끝나기도 전에 파수꾼의 목소리가 또 들려왔다.

“그 뒤에 또 한 명이 달려오고 있습니다.”

“그자도 좋은 소식을 가져오는 것이 분명하다.”

“폐하, 앞서 오는 사람은 대제사장 사독의 아들 아히마하스 같습니다.”

파수꾼의 다급한 보고에 다윗이 말했다.

“그가 좋은 소식을 가져오는 모양이구나.”

아히마하스는 성문에 도착하자 다윗 앞에 엎드려 얼굴을 땅에 댔다.

“폐하의 하나님을 찬양합니다. 주께서는 반역하는 자들을 폐하의 손에 넘겨주셨습니다.”

승전 소식이었다. 다윗은 감격했지만, 다음 순간 왕자 압살롬의 소식이 궁금해졌다.

“압살롬은 어찌 되었느냐? 다치지는 않았느냐?”

아히마하스는 차마 압살롬이 죽었다는 소식을 전할 수 없었다.

"요압 장군이 저를 폐하께 보낼 때, 큰 소동이 일어난 것 같지만 무슨 일인지는 모르겠습니다."

마침 에디오피아 병사가 숨을 헐떡이며 도착하자 다윗은 아히마하스를 곁에 대기시켜 놓고는 에디오피아 병사를 맞았다.

"폐하, 보고 드립니다. 주께서 폐하를 대적하던 모든 원수를 물리치셨습니다."

"왕자 압살롬은 어찌 되었느냐?"

"폐하, 폐하를 배반하는 모든 적들이 다 압살롬처럼 되기를 원합니다."

"그럼 압살롬이 죽었다는 소리냐!"

다윗은 슬픔을 억제할 수 없어 성문 위의 다락방으로 올라가 통곡했다.

"압살롬아, 내 아들 압살롬아, 차라리 내가 죽었더라면 좋았을 것을!"

반란군을 완전히 제압하여 나라를 견고하게 지킨 기쁨보다 왕자를 잃은 슬픔이 훨씬 큰 것을 어찌할 것인가. 이 소식이 백성에게 전해지자 백성들 역시 승전의 기쁨은 잠시였을 뿐, 모두 슬퍼했다. 목숨을 걸고 반역자들과 싸워서 이기고 돌아온 군사들 역시 기쁨과 자랑스러운 긍지를 접어두고 우울해졌다.

요압은 왕의 충신답게, 다윗의 친구답게, 왕 앞에 나아가 바른 말을 했다.

"폐하께서는 오늘 폐하를 위해 싸워서 폐하를 비롯하여 왕자님들과 공주님들, 왕후님과 후궁들의 생명을 구원한 모든 신하들의 얼굴을 들 수 없게 하셨습니다. 폐하께서는 폐하를 사랑하는 사람들보다 폐하를 미워하는 무리를 더 사랑하십니다. 만약 압살롬이 살고 우리가 다 죽었더라면 폐하께서는 오히려 더 기뻐하셨겠습니다. 폐하, 지금 곧 밖으로 나가셔서 신하들과 병사들을 격려해 주십시오. 그렇게 하시지 않는다면 신하들과 병사들 모두 한 사람도 남지 않고 왕을 떠나고 말 것입니다. 그렇게 되면 폐하께서 지금까지 당하신 어떠한 환난보다 더 혹독한 고난을 당하게 되실 것입니다."

요압의 말은 옳았으며, 필요한 조치였다. 다윗은 그 말을 듣고 자리에서 슬픔을 떨치고 일어났다.

다윗의 환궁과 세바의 반란

개선하는 다윗 삼하 19:9–43, 20:3

그로부터 며칠이 지나자 이스라엘 곳곳에서는 다윗을 지지하는 소리가 고조되었다.

"다윗 왕은 우리를 적국 블레셋으로부터 구원했을 뿐만 아니라 다른 많은 적군의 손에서 우리를 건져주신 위대한 지도자요. 그런데 지금 압살롬의 반란을 피해서 요단 강 건너편 땅에 망명중이시오. 생각해 보시오. 우리는 한때 압살롬을 우리의 왕으로 섬기려고 했지만, 압살롬은 이제 죽고 없소. 그렇다면 다윗 왕을 다시 예루살렘으로 모셔 와야 할 게 아닌가요?"

압살롬을 지지했던 사람들조차 적극적으로 다윗을 지지하게 되자, 왕은 신하들과 함께 예루살렘으로 돌아가기 위해 길을 떠났다. 다윗이 속한 유다 지파 사람들은 기쁨을 억제할 수 없어 요단 강까지 마중 나갔다. 왕의 일행이 강을 건너려고 하자 온통 축제 분위기가 연출되었다. 그러나 모두 기뻐한 것은 아니다. 오히려 두려워 떠는 사람도 있었다. 시므이가 그 사람이다. 그는 베냐민 지파 사람 일천 명과 함께 강을 건넌 다윗 앞에 무릎을 꿇었다.

"폐하, 저를 용서하여 주소서. 폐하께서 예루살렘을 떠나시던 날 이 종이 저지른 허물을 마음에 두지 마소서. 용서를 비는 마음으로 이렇게 멀리 달려와 먼저 폐하를 찾아뵈었습니다."

시므이, 그는 다윗이 압살롬의 반역으로 예루살렘을 떠났을 때 그와 그 신하들에게 돌을 던지며 저주한 자였다.

다시는 다윗의 시대가 오지 않으리라 확신하고 모멸과 저주를 퍼부었던 시므이를 바라보던 아비새가 다윗에게 귓속말을 했다.

"주께서 기름 부어 왕으로 세운 분을 저주한 자니 마땅히 죽여야 합니다."

그러나 다윗은 이렇게 기쁜 날 사람을 죽이고 싶지 않았다.

"시므이, 너를 죽이지 않겠다."

그러자 이번에는 오랫동안 씻지도 않고 옷도 갈아입지 않아 거지 중에서도 상거지 꼴을 한 절친한 친구였던 요나단의 절름발이 아들 므비보셋이 다윗 앞으로 나왔다.

"므비보셋, 너는 어찌하여 내가 예루살렘을 떠날 때 함께 가지 않았더냐?"

그토록 보살펴 주었건만 왕좌에서 물러날 것 같으니까 배신한 것이라고 생각한 다윗이 꾸짖었다.

"폐하, 저는 절뚝발이라서 나귀를 타고 폐하를 따르려고 했습니다. 그러나 저의 하인 시바가 폐하와 일행을 위해 만든 음식만 나귀에 싣고 폐하께 가서 제가 반역했다고 모함을 했습니다. 제가 어찌 폐하를 배신할 수 있단 말씀입니까."

"그랬구나. 그렇다면 내가 그때 너의 땅을 모두 시바에게 준다고 했는데, 그 땅을 둘이 절반씩 갖도록 하여라."

그러나 므비보셋은 왕의 오해를 풀어 드리기 위해 찾아온 것이지 땅을 되찾으려는 것은 아니었다. 그는 아버지 요나단의 너그러운 성품을 닮은 것이 분명했다.

"폐하, 그러실 필요 없습니다. 저는 폐하께서 무사히 돌아오신 것만으로 매우 기쁩니다. 땅은 시바에게 주신 것이니 그대로 두십시오."

이번에는 80세 노인인 바르실래가 다윗에게 왔다. 거부인 그는 다윗이 사울에게 쫓기던 시절 많은 도움을 준 사람이었다.

"바르실래, 반갑소. 당신은 나와 함께 예루살렘으로 갑시다. 이제부터는 내가 당신을 도우며 살겠소이다."

"아닙니다, 폐하. 이 늙은이가 살면 얼마나 살겠습니까. 더구나 저는 왕궁이나 도시생활이 익숙하지 못합니다. 단지 폐하를 모시고 요단 강을 건너려고 왔을 뿐이오니 고향으로 돌아가게 해주십시오. 다만 여기 제 아들 김함을 데리고 왔사오니 폐하께서 그에게 일을 시켜 주시기 바랍니다."

다윗은 김함을 데리고 예루살렘으로 돌아갔다. 내란이 종식되자 다윗의 왕권은 견고해졌으며, 오랜만에 평화가 찾아왔다. 다윗은 왕궁을 지키라고 남겨두었으나 아들 압살롬과 동침한 후궁 열 명을 죽을 때까지 감금했다.

세바의 반란 삼하 20:1-23

그러나 평화는 오래 가지 못했다. 베냐민 지파에 세바라는 사람이 있었다. 자기네 지파에서 상당한 세력을 얻어 영향력을 행사하던 그는 다윗이 요단 강을 건너올 때 다른 사람들과 함께 기뻐하고 환영하는 입장이었다. 그러나 다윗이 속한 유다 지파 사람들이 12지파 모두의 왕인 다윗을 자기네 지파의 왕인 것처럼 으스댔기 때문에 다른 지파들과 연합하여 반발하게 되었다. 세바는 그들을 선동하고 지휘하고 반대하는 다윗 세력의 중심이 되었다. 유다 지파와 베냐민 지파를 제외한 10개 지파가 모두 다윗에게 등을 돌리고 있었다.

또다시 내전의 위기가 닥치자 다윗은 지체 없이 아마사를 진압군 총사령관으로 임명하고 유다 지파에서 병력을 모집하라고 명령했다. 아마사의 사령관 임명은 평소 다윗의 군사령관으로 많은 공훈을 세웠을 뿐만 아니라 압살롬의 반란을 진압하는 데 충성을 다한 요압 장군의 힘을 은근히 빼는 조치이기도 했다.

아마사는 왕이 정해 준 기한 안에 장병들을 모으지 못했다. 그러자 다윗은 요압의 아우 아비새에게 명령했다.

"세바는 압살롬보다 더 위험한 인물이다. 그러니 지체하지 말고 나의 근위대와 요압이 지휘하던 정예 부대를 이끌고 세바를 공격하라. 그들이 요새화된 성읍으로 숨어 들어가기 전에."

다윗은 대단히 긴장했다. 세바의 반란은 압살롬의 반란보다 규모가 크고 명분도 있었기 때문이었다.

아비새는 왕궁과 예루살렘 성을 무방비 상태로 남겨둔 채 요압을 비롯해 최정예 근위대와 상비군 병력을 모두 이끌고 예루살렘을 떠나 북으로 향했다. 얼마 안 가서 기브온 큰 바위 곁에 이르렀을 때 아마사가 그들 일행을 맞으러 나왔다. 요압이 아마사에게 접근하여 매우 반갑고 기쁘다는 뜻으로 입을 맞추려고 했다. 요압의 칼이 칼집에 들어 있는 것이 아마사의 눈에 띄었기 때문에 아마사는 마음놓고 요압의 친절을 받아들였다. 요압은 입을 맞추려는 시늉을 하며 아마사에게 접근하여 손에 들고 있던 단검으로 아마사의 배를 찔렀다. 그의 창자가 선혈과 함께 흘러나왔다.

요압의 부하 하나가 피투성이의 아마사 시체 곁에 서서 소리쳤다.

"요압과 다윗을 지지하는 자는 모두 요압을 따르라."

누가 감히 요압을 거부할 수 있겠는가. 그들은 모두 아비새와 그의 형 요압을 따라 세바가 있는 곳을 향해 진군했다.

팔레스타인의 북동쪽 끝, 곧 납달리 지파의 최북단에 위치한 아벨과 벧마아가와 베림 성에 이르렀다. 용맹으로 무장한 요압의 군대는 성읍을 포위하고 공격태세를 취했다.

그 성에는 지혜로운 여인이 있었다. 그녀는 성벽 위에 올라서서 요압에게 가까이 오도록 청했다. 요압이 성벽 가까이 접근하자 여인이 말했다.

"당신이 요압 장군이세요?"

"그렇소."

"성읍을 공격할 때는 먼저 화평과 항복의 뜻을 물어야 한다는 게 모세의 율법입니다. 그런데 어찌하여 이 거룩한 성읍을 파멸시키려 하십니까?"

요압이 펄쩍 뛰었다.

"결코 그렇지 않소. 우리는 다윗 왕께 반역한 세바라는 자를 잡으러 왔소. 그자만 내주면 우리는 이 성에서 즉시 떠날 것이오."

여인이 대답했다.

"그렇다면 우리가 그자의 머리를 잘라서 성벽 너머로 던져 드리겠습니다."

여인이 사람들에게 달려가서 지혜로운 말로 설득하자, 주민들은 힘을 합해 세바를 붙잡아 머리를 베었다. 그들은 반역자 세바의 머리를 성벽 아래로 던졌다. 요압은 여인과 약속한 대로 즉각 군대를 철수시켜 예루살렘으로 돌아갔다. 그 공로로 요압은 군대장관에 임명되었다.

다윗의 거역과 회개 삼하 24장 ; 대상 21장

다윗의 인생은 파란만장, 그 자체였다고 할 수 있다. 도망자에서 왕이 되었고, 하나님의 엄청난 축복을 받았는가 하면 견디기 힘든 징벌도 받았다. 하나님께 순종하고 의지하는 왕이었는가 하면, 자기의 능력을 과시하고 싶은 충동으로 하나님 앞에 교만하고 불순종하는 왕이기도 했다. 또 정욕에 눈이 멀어 신하의 부인과 정을 통하고 충신을 죽음으로 몰아넣기까지 했던 왕이다.

세월이 많이 흘러 이제 다윗의 남은 인생도 그리 많지 않은 때였다. 하루는 왕이 신하들을 불러 특별한 명령을 내렸다.

"단에서 브엘세바까지, 이 나라 온 땅에서 인구 조사를 실시하여 내게 보고하시오."

요압이 입을 열었다.

"왕의 하나님께서 이 백성을 불어나게 도와주셔서, 이 백성이 지금보다 백배나 더 많아지기를 원합니다. 하지만 폐하, 주께서 다 돌보아 주실 텐데, 어찌하여 인구 조사를 하려 하십니까?"

그러나 왕은 온 군대를 동원하여 인구 조사를 실시하라고 명령했다.

왕의 지엄한 명령을 누가 어기랴. 요압을 비롯한 모든 군 지휘관들과 병사들, 관리들이 전국으로 흩어져 인구 조사를 실시했다. 팔레스타인 전역에서 인구 조사가 실시되었다. 9개월 21일 만에 조사를 마치고 예루살렘으로 돌아온 요압이 왕에게 보고했다.

"전투를 수행할 수 있는 젊은 남자만 유다 지파에서 50만이고, 그 외의 모든 지파에서 80만에 달합니다."

칼을 빼서 다룰 수 있는 장병만도 130만이라는 보고에 다윗은 마음이 흐뭇했다. 이 나라를 누가 침공해 오겠으며, 방어하지 못할 적이 어디 있겠는가.

그러나 다윗은 하나님을 믿고 의지하는 사람이었고, 하나님의 뜻에 순종하는 겸손한 사람이었다. 그는 잠시나마 하나님께 의존하지 않고 군사력에 의존하려던 생각이 하나님 앞에 얼마나 큰 죄가 되는지 깨달았다. 그는 자신이 하나님께 큰 죄를 지었다는 자책감으로 무릎을 꿇고 기도하기 시작했다.

"주 하나님, 이 종이 큰 죄를 저질렀습니다. 간구하오니 이 종의 죄를 사하여 주소서. 종이 심히 미련한 짓을 행했습니다."

하나님도 괘씸하게 여기던 중이었다. 죄에는 벌이 따르는 법. 다윗이 회개한 다음 날 주의 말씀이 예언자 갓에게 내렸다.

"다윗에게 말하라. 내가 세 가지를 보여줄 테니 그 중에 하나를 택하라고 하라. 그 택한 것을 내가 행하리라."

갓이 다윗에게 가서 하나님의 뜻을 전했다.

"이 나라에 7년 동안 기근이 닥치는 것과, 적군의 침략으로 왕께서 석 달 동안 도피하는 것, 이 나라 전역에 사흘 동안 무서운 전염병이 도는 일 중 한 가지를 선택하십시오."

어느 것도 선택할 수 없는 무서운 재앙이었다. 그러나 교만에 대한 하나님의 징계를 피해갈 수는 없는 일이었다.

"적군의 손에 당하느니 하나님의 손에 빠지기를 원하오."

사흘 동안의 전염병을 선택한다는 말을 에둘러서 표현한 것이다.

그날 아침부터 하나님의 천사가 팔레스타인 전역에 전염병을 창궐케 했다. 도처에서 사람들이 죽어갔다. 전쟁을 한들 이처럼 많은 사람이 사흘 동안에 죽을 수 있을까. 무려 7만 명이 죽어갔다.

하나님의 천사가 드디어 예루살렘에 이르렀다. 이제 그 손을 들기만 하면 엄청난 재앙이 휩쓸 것이었다. 그때 하나님께서 긍휼을 베푸셨다.

"이제 족하다. 그 손을 거두라."

그때 천사는 아라우나의 타작마당 곁에 서 있었다. 다윗이 하나님께 간절히 기도하고 있을 때였다.

"제가 범죄했고 악을 행했습니다. 종의 백성이 죄를 지은 게 아닙니다. 그러니 이 백성을 치지 마시고 저와 제 가문을 치십시오."

하나님이 예언자 갓을 다윗에게 보내어 그 뜻을 전하셨다.

"폐하, 아라우나의 타작마당에서 하나님께 제단을 쌓고 제사를 올리십시오."

다윗은 그 지시를 따르기 위해 길을 떠났다. 아라우나는 왕이 신하들과 함께 오고 있는 것을 보고는, 밖으로 나가 얼굴을 땅에 대고 엎드려 왕을 맞이했다.

"내가 그대의 타작마당을 사서 주께 제단을 쌓아 백성에게 내리는 재앙을 그치게 하려고 왔소."

"폐하, 이 땅과 제물로 드릴 소와 제사에 소요되는 모든 재료를 다 폐하께 드리오니 그냥 사용하여 주옵소서."

그러나 다윗은 은화 50세겔을 지불하고 그 마당과 소를 사서 제단을 쌓고 하나님께 번제와 화목제를 드렸다. 화목제는 화해를 간구하는 마음에서 드리는 제사다. 이에 하나님께서 이스라엘에 내리던 재앙을 그치셨다.

아도니야의 거사와 솔로몬의 등극

황혼기의 다윗 왕상 1:1-10

아무리 천하장사라도 나이가 들어 늙으면 힘이 빠지고 기력이 쇠약해지게 마련이다. 조약돌 몇 개로 거인 골리앗을 물리쳤던 다윗 왕도 어느덧 인생의 종착역에 다다랐다. 기력이 약해지니 추위를 많이 타서, 이불을 많이 덮어도 몸에 온기를 느낄 수 없었다. 이런 사정을 아는 신하들이 왕에게 말했다.

"젊은 처녀를 구해서 임금님을 모시도록 하는 것이 좋겠습니다. 처녀를 품고 주무시면 임금님의 몸이 따뜻해질 것입니다."

신하들은 전국 방방곡곡을 뒤져서 아름다운 처녀를 구하여 왕에게 데려왔다. 아리따운 처녀 아비삭은 왕의 시중을 들며 왕을 섬겼지만, 왕은 그 처녀와 잠자리를 같이 하지는 않았다.

그 무렵 다윗의 넷째 아들인 아도니야가 자신은 왕이 될 사람이라고 말하면서, 마치 왕이나 된 것처럼 행세하고 다녔다. 호화로운 전차를 타고 다니면서 50명의 호위병을 거느리고 다녔다. 아도니야는 잘생긴 데다 언변도 좋아서 따르는 사람들이 적지 않았다.

어느 날 아도니야는 왕자들과 궁중의 여러 사람들을 모아놓고 잔치를 벌이고는 자신이 왕이라고 선포했다. 그 자리에는 제사장 아비아달과 요압 장군 등 주요 인사들이 있었지만, 아도니야의 동생인 솔로몬 등은 없었다.

초대받지 못한 사람들 왕상 1:11-31

예언자 나단이 솔로몬의 어머니 밧세바 왕비를 찾아가서 이 소식을 전했다.

"학깃의 아들 아도니야가 자신이 왕이라고 선포를 했다는데, 아직 소식을 듣지 못했습니까? 폐하도 알지도 못하는 사이에 그런 일이 벌어졌습니다. 이제는 당신뿐만 아니라 당신의 아들 솔로몬도 생명이 위험합니다. 그러니 지금 곧 폐하에게 가서 말씀하십시오."

밧세바는 곧 다윗 왕을 찾아갔다. 밧세바가 엎드려 큰절을 하자, 왕이 물었다.

"웬일이시오?"

밧세바가 대답했다.

"폐하께서는 왕의 뒤를 이어 왕위에 오를 사람은 제 아들 솔로몬이라고 제게 맹세하셨습니다. 그런데 이제 아도니야가 왕이 되었고, 폐하께서는 그런 사실조차 알지 못하고 계십니다. 지금 온 이스라엘 백성은 폐하만 바라보고, 폐하께서 누가 폐하의 뒤를 이어 왕이 될 것인지 말씀해 주시기를 기다리고 있습니다. 폐하께서 이대로 세상을 떠나신다면, 저와 제 아들 솔로몬은 죄인으로 취급받게 될 것입니다."

밧세바가 왕에게 그런 이야기를 하고 있을 때, 나단이 도착했다. 나단은 왕 앞으로 가까이 다가가 엎드려 절을 한 뒤 왕에게 아뢰었다.

"나의 주 왕이시여, 아도니야는 오늘 소와 양과 살찐 송아지들을 잡아 큰 잔치를 베풀면서 자신이 왕이 되었음을 선포했습니다. 그

자리에는 왕자들과 장군들과 제사장 아비아달이 초대되었습니다. 그들은 지금 아도니야와 함께 먹고 마시면서 '아도니야 왕 만세!'라고 외치고 있습니다. 이런 일이 모두 폐하의 지시로 이루어진 것입니까? 폐하께서는 누가 왕의 뒤를 이어 왕위에 오를 것인지, 이 종에게는 말씀해 주시지 않았습니다."

그러자 다윗 왕이 밧세바를 다시 불러오게 한 후, 이렇게 말했다.

"주께서 살아 계심을 두고 분명히 맹세하겠소. 나는 일찍이 그대의 아들 솔로몬을 나의 후계자로 세워 왕으로 삼겠다고 맹세했었고, 오늘 그것을 실천할 것이오."

밧세바는 엎드려 절을 하면서 말했다.

"폐하, 만수무강하소서!"

왕으로 결정되는 솔로몬 왕상 1:32-53

다윗 왕은 신하들을 불러모아 놓고 명령했다.

"그대들은 내 아들 솔로몬을 내가 타고 다니는 노새에 태우고, 기혼으로 내려가시오. 거기서 솔로몬에게 기름을 부어 그를 이스라엘의 왕으로 선포하시오. 그런 다음 솔로몬을 다시 이곳으로 데리고 와서, 나의 왕좌에 앉히시오. 나는 그를 이스라엘과 유다의 통치자로 임명하는 바이오."

이리하여 제사장 사독과 예언자 나단을 비롯한 신하들은 솔로몬을 다윗 왕의 노새에 태우고 기혼으로 가서, 솔로몬에게 기름을 부었다. 백성들은 "솔로몬 왕 만세!"를 외치면서 솔로몬 왕을 모시고 예루살렘 도성으로 올라왔다. 피리를 불면서 모두가 큰 소리로 환호성을 질렀기 때문에 땅이 흔들릴 정도였다.

아도니야와 그에게 초대받은 손님들도 환호 소리를 들었다. 나팔 소리가 들리자 요압 장군이 물었다.

"성 안이 왜 이렇게 시끄러운가?"

그가 말을 끝내기도 전에 제사장 아비아달의 아들 요나단이 뛰어와서 뜻밖의 소식을 전했다.

"다윗 왕께서 솔로몬을 왕으로 세우셨습니다. 제사장 사독과 예언자 나단은 기혼에서 솔로몬에게 기름을 부어 왕으로 세웠습니다. 거기에서 그들이 모두 환호성을 올리며 예루살렘으로 올라가자 온 도성이 흥분의 도가니가 되었습니다. 여러분이 방금 들으셨던 함성이 바로 그 소리입니다."

아도니야와 그의 손님들은 모두 놀란 나머지 자리에서 일어나 뿔뿔이 흩어졌다. 아도니야는 이제 솔로몬 왕에 의해 반역자로 처단될 운명이었다. 아도니야는 성막으로 달려가서 제단의 뿔을 붙잡았다. 제단의 뿔을 붙들고 있는 동안에는 아무도 죽일 수 없다는 모세 율법의 규정이 있다.

솔로몬은 아도니야가 제단의 뿔을 붙잡고 있다는 보고를 받고 말했다.

"그가 그럴 만한 사람임을 스스로 보여준다면, 그의 머리카락 하나도 건드리지 않겠다. 그러나 그가 잘못된 것이 밝혀지면 그는 반드시 죽게 될 것이다."

새 왕 솔로몬은 사람을 보내 그를 제단에서 붙잡아 왔다. 아도니야가 솔로몬 왕 앞에 엎드려 절을 하자, 솔로몬이 그에게 자비를 베풀었다.

"그대는 집으로 돌아가 근신하도록 하시오."

다윗의 유언과 죽음 왕상 2:1–12

다윗은 죽을 때가 가까워지자 자기 아들 솔로몬에게 유언을 했다.

"나는 이제 모든 세상 사람들이 가야 하는 길로 가게 되었다. 아무쪼록 강하고 대장부답게 살아야 한다. 또한 네 하나님 주께서 원하시는 삶을 살도록 하여라. 모세의 율법에 기록된 그분의 모든 계명과 지시에 따라 살아라. 그러면 네가 어디로 가든지, 무슨 일을 하든지, 다 잘될 것이다."

다윗은 죽어서 다윗 성에 묻혔다. 솔로몬은 아버지 다윗의 왕위를 이어받아, 자신의 통치 기반을 확고하게 다지기 시작했다.

처형되는 아도니야 왕상 2:13-35

어느 날 아도니야가 솔로몬의 어머니 밧세바를 찾아와서 말했다.

"아시다시피, 이 왕위는 저의 것이었습니다. 모든 이스라엘 사람들이 제가 왕이 되기를 바랐었습니다. 그러나 상황이 바뀌어 왕위는 동생에게로 돌아갔습니다. 이제 한 가지 청이 있습니다. 거절하지 마시고 들어 주십시오."

밧세바가 말해 보라고 하자 그가 말을 이었다.

"솔로몬 왕께 청하여 수넴 여자 아비삭을 저의 아내로 삼게 해주십시오. 왕은 어머니의 청을 거절하지 않으실 것입니다."

밧세바가 대답했다.

"좋다. 내가 왕께 그대로 전하겠다."

밧세바가 아도니야의 청을 대신 전해 주려고 솔로몬 왕에게 가자, 왕은 엎드려 절을 하며 맞이했다. 왕은 왕좌에 앉은 다음, 자기 오른편에 특별한 자리를 마련하여 어머니를 앉게 했다. 밧세바가 말했다.

"내가 사소한 부탁이 하나 있어서 왔으니 거절하지 말고 들어 주시오."

"어머니, 안심하고 말씀하십시오. 거절하지 않겠습니다."

"수넴 여자 아비삭을 임금의 형 아도니야에게 주어 아내로 삼게 해주세요."

솔로몬 왕이 어머니 밧세바에게 대답했다.

"무슨 이유로 아비삭을 아도니야에게 주라고 하십니까? 차라리 그에게 왕위를 넘겨주라고 하시지 그러세요? 더구나 그는 나의 형이 아닙니까? …아도니야가 자기 목숨을 걸고 이런 요청을 한 것이니, 제가 아도니야를 즉각 처벌하지 않는다면 하나님께서 제게 천벌을 내리실 것입니다. 이제 저를 세워 왕위에 앉게 하시고, 약속하신 대로 저에게 이 나라의 통치권을 맡겨 주신 주의 살아 계심을 두고 맹세합니다. 아도니야는 오늘 당장 처형당할 것입니다."

솔로몬 왕은 즉각 신하를 보내어 아도니야를 쳐 죽이게 하였다. 그리고 아도니야를 따르던 제사장 아비아달에게는 제사장의 직책을 빼앗은 다음 고향으로 돌려보냈고, 요압 장군은 처형했다. 이리하여 솔로몬 왕은 권력을 장악하게 되었다.

솔로몬의 지혜와 성전 건축

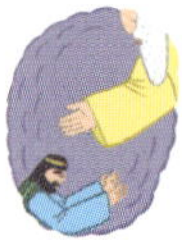

지혜를 구하는 솔로몬 왕상 3:1–15 ; 대하 1:1–13

솔로몬은 이집트 왕과 동맹을 맺고 그의 딸과 결혼했다. 그는 바로의 딸을 데려다가, 다윗 성에서 살게 했다. 당시에는 주께 예배 드릴 성전이 아직 지어지지 않았기 때문에, 백성들은 아직도 산당에서 제사를 지내고 있었다.

솔로몬은 주를 사랑하며, 아버지 다윗의 행실을 그대로 이어받았다. 하지만 그는 여러 산당에서 번제와 희생제를 지냈다. 한 번은 가장 유명한 산당이 있는 기브온으로 가서 제사를 지내러 갔다. 솔로몬은 거기에서 천 마리의 짐승을 잡아 희생제물로 바쳤다.

그날 밤 기브온에서 잠을 자는데, 꿈에 주께서 솔로몬에게 나타나 말씀하셨다.

"내가 네게 무엇을 해주기를 바라느냐? 무엇이든지 원하는 것을 구하라."

솔로몬이 대답했다.

"주께서는 저를 아버지 다윗 왕의 자리에 앉게 해주셨지만 저는 아직 어리고, 어떻게 처신해야 할지 알지 못합니다. 주께서 선택하신 백성들은 너무 많아서 셀 수조차 없을 지경입니다. 그러니 저에게 당신의 백성들을 바르게 인도할 수 있도록 지혜로운 마음을 주십시오. 그렇지 않으면 제가 어떻게 이토록 많은 당신의 백성을 다스릴 수 있겠습니까?"

주께서는 솔로몬의 간구를 기쁘게 여기시고, 흔쾌히 말씀하셨다.

"너는 오래 살게 해 달라거나 큰 부자가 되게 해 달라거나 원수들을 죽여 달라고 간구하지 않고, 백성을 올바르게 다스리기 위하여 내게 지혜를 간구했다. 네가 간구한 것을 다 들어주리라. 나는 너에게 지혜롭고 총명한 마음을 주어, 이전에나 이후에나 너와 같이 지혜로운 이가 없게 할 것이다. 뿐만 아니라 나는 네가 간구하지 않은 부귀와 영화도 네게 주리라. 너는 평생토록 어떠한 왕도 너와 비교할 수 없을 만큼 많은 것을 누리리라. 또 네가 네 아버지 다윗처럼 진실하게 나의 모든 명령을 지킨다면, 나는 네가 오래 살도록 장수의 복도 줄 것이다."

솔로몬이 깨어 보니, 꿈이었다. 그는 예루살렘으로 돌아와 번제와 화목제를 드리고, 신하들에게 잔치를 베풀어 주었다.

명재판관 솔로몬 왕상 3:16–28

어느 날 두 명의 여자가 왕을 찾아와서, 왕 앞에 섰다.

한 여자가 말했다. "임금님, 이 여자와 저는 한 집에서 같이 삽니다. 제가 아들을 낳을 때, 이 여자도 함께 있었습니다. 그런데 제가 아들을 낳은 지 사흘째 되는 날, 이 여자도 아들을 낳았습니다. 집 안에는 우리 둘밖에 없었습니다. 그런데 그날 밤에 이 여자가 잠을 자다가 자기 아이를 깔아 죽이고 말았습니다. 그러자 이 여자는 밤중에 일어나서 제가 잠든 사이에 제 옆에 뉘어 둔 제 아이를 가져갔습니다. 제 옆에는 죽은 자기 아들을 놓아 두었습니다. 다음 날 아침, 제가 아이에게 젖을 먹이려고 보니, 아이가 죽어 있었습니다. 아이를 자세히 살펴보니 제가 낳은 아들이 아니었습니다."

이때 다른 여자가 소리쳤다.

"아니야! 살아 있는 아이가 내 아들이고, 죽은 아이가 네 아들이야!"

먼저 말한 여자도 대들었다.

"아니야! 죽은 것이 네 아이고, 살아 있는 아이가 내 아이야!"

두 여자는 이렇게 왕 앞에서 서로 다투었다. 솔로몬이 말했다.

"서로가 살아 있는 아이는 자기 아이요, 죽은 아이는 다른 사람의 아이라고 주장하는구나."

왕이 신하에게 칼을 가져오라고 하자, 신하들이 칼을 가져왔다. 왕이 신하들에게 명령했다.

"살아 있는 아이를 정확하게 두 쪽으로 잘라서, 이 두 여자에게 반씩 나누어 주어라."

그러자 살아 있는 아이의 어머니는 아이에 대한 사랑으로 마음이 찢어지는 것 같아서, 이렇게 외쳤다.

"안 됩니다, 임금님! 차라리 이 아이를 저 여자에게 주세요! 제발 죽이지 마세요!"

그러나 다른 여자는 말했다.

"어차피 내 아이도 될 수 없고 저 여자의 아이도 될 수 없으니, 정확하게 둘로 나누어 주십시오!"

그러자 왕이 즉각 판결을 내렸다.

"살아 있는 아이를 첫 번째 여인에게 주어라. 아이를 죽이지 말아라. 저 여인이 아이의 어머니이다. 저 악한 여인은 벌을 주라!"

왕이 이런 판결을 내렸다는 소식이 온 이스라엘에 전해지자, 사람들은 모두 왕의 지혜에 감탄하면서도 왕을 두려워하게 되었다. 정의로운 재판을 하도록 하나님께서 왕에게 지혜를 주셨다는 것을 알게 되었기 때문이다.

왕국의 번성 왕상 4장 ; 시 72장, 127장 ; 잠언

유다와 이스라엘의 백성들은 바닷가의 모래알처럼 불어났고, 부족함 없이 먹고 마시며 행복하게 지냈다. 솔로몬 왕은 유프라테스 강에서부터 블레셋 땅에 이르기까지, 또 멀리 이집트 국경에 이르기까지의 여러 왕국을 다스렸다. 이들 나라들은 모두가 솔로몬 왕에게 복종하여 조공을 바쳤다.

솔로몬 왕이 하루에 소비하는 식량은 고운 밀가루 30여 섬, 거칠게 빻은 밀가루가 60여 섬, 우리에서 사육한 소가 10마리, 목장에서 키운 소가 20마리, 양이 100마리였고, 그 밖에도 사슴과 노루와 산양과 날짐승 들을 소비했다.

솔로몬은 유프라테스 강 서쪽의 모든 나라를 다스렸고, 주변의 국가들과 평화롭게 지냈다.

솔로몬이 살아 있는 동안 단에서 브엘세바에 이르기까지 이스라엘과 유다의 온 백성이 저마다 무화과나무와 포도나무를 가꾸며 평안하게 잘 살았다. 솔로몬 왕은 전차를 끄는 말을 두는 마구간을 4만 칸이나 갖고 있었고, 1만 2천 필의 말을 보유했다.

각 지방장관들은 한 달씩 맡아서 솔로몬 왕과 왕의 식탁에 참여하는 사람들이 소모하는 식량을 부족함 없이 제공했다. 그들은 군마와 다른 말들에게 먹일 보리와 짚도 맡은 바 할당량을 가져왔다. 하나님께서는 솔로몬에게 지혜와 통찰력을 주시고, 바닷가의 모래알만큼이나 헤아릴 수 없을 만큼 넓은 이해력을 주셨다.

솔로몬의 지혜는 동방의 누구보다도, 또 이집트의 어떤 현인들보다도 더 뛰어났다. 솔로몬의 명성은 사방의 모든 민족에게 점점 더 퍼져 나갔다. 그가 지은 잠언은 3천이 넘었고, 그가 지은 노래는 1,005편이나 되었다. 그가 짓고 노래한 잠언과 시편의 요지는, 하나님을 경외하는 마음을 잊지 말라는 것이었다.

아들아, 나의 가르침을 잊지 말고, 네 마음에 깊이 새겨라.
그러면 너는 오래오래 번영을 누리면서 살 수 있을 것이다.

사랑과 신실함을 버려서는 안 되느니, 목걸이처럼 늘 두르고 다녀라.
네 마음속 명판에 이 두 가지 덕목을 꼭 새겨 두어라.
그러면 하나님도 사람도 모두 너에게 깊은 애정을 갖고,
네게 호의를 보내 줄 것이다.
마음을 다하여 주를 믿고 의지하고,
너 자신만의 알음알이에 기대지 말아라.
무슨 일을 하든지 그분을 생각하여라.
그분이 네게 바른 길을 가르쳐 주시리라.
네 스스로 지혜롭다고 여기지 말아라.
주를 경외하고, 악을 멀리 하여라.
이것이 네 몸을 건강하게 하고 네 뼈를 튼튼하게 하는 길이다.
(잠언 3:1–8)

그는 레바논의 백향목에서부터 담벽에 붙어 자라는 우슬초에 이르기까지 온갖 종류의 식물에 대해 설명할 수 있었고, 짐승들과 새들, 기어다니는 짐승과 물고기에 대해서도 잘 알고 있었다. 세상의 모든 왕들과 민족들이 솔로몬의 지혜로운 말을 듣고자 찾아왔다.

솔로몬의 성전 건축 왕상 5–7장 ; 대하 2:1–5:1

이스라엘 백성이 이집트에서 나온 지 480년, 솔로몬이 왕위에 오른 지 4년째 되는 해, 솔로몬 왕은 성전을 짓기 시작했다. 건축에 사용할 목재는 레바논에서 백향목과 잣나무를 벌목하여 바닷길로 운반해 왔다. 돌은 채석장에서부터 다듬은 것만 사용했기 때문에, 공사 현장에서는 쇠망치나 끌과 같은 연장을 일체 사용하지 않아서 그런 소리가 전혀 들리지 않았다.

성전이 다 지어지자, 솔로몬은 들보와 백향목 널빤지로 지붕을 덮게 했다.

성전 건축이 끝나자 주께서 솔로몬에게 말씀하셨다.

"네가 성전을 건축하고 있으니 내가 너에게 약속한다. 네가 나의 법도와 규례를 지키고 나의 계명을 준수하면, 내가 네 아버지 다윗과 맺은 약속을 너를 통하여 이루어 주겠다. 나는 이스라엘 백성 가운데 살면서, 내 백성 이스라엘을 영원히 버리지 않을 것이다."

솔로몬 왕은 성전 건축과 내부 시설을 완성하고, 성전에 필요한 기구들도 모두 마련한 다음 아버지 다윗이 주께 예물로 봉헌한 금과 은과 모든 기구들을 성전의 창고에 갖다 두었다.

성전 봉헌식 왕상 8장 ; 대하 5:2–7:10

솔로몬 왕은 이스라엘의 모든 지파와 씨족들을 대표하는 장로들을 예루살렘의 자신이 있는 곳으로 불러 모았다. 주의 언약궤를 시온, 곧 다윗 성에서 옮겨 온 다음, 솔로몬 왕과 왕 앞에 모인 이스라엘 사람들은 궤 앞에 많은 희생제물을 바쳤다. 소와 양이 어찌나 많은지 이루 다 셀 수 없을 정도였다.

궤 속에는 모세가 호렙 산에서 그 안에 넣은 돌판 두 개 외에는 아무것도 들어 있지 않았다. 그 돌판에는 이스라엘 백성이 이집트 땅에서 나올 때 주께서 그들과 맺으신 언약이 새겨져 있었다. 제사장들이 성전에서 나오자 구름이 성전을 가득 채웠다. 주의 영광이 성전에 가득 차자, 제사장들이 구름 때문에 더 이상 직무를 수행할 수가 없었다.

그러자 솔로몬이 기도를 드렸다.

"주께서는 캄캄한 구름 속에서 사실 것이라고 말씀하셨습니다. 이제 제가 이처럼 웅장한 집을 지었사오니 이곳에서 영원히 거하소서."

솔로몬 왕은 몸을 돌이켜 성전 앞에 서 있는 온 이스라엘의 무리를 바라보고 그들 모두를 축복해 주었다. 이어서 왕이 말했다.

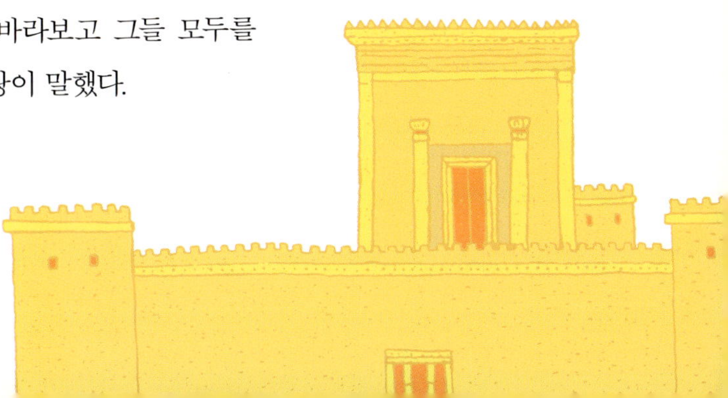

"이스라엘의 하나님, 주를 찬양합니다. 나는 다윗 왕의 아들로 태어나 왕이 되었고, 이스라엘의 하나님 주께 경배할 수 있도록 이렇게 성전을 지었습니다. 주께서는 우리 조상들을 이집트에서 이끌어내신 후 그들과 언약을 맺으셨는데, 오늘 우리는 그 언약이 들어 있는 궤를 이 성전에 모시게 되었습니다."

솔로몬은 이스라엘의 온 회중이 보는 가운데 주의 제단 앞으로 나아가 하늘을 향해 두 손을 펴고, 기도를 드렸다.

"이스라엘의 하나님이시여, 주님과 같으신 하나님은 하늘에도 없고 땅에도 없습니다. 온전한 마음으로 주님을 섬기는 이들에게는 주께서 누구에게나 언약을 지켜 주시고, 변함없는 사랑을 베풀어 주십니다. 주께서는 나의 아버지 다윗 왕에게 하신 약속을 지켜 주셨습니다. 오늘 이렇게 보는 바와 같이, 주께서는 당신이 친히 약속하신 것은 반드시 그대로 이루어 주십니다. 이스라엘의 하나님이신 주여, 주께서는 아버지 다윗 왕에게 말씀하셨습니다. '네 후손들이 너처럼 진실하게 나를 섬기기만 하면 그들 가운데서 이스라엘의 왕위에 앉을 사람이 영원히 끊어지지 않을 것이다.' 이제 주께서 하신 그 약속도 지켜 주소서. 이스라엘의 하나님이시여, 아버지 다윗 왕에게 하신 그 약속을 이제 그대로 이루어 주소서. 그러나 하나님께서 어찌 땅 위에서 사실 수가 있겠습니까? 저 높은 하늘이라 할지라도 당신께는 부족한 것입니다. 하물며 제가 지은 성전이야 말해 무엇하겠습니까? 그러나 나의 하나님, 이 종의 기도와 간구를 들어 주십시오. 오늘 주께 호소하며 부르짖는 이 종의 기도에 응답해 주소서. 이곳은 주께서 '내 이름이 거기에 있을 것이다.'라고 하신 그곳이니, 밤이나 낮이나 항상 이 성전을 지켜보소서. 이 종이 이곳을 향해 기도하면 그 기도를 들어 주소서. 저뿐 아니라 주의 백성이 간구할 때도 들어 주

소서. 주께서 계시는 하늘에서 저희 기도를 들으시고, 들으실 때마다 용서해 주소서."

주의 제단 앞에 무릎을 꿇고 하늘을 향해 두 손을 펴든 채 기도를 드리던 솔로몬 왕이 기도를 마치고 일어났다. 그는 이스라엘의 온 회중을 바라보고 큰 소리로 축복했다.

"우리 모두 주 하나님을 찬양합니다. 주께서는 약속하신 대로 주의 백성 이스라엘에게 평화를 주셨습니다. 주께서는 자신의 종 모세에게 약속하신 것들을 하나도 빠짐없이 다 이루어 주셨습니다. 주께서 우리 조상과 함께 계셨던 것처럼 저희와 함께 해주시기를 빕니다. 주께서 우리를 버리지 마시고, 떠나지 마시기를 빕니다. 우리 마음이 주를 향하고, 언제나 주님의 말씀에 따라 살며, 주께서 우리 조상에게 주신 주의 가르침과 계명과 법도를 저희로 지키게 하소서. 우리 하나님 주여, 오늘 드린 이 모든 간구를 밤낮으로 기억해 주소서. 주의 백성 이스라엘과 이 종을 항상 붙들어 주시고, 우리의 형편을 보살펴 주소서. 그러면 땅의 모든 사람들이 주만이 참 하나님이요 다른 신은 없다는 것을 알게 될 것입니다. 그러므로 여러분도 우리 하나님 주께 온전히 마음을 바쳐 순종하고, 오늘과 같이 앞으로도 언제나 주의 가르침과 계명에 따라 살아야 합니다."

솔로몬 왕은 그곳에 모인 온 이스라엘 백성과 함께 주께 제사를 드렸다.

솔로몬은 화목제물로 소 2만 2천 마리와 양 12만 마리를 바쳤다. 이와 같이 왕과 모든 이스라엘 백성은 주께 성전을 봉헌하였다.

하나님의 응답 왕상 9:1-9 ; 대하 7:11-22

솔로몬이 성전과 궁전을 짓는 공사를 다 끝마침으로써 자신이 이루고자 하는 바를 다 마쳤을 때, 주께서는 예전에 기브온 산당에 나타나셨던 것처럼, 두 번째로 솔로몬에게 나타나셨다. 주께서 솔로몬에게 말씀하셨다.

"나는 너의 기도와 간구를 다 들었다. 나는 네가 지은 이 집을 거룩한 곳으로 삼겠다. 나는 눈과 마음으로 언제나 이곳을 지켜볼 것이다. 네가 너의 아버지 다윗처럼 진실하고 충성스럽게 나를 섬기며 내 모든 명령에 따라 살면, 나는 너의 왕권을 확립하여 네 후손들도 영원히 이스라엘 백성을 다스리는 왕이 되도록 해 주겠다. 그러나 너와 네 후손들이 나를 저버리고 내 계명을 따르지 않고 오히려 다른 신들을 섬기고 예배하면, 내가 너희들에게 준 이 땅에서 너희를 모조리 쫓아내겠다. 내가 오늘 거룩하게 해 놓은 이 성전도 헐어 버리겠다. 그러면 세계 만민이 이스라엘 백성을 비웃고 멸시할 것이다. 이 성전이 완전히 폐허가 되면 지나가는 사람들이 너무 놀라서 비웃으면서 말할 것이다. '주께서는 어찌하여 이 땅과 성전을 이 지경으로 만들어 놓으셨을까?' 그러면 사람들은 이렇게 대답할 것이다. '그들의 하나님을 저버렸기 때문이랍니다. 하나님께서는 이집트에서 그들의 조상을 이 땅으로 구출해 냈으나 그들은 다른 신들을 섬기고 경배를 드렸습니다. 그것 때문에 주께서 그들에게 재앙을 내리신 것입니다.'"

솔로몬의 영광과 타락

스바 여왕의 방문 왕상 10:1–13 ; 대하 9:1–12

솔로몬 왕의 명성이 주의 이름과 함께 온 세상에 널리 알려지자 스바의 여왕이 그 소문을 듣고, 여러 가지 어려운 질문들로 솔로몬을 시험해 보고자 찾아왔다.

스바 여왕은 향료와 금과 보석을 낙타에 잔뜩 싣고 예루살렘에 도착하여 솔로몬에게 찾아갔다. 그녀는 솔로몬에게 온갖 것을 다 물어 보았다. 솔로몬은 그녀가 무엇을 묻든 막힘없이 대답했다. 어떠한 것을 물어도 그녀에게 척척 설명하는 것이었다.

스바 여왕은 솔로몬의 지혜를 확인하고는, 그가 지은 성전을 둘러보았다.

여왕은 솔로몬의 식탁에 오르는 음식들, 식탁에 앉는 신하들의 모습, 시종들의 옷 차림새, 술잔을 올리는 시종들의 모습, 성전에 드리는 번제물 등을 지켜보고, 너무 놀라서 넋을 잃을 정도였다.

그녀가 왕에게 말했다.

"제 나라에서 폐하가 이룩하신 것과 폐하의 지혜에 대해서 들은 소문이

조금도 과장된 것이 아니군요. 여기 와서 제 눈으로 직접 보기 전까지는 그런 소문을 믿지 못했었습니다. 하지만 여기 와서 보니, 소문은 실제의 절반에도 미치지 못하는 것 같습니다. 폐하의 지혜와 부유함은 제가 듣던 소문보다 훨씬 더 뛰어납니다. 폐하의 백성은 참으로 행복합니다! 날마다 폐하 곁에 머물면서 폐하의 지혜로운 말을 듣는 폐하의 신하들은 얼마나 행복하겠습니까!"

스바 여왕은 120달란트의 금과 많은 향료와 보석을 왕에게 선물로 주었다. 솔로몬은 어느 누구에게서도 그렇게 많은 향료를 받아 본 적이 없었다.

오빌에서 금을 싣고 온 히람의 배들은 오동나무 재목과 보석을 대량으로 실어 왔다. 솔로몬은 오동나무로 성전과 왕궁의 난간을 만들고, 음악가들이 연주할 수금과 비파도 제작했다. 그렇게 많은 오동나무 목재가 예루살렘에 반입된 일은 그때 이후로 오늘날까지 한 번도 없었다.

솔로몬도 관례에 따라 답례하는 것 이상으로, 스바 여왕이 원하는 것이나 요청하는 것은 모두 선물로 주었다. 스바 여왕은 신하들과 함께 자기 나라로 돌아갔다.

솔로몬의 영광 왕상 10:14-29 ; 대하 9:13-28

솔로몬 왕에게 해마다 들어오는 금은 666달란트였다. 그 밖에도 상인과 무역상들에게서 세금으로 금이 들어왔고, 지방 장관들과 아라비아의 왕들에게서도 금이 들어왔다.

솔로몬 왕은 금을 두드려 펴서 만든 방패 200개를 만들었는데, 방패마다 600세겔의 금이 들어갔다. 그는 또 금을 두드려 펴서 만든 작은 방패 300개를 만들었는데, 방패마다 3마네씩의 금이 들어갔다. 왕은 이것들을 '레바논 숲의 궁'에 간수했다.

왕은 상아로 큰 왕좌를 만들고 거기에 순금을 입혔다. 왕좌에는 여섯 계단이 있었고, 등받이 꼭대기는 둥글게 되어 있었다. 의자 양쪽 팔걸이에는 사자가 한 마리씩 서 있었다. 여섯 계단의 양쪽에도 각기 여섯 마리씩 사자가 서 있었다. 일찍이 어느 나라에서도 이런 왕좌를 만든 적이 없었다.

솔로몬 왕이 쓰는 그릇은 물론이고, '레바논 숲의 궁'에서 사용하는 그릇들도 모두 순금으로 만들어졌다. 은그릇은 하나도 없었다. 솔로몬 왕 당시에는 은이 크게 귀하게 여겨지지 않았기 때문이다.

솔로몬 왕은 무역 선단들도 보유하고 있어서, 히람 왕의 상선들과 함께 해상 무역을 했다. 솔로몬의 상선들은 3년마다 한 번씩 금과 은과 상아와 원숭이와 공작새 등을 싣고 돌아왔다.

솔로몬 왕은 세상의 어떤 왕보다도 더 부유하고 슬기로운 통치자였다.

세상의 모든 사람이 그를 찾아와서 하나님께서 그에게 주신 지혜를 경청하고자 했다. 찾아오는 사람마다 솔로몬에게 금과 은, 의류, 무기, 향료, 말, 노새 같은 선물을 갖다 바쳤다. 이런 일은 해를 거듭하면서 되풀이되었다.

솔로몬이 전차와 말을 소집했더니, 전차가 1,400대, 말이 1만 2천 마리에 달했다. 솔로몬은 전차 부대가 주둔하는 성읍을 따로 마련했고, 예루살렘에도 자기 소속하에 배치해 두었다. 솔로몬이 다스리던 시대에는 예루살렘에 은이 돌처럼 흔했고, 백향목은 평지의 뽕나무처럼 많았다.

이방 여인들과 우상 숭배 왕상 11:1–13

솔로몬 왕은 바로의 딸 외에도 모압 사람, 암몬 사람, 에돔 사람, 시돈 사람, 헷 사람 등 많은 이방 여자들을 사랑했다. 일찍이 주께서는 다른 민족들과의 연합에 대해 이스라엘 사람들에게 말했다. "너희는 다른 민족과 결혼을 해서는 안 된다. 그들이 너희를 꾀어 그들의 신들을 섬기게 할 것이기 때문이다."

그런데도 솔로몬은 이방 여자들과 사랑에 빠진 것이다. 그가 왕비로 맞은 여자가 700명이요, 그 밖에도 첩이 300명이나 되었다. 이런 여인들이 솔로몬의 마음을 빗나가게 했다.

솔로몬이 늙어 가자 그들은 솔로몬의 마음을 다른 신들에게로 기울어지게 했다. 그는 이제 자기 아버지 다윗과는 달리, 주를 온전히 섬기지 않았다. 솔로몬은 이방 사람들이 섬기는 우상을 섬기기 시작했고, 우상을 섬기려고 예루살렘 동쪽 산 위에 산당을 짓기도 했다. 그리고는 이방의 아내들이 하자는 대로, 그들의 신에게 분향도 하고 제물도 바쳤다.

솔로몬이 이스라엘의 하나님으로부터 마음이 떠나자, 주께서는 진노하셔서 솔로몬에게 두 번씩이나 나타나셨다. 주께서는 솔로몬에게 다른 신들을 섬기지 말라고 경고하셨지만, 솔로몬은 주의 명령을 따르지 않았다.

주께서 솔로몬에게 말씀하셨다.

"너는 나와 맺은 언약을 위반하고 나의 명령을 따르지 않았다. 그러므로 나는 왕국을 분열시켜 너의 신하에게 넘겨줄 것이다. 네 아버지 다윗을 생각해서 네 생전에는 그렇게 하지 않겠지만, 네 아들 대에는 나라를 갈라놓을 것이다. 하지만 나라 전체를 다 빼앗지는 않을 것이고, 나의 종 다윗과 내가 선택한 예루살렘을 위해 한 지파만은 네 아들에게 줄 것이다."

여로보암과 르호보암

예언자 아히야와 여로보암 왕상 11:26-40

느밧의 아들 여로보암은 솔로몬의 신하 중 한 사람이었다. 솔로몬이 다윗 성의 밀로 궁을 건축하고 다윗 성의 성벽을 보수할 때였다. 여로보암은 일꾼들 중 단연 탁월한 데가 있어서 솔로몬의 눈에 띄었다. 솔로몬은 그를 부역꾼들의 감독으로 앉혔다.

어느 날 여로보암은 예루살렘에서 나오는 길에 예언자 아히야를 만났다. 아히야는 새 옷을 입고 있었다. 여로보암을 보자 아히야는 입고 있던 새 옷을 벗어, 열두 조각으로 찢었다. 그리고는 여로보암에게 말했다.

"여로보암, 당신이 이 찢어진 옷자락 가운데 열 조각을 가지시오. 이스라엘의 하나님께서 이렇게 말씀하셨소. '내가 솔로몬의 손에서 나라를 빼앗아 열 지파를 네게 주겠다. 그러나 내 종 다윗과 예루살렘 성을 생각해서 한 지파만은 솔로몬이 다스리도록 남겨두겠다. 이는 솔로몬이 나를 떠나 우상을 섬겼기 때문이다. 그러나 나는 솔로몬의 손에서 나라 전체를 다 빼앗지는 않겠다. 나의 종 다윗을 생각해서, 솔로몬이 살아 있는 동안에는 그를 계속해서 통치자로 세울 것이다. 하지만 나는 그의 아들에게서는 나라를 빼앗아 너에게 열 지파를 맡기겠다. 솔로몬의 아들에게는 내가 한 지파만을 주어서, 내 이름을 간직하도록 선택한 예루살렘 도성의 불빛이 다윗의 이름과 함께 기억되도록 할 것이다. 하지만 나는 너를 택하여, 이스라엘의 왕이 되게 하겠다. 네가 나의 명령에 순종하여 나의 가르침과 계명에 따라 살면, 나는 항상 너와 함께 할 것이다. 나는 다윗에게 왕조를 세워 주었던 것처럼 네 왕조도 견고하게 세워서 이스라엘을 너에게 주리라."

솔로몬은 여로보암을 죽이려고 시도했지만, 여로보암은 이집트로 도망쳐서 시삭 왕에게로 갔다. 그는 거기에서 솔로몬이 죽을 때까지 머물러 있었다.

원로들의 조언을 무시한 르호보암 왕상 12:1-15 ; 대하 10:1-15

솔로몬이 죽어서 다윗 성에 묻히자, 이스라엘 사람들은 르호보암을 왕으로 세우려고 세겜으로 갔다. 솔로몬 왕을 피하여 이집트에 피신해 있던 여로보암은 이 소식을 듣고, 이집트에서 돌아왔다. 이스라엘 사람들이 이집트로 사람을 보내 그를 데려온 것이다. 여로보암은 이스라엘 사람들을 거느리고 르호보암에게로 가서 말했다.

"당신의 아버지 솔로몬 왕은 우리에게 무거운 멍에를 지워 주었습니다. 이제 우리의 짐을 가볍게 덜어 주십시오. 그러면 우리가 당신을 섬기겠습니다."

르호보암이 대답했다.

"알았소! 돌아갔다가 사흘 후에 다시 오도록 하시오."

이 말에 사람들이 모두 흩어졌다. 르호보암 왕은 먼저 부왕 솔로몬을 섬기던 원로들과 의논했다.

"제가 이 백성에게 뭐라고 대답해야 좋겠소?"

원로들이 대답했다.

"폐하께서 이 백성의 종이 되어 그들을 섬기고자 한다면, 그들의 요구를 받아들이십시오. 그러면 그들이 평생토록 폐하께 순종할 것입니다."

그러나 르호보암은 원로들의 충고를 받아들이지 않고, 자신과 함께 자라고 자신을 받드는 젊은 사람들에게 조언을 부탁했다.

"그대들은 어떻게 생각하시오? 나의 아버지께서 자신들에게 부과한 멍에를 덜어 달라고 요구하는 이 사람들에게 내가 뭐라고 대답해야 하겠소?"

왕과 함께 자란 젊은이들은 대답했다.

"멍에를 가볍게 해 달라고 말하는 사람들에게 이렇게 말씀하십시오. '내 새끼손가락이 내 아버지의 허리보다 더 굵다. 나는 나의 아버지가 너희에게 지워준 짐보다 더 무거운 짐을 지워 주겠다. 나의 아버지는 너희를 가죽 채찍으로 때렸지만, 나는 쇠채찍으로 몰아치겠다.'"

사흘 후 여로보암이 온 백성을 거느리고 르호보암을 찾아왔다. 왕은 젊은이들이 충고한 대로 그들에게 가혹한 대답을 했다.

"나의 아버지가 너희에게 무거운 멍에를 지워 주었지만, 나는 그보다 더 무거운 멍에를 지워 주겠다. 나의 아버지는 가죽 채찍으로 너희를 몰아쳤지만 나는 쇠채찍으로 너희를 몰아치겠다."

왕은 이렇게 백성의 호소를 들어주지 않았다. 일이 이렇게 뒤틀린 것은 주께서 그렇게 의도하셨기 때문이었다. 주께서는 예언자 아히야를 보내어 느밧의 아들 여로보암에게 하신 말씀을 성취하고자 하셨던 것이다.

북쪽 지파들의 반란 왕상 12:16-19 ; 대하 10:16-19

르호보암 왕이 온 이스라엘의 요구 사항을 들어주지 않자, 그들은 왕을 향해 외쳤다.

"이새의 아들 다윗에게서 우리가 받을 몫이 무엇이 있단 말이냐? 이스라엘 백성이여, 모두 일어나 집으로 돌아가자. 다윗이여, 이제는 당신 집안이나 돌보아라!"

이리하여 이스라엘 백성은 각자 집으로 돌아갔다. 하지만 유다의 여러 성읍에 살고 있는 이스라엘 사람들은 여전히 르호보암의 통치를 받았다.

르호보암은 북쪽 사람들을 진정시키려고 부역 감독관인 아도니람을 보냈지만, 그들은 그를 돌로 쳐 죽이고 말았다. 르호보암은 전차를 타고 간신히 예루살렘으로 도망해 왔다.

이때부터 이스라엘 지파들은 다윗 왕조를 거역하기 시작했다.

여로보암을 왕으로 세우다 왕상 12:20-33 ; 대하 11:1-4

여로보암이 돌아왔다는 소식이 온 이스라엘에 전해지자, 이스라엘 사람들은 그들만의 모임을 갖고 여로보암을 모셔다가 왕으로 추대했다. 이제 다윗 왕조를 섬기는 백성들은 유다 지파뿐이었다.

르호보암은 예루살렘으로 돌아와, 유다의 모든 집안과 베냐민 지파에 소집령을 내려 18만의 병사를 모았다. 이스라엘의 가문들과 싸워서 솔로몬의 아들로서 왕국을 다시 회복하고자 함이었다.

그러나 하나님께서 예언자 스마야에게 이런 말씀을 전하셨다.

"너는 유다 왕 솔로몬의 아들 르호보암에게, 유다와 베냐민 가문 사람들과 그밖의 여러 백성들에게 이와 같이 전하여라. '주께서 이렇게 말씀하셨다. 너희는 너희의 형제인 이스라엘 자손과 싸우지 말아라. 각자 자기 집으로 돌아가라. 그것이 나의 뜻에 따르는 일이다.'"

그러자 그들은 모두 주의 말씀에 따라 각자 자기 집으로 돌아갔다.

여로보암은 에브라임의 산간 지대에 있는 세겜을 요새화시킨 후 거기에서 살다가, 부느엘 성을 세우고 그리로 옮겨 갔다. 여로보암의 마음에 이런 생각이 떠올랐다.

'이 백성이 예루살렘에 있는 성전에 제사를 드리러 다닌다면, 그들의 마음이 다시 유다 왕 르호보암에게로 기울어지게 될 것이다. 그러면 그들은 나를 죽이고 르호보암을 다시 왕으로 삼게 될 것이다.'

여로보암은 신하들과 의논한 끝에 금송아지 두 마리를 만들어 놓고 이스라엘 백성에게 말했다.

"여러분이 예루살렘으로 제사를 드리러 다닌다는 것은 너무 번거로운 일이오. 여기 이 신이 여러분을 보호해줄 신이오! 이집트에서 여러분을 이끌어 낸 바로 금송아지 신이오!."

그는 금송아지 하나는 벧엘에 세워 놓고, 또 하나는 단에 세워 놓았다. 이는 분명 죄가 되는 일이었다. 이스라엘 백성들은 저 멀리 단에까지 금송아지를 예배하러 다녔다. 여로보암은 여러 고지대에 산당을 짓고, 레위 자손이 아닌 여러 지파 출신들을 제사장으로 임명했다.

여로보암의 죄악과 그의 몰락

악한 왕 여로보암 왕상 13:1–10

8월 15일은 북왕국의 여로보암 왕이 벧엘에 만든 금송아지 우상을 예배하도록 정해 놓은 날이다. 그날에는 제사장들과 신하들과 많은 백성이 제단 앞에 모여 큰 행사를 연다. 북왕국 사람들이 남왕국의 예루살렘 성전으로 예배 드리러 가는 것을 막기 위해 정책적으로 만든 우상 숭배 행사였다.

왕이 제단 옆에 분향하고 있을 때, 그 자리에는 유다 왕국에서 온 하나님의 사람이 섞여 있었다. 그는 여로보암 왕이 제단에 올라가 분향하는 모습을 보고는 이렇게 외쳤다.

"하나님께서 말씀하십니다. '훗날 다윗 가문에 요시아라는 왕이 등장할 것인데, 그가 여로보암 왕이 만든 제단을 파괴하고 제사장들을 죽일 것이다.' 이것이 하나님의 말씀이라는 증거로, 제단이 갈라지고 그 위에 있는 재가 쏟아져 내릴 것이오."

왕은 분노하여 예언자를 손으로 가리키며 명령을 내렸다.

"저 자를 당장 붙잡아라!"

그 순간 예언자를 가리키고 있던 왕의 손이 마비되었다. 마치 마른 장작개비처럼 뻣뻣하게 굳어버린 것이다. 왕은 물론 가까이에 있던 신하들과 제사장들도 당혹감과 두려움으로 어찌할 바를 몰랐다. 그때, 우상의 제단이 갈라지며 분향한 재가 쏟아져 내렸다. 예언자가 말한 대로였다.

두려워진 왕은 체통도 잊은 채 예언자 앞으로 다가가 비굴하게 간청했다.

"청컨대 나를 위해 하나님께 기도를 드려서 이 손을 회복시켜 주시오. 부탁이오."

예언자가 그를 위해 하나님의 은혜를 구하자, 마비된 손이 온전하게 회복되었다. 왕은 두려움과 고마움으로 다시 청했다.

"나와 함께 왕국으로 가서 먹을 것을 좀 드십시오. 내가 예물을 준비해 드리겠소."

"왕의 재산의 절반을 내게 준다고 해도 나는 왕과 함께 가지 않을 것입니다. 먹지도 마시지도 않고 곧장 돌아갈 것입니다. 하나님께서 그렇게 하라고 말씀하셨기 때문입니다."

예언자는 그 말을 남기고 곧장 길을 떠났다.

예언자의 비명횡사 왕상 13:11-34

우상의 도성 벧엘에는 늙은 예언자 한 사람이 살고 있었다. 여로보암의 우상숭배 정책 때문에 북왕국에는 하나님의 예언자가 없었지만, 그만이 유일하게 남아 있었다. 그는 그날의 금송아지 숭배 행사에 참가하지 않았지만 그의 자식들은 참가했다가 기이한 광경을 목격하고는 급히 집으로 달려가 그 사실을 아버지에게 알렸다.

"그 예언자가 어느 길로 가더냐?"

아들들이 길을 알려주자 아버지는 서둘러 나귀에 안장을 지우고는 예언자를 뒤쫓았다. 그는 상수리나무 그늘에서 쉬고 있는 그 예언자를 만나게 되었다.

"당신이 유다에서 온 하나님의 사람이신가요?"

"그렇습니다만…"

"반갑습니다. 그런데 무척 지쳐 보이는군요. 저희 집에 들어가서 식사라도 하시고 쉬어 가시는 게 좋겠습니다. 예루살렘까지 가려면 길이 멉니다."

유다에서 온 예언자가 단호하게 대답했다.

"친절은 고맙습니다만, 나는 당신의 집에 들어가지 않을 것입니다. 하나님께서 이곳에서는 먹지도 마시지도 말라고 하셨기 때문입니다."

늙은 예언자도 포기하지 않았다.

"나도 당신과 같은 하나님의 예언자요. 천사가 내게 당신을 내 집으로 데리고 와서 먹고 마시게 하라고 일렀는데, 나 또한 거역할 수가 없소."

이쯤 되니 사양도 거절도 할 수 없게 되었다. 예언자는 늙은이를 따라 그의 집으로 가서 그와 함께 식탁에 앉아 음식을 먹었다. 그때 늙은 예언자에게 하나님의 말씀이 임했다. 늙은 예언자가 유다에서 온 예언자를 향해 외쳤다.

"주께서는 네게 이곳에서는 먹지도 마시지도 말라고 하셨는데 네가 먹고 마셨으니, 네 시체는 네 조상들의 묘실墓室에 들어가지 못하리라."

하나님의 사람이 먹고 마시고 나자, 늙은 예언자는 나귀에 안장을 얹어 그가 편하게 타고 가도록 배려해 주었다. 그러나 보내는 사람이나 떠나는 사람이나 마음이 편할 리 없었다.

하나님의 사람은 길을 가다가 사자를 만났다. 사자는 날카로운 이빨로 예언자를 물어뜯었다. 그는 비명 한 마디 지르지 못한 채 숨을 헐떡이다가 죽고 말았다.

지나가던 사람들이 이것을 보고는 늙은 예언자에게 알려주었다. 예언자는 자식들과 함께 그곳으로 갔다. 사자는 나귀와 함께 여전히 시체를 내려다보고 있었다. 그는 그 시체를 나귀에 실어다가 자기의 묘실에 장사했다. 그는 슬피 울면서 아들들에게 유언을 했다.

"내가 죽으면 같은 묘실에 나를 장사하되 내 뼈를 그의 옆에 안치하라. 벧엘과 사마리아에 있는 모든 우상의 제단은 그가 말한 대로 다 파괴될 것이다."

그러나 여로보암 왕은 이런 일을 겪고서도 우상 숭배 정책을 바꾸지 않았다.

건국 왕조 여로보암의 비운 왕상 14:1-20, 15:25-32

그 무렵 여로보암의 아들 아비야에게 중병이 들었다. 왕은 실로에 살고 있는 예언자 아히야를 찾아가고 싶었지만, 하룻길이나 되는 데다 우상 숭배 정책 때문에 감히 하나님의 예언자를 대면할 용기가 생기지 않았다. 그는 아내에게 말했다.

"여보, 당신이 평민처럼 가장하고 아히야에게 가서 물어보시오. 그는 전에 내가 이스라엘의 왕이 된다고 예언한 하나님의 예언자요. 당신이 왕비라는 사실을 철저히 감추고, 병든 왕자가 어찌될 것인지 알아보고 오시오."

왕비는 평민복을 입고 길을 떠났다. 꼬박 하루를 걸어 마침내 실로에 있는 아히야의 집에 당도했다.

그녀가 대문을 들어설 무렵, 하나님께서 아히야에게 말씀하셨다.

"지금 여로보암 왕의 왕비가 병든 왕자에 대해 물으려 오고 있으니, 너는 내가 이르는 대로 말하라."

아히야는 늙어서 눈이 어두웠기 때문에 사람을 알아보지 못했다. 그러나 그녀가 들어오는 소리를 듣고는 방 안에서 이렇게 말했다.

"왕비여, 어서 들어오시오. 어째서 그렇게 변장을 했소? 나는 당신에게 하나님께 받은 가슴 아픈 말을 들려주려고 기다리고 있었소."

왕비는 민망하고 두려워 안절부절못했다. 아히야의 입에서는 하나님의 말씀이 술술 이어졌다.

"여로보암에게 가서 하나님이 하신 말씀을 전하시오. '내가 다윗의 나라를 갈라 네게 맡겨 주었지만, 너는 악을 행하고 우상을 숭배하면서 나를 배신했다. 그러므로 이제 너의 가문에 재앙이 닥칠 것이다. 너의 병든 아들은 죽어서 무덤에 묻히게 될 것이지만, 너의 가문에 속한 사람들이 거리에서 죽으면 개들이 시체를 뜯어먹을 것이고, 들에서 죽으면 새의 밥이 될 것이다. 너의 가문은 씨도 남지 않고 멸절될 것이다. 우상을 숭배한 이스라엘 백성들도 이 땅에서 쫓겨나 유프라테스 강변으로 흩어질 것이다. 네가 하나님께 범죄하고 백성들도 범죄하게 했기 때문이다.'"

하나님의 말씀을 왕비에게 전한 예언자 아히야는 잠시 입을 다물었다가 부드러운 목소리로 말했다.

"왕비여, 그만 일어나 왕궁으로 돌아가시오. 왕비의 발이 왕궁이 있는 디르사 성에 들어설 때, 왕자가 죽을 것이오."

왕궁으로 향하는 왕비의 발걸음은 무거웠다. 왕비가 지친 걸음으로 천천히 디르사 성문에 들어서자마자, 왕궁에서 곡 소리가 터져 나오기 시작했다.

왕자를 장사 지낸 얼마 후 여로보암 왕도 세상을 떠났다. 왕이 된 지 22년 만이었다. 그의 아들 나답이 뒤를 이어 왕이 되었다.

나답은 자기 아버지 못지않게 악한 왕이었다. 아버지에게서 보고 듣고 배운 것이 우상숭배요 악행뿐이어서 좋은 왕이 될 것을 기대하기 어려웠지만, 아버지보다 오히려 한 술 더 떠서 하나님을 분노하게 했다. 하나님은 이미 여로보암 왕조를 저주하셨기 때문에 북왕국 이스라엘을 무참하게 무너뜨릴 것이었다. 그 일은 나답이 왕이 된 지 불과 2년 만에 현실로 나타났다.

호전적인 남부 해안지대의 블레셋은 남북으로 갈라진 이스라엘을 공격해 왔다. 나답 왕 2년에도 블레셋은 깁브돈을 침략하여 장악하고 있었다.

깁브돈은 작은 성읍이지만 전략상 중요한 고지대였다. 나답은 깁브돈을 되찾기 위해 모든 군사를 이끌고 출전했다. 나답의 병력이 깁브돈 성을 포위하고 공격을 시도하려고 할 때, 군대의 지휘를 맡고 있는 바아사가 모반을 일으켜 그 자리에서 왕을 죽였다. 나답은 블레셋과 싸우기도 전에 바아사가 주동하는 모반으로 생을 마감했다.

북왕국 이스라엘의 여로보암 왕조는 불과 2대에 마감되고, 바아사 왕조가 등장했다. 바아사는 권력을 장악하자 여로보암 가문에 속하는 모든 사람들을 죽여 버렸다. 후한을 없애기 위해서였다. 일찍이 하나님께서 예언자 아히야를 통해 여로보암의 아내에게 들려준 저주가 그대로 이루어진 것이다.

바아사와 시므리와 오므리

제 2왕조 바아사의 비극 왕상 15:33–16:14

북왕국 이스라엘을 통치한 바아사는 여로보암의 종교정책을 그대로 유지하여 하나님 앞에 악행을 저질렀다. 하나님은 남왕국 유다의 예언자 예후를 바아사에게 보내어 그의 왕조에 무서운 심판을 예고했다.

“내가 왕이 될 수 없는 신분의 너를 나의 백성 이스라엘의 왕으로 삼았는데, 너는 여로보암의 죄를 이어받아 내 백성 이스라엘로 하여금 우상을 섬기게 했다. 너는 나 주를 격노케 했으니 내가 네 집을 쓸어버려 여로보암의 집안같이 되게 할 것이다. 너의 가문에 속한 사람들은 성읍에서 죽으면 개가 뜯어먹을 것이고, 들에서 죽으면 새의 밥이 될 것이다.”

그러나 바아사는 돌이키지 않은 채 즉위 24년 만에 죽었고, 그의 아들 엘라가 뒤를 이었다. 엘라가 즉위한 지 2년째 되는 어느 날, 궁내대신 아르사의 집에서 큰 연회가 벌어졌다. 왕과 신하들이 만취되어 있을 때, 도성의 경비를 책임지고 있던 장군 시므리가 휘하 병력을 이끌고 아르사의 집을 공격, 한 순간에 왕을 죽이고 권좌를 찬탈했다. 시므리는 후한을 없애기 위해 엘라의 모든 가족은 물론 친구들조차 씨를

남기지 않고 살해했다.

바아사 왕조 역시 2대에 끝났다. 여로보암 왕조와 마찬가지로 2대의 즉위 2년 만에 신하의 모반에 의해 종지부를 찍은 것이다. 우상 숭배에 대한 하나님의 엄중한 심판이었다.

제 3왕조 시므리의 7일 천하 왕상 16:15-20

시므리가 바아사처럼 모반에 의해 왕권을 찬탈하고 디르사의 왕궁에서 학살극을 연출하고 있을 당시, 군사적 요충지인 깁브돈에서는 블레셋으로부터 성을 되찾으려는 전투가 전개되고 있었다. 전장의 최고 지휘관은 오므리 장군이었다. 시므리와 오므리는 이스라엘 군을 각각 절반씩 맡아 지휘하고 있었다.

깁브돈 전선에 시므리의 모반과 학살 소식이 전해지자 장교와 병사를 가리지 않고 분노가 끓어올랐다. 그들은 시므리가 왕이 된 것을 인정할 수 없었다.

"잔인무도하게 학살을 자행하고 왕의 자리에 오르다니, 이대로 방관할 수 있는가?"

"우리 사령관님이 왕이 된다면 모를까, 어떻게 시므리가 왕이 된단 말인가?"

진영은 벌집을 쑤신 듯 웅성거렸다.

"시므리 같은 인간이 왕이 된다면 살아남을 백성이 없을 거야."

"속히 시므리를 제거하지 않으면 안 돼."

"이 기회에 차라리 우리 사령관님을 왕으로 추대하는 게 좋겠어."

드디어 시므리는 안 되고 오므리여야 한다는 열화 같은 함성이 터져 나오기 시작했다. 그리하여 오므리의 부하들은 존경하는 그들의 사령관을 왕으로 추대하기에 이르렀다. 다수의 백성들도 이에 동참했다.

"이제 우리의 급선무는 블레셋과의 전투가 아니라, 디르사로 진격하여 시므리와 그 일당을 제거하는 것이오."

이리하여 왕이 된 시므리 장군과 전선에 있던 오므리 장군 사이에 내전이 벌어졌다. 오므리의 군사들은 성을 포위하고 공격을 개시했다. 시므리의 부하들은 전선에서 달려온 오므리의 부하들에게 점점 밀리고 있었다. 시므리가 왕이 된 지 며칠 되지 않았기 때문에 군대는 아직 체계가 잡히지 않은 상태였다.

시므리의 방어군은 그날을 견디지 못하고 무너지고 있었다.

"패색이 짙습니다. 오므리의 군사들이 이제 곧 성 안으로 밀려 들어올 것입니다. 피하십시오."

왕궁의 가장 높은 곳에 있는 요새에서 보고를 받은 시므리는 성벽을 내려다보다가, 단호하게 명령을 내렸다.

"지금 즉시 왕궁에 불을 질러라. 왕궁을 불태워라."

왕궁에 불이 붙었고, 시므리는 그 불길에 타 죽었다. 쿠데타로 찬탈한 그의 왕권의 수명은 7일 동안뿐이었다.

제 4왕조 오므리와 사마리아 성 왕상 16:21-28

북왕국 이스라엘은 건국 왕조 여로보암이 불과 2대에 신하의 모반으로 망했고, 모반으로 왕권을 찬탈한 제2왕조 바아사 역시 2대에 이르러 군사 쿠데타로 막을 내렸다. 제3왕조라 할 수 있는 시므리는 불과 7일 동안 왕위에 있었고, 시므리 정권을 무너뜨린 오므리가 제4왕조를 이루었다.

새 왕조의 초기는 순탄하지 않았다. 백성의 거의 절반 정도가 디브니를 지지하며 따랐기 때문이다. 디브니는 백성들의 존경과 사랑을 받는 거목이었다. 더구나 오므리와 싸운 시므리의 추종 세력들은 오므리를 두려워할 수밖에 없는 입장이었다. 따라서 그들도 디브니에게 합세했다.

오므리는 시므리를 제거한 직후부터 디브니의 세력과 힘겨루기를 해야 했기 때문에 사실 이스라엘 왕이라 할 수도 없었다. 그런 세월이 자그마치 5년이나 지속되었다. 혼란스럽고 불안한 나날이었다. 왕이 사실상 두 사람인데다가 계속되는 내전으로 인명과 재산의 피해가 막심했다.

긴 내전은 오므리가 디브니를 죽임으로써 마감되었다. 그 사이 국론은 양분되었고, 국력은 쇠퇴했다. 민심은 극도로 흉흉했다. 오므리는 디르사에서 6년 동안 이스라엘을 다스렸다.

오므리는 예루살렘 북쪽 56km에 위치한 사마리아 산지를 은 2세겔(68kg)로 사들여 성을 건축하고 왕궁을 지어 이스라엘의 새 왕도로 삼았다. 하나님은 일찍이 율법으로 토지 매매를 금하셨는데도 북왕국은 왕으로부터 백성에 이르기까지 일상적으로 하나님을 떠나 있었다.

오므리가 왕으로 있는 12년 동안 초기에는 내전을 치르느라 편한 날이 없었고, 후기에는 건국 왕 여로보암 못지않게 우상을 섬겨 하나님을 격노케 했다.

아합과 폭정과 엘리야의 예언

악명 높은 아합과 이세벨 왕상 16:29-34

오므리가 죽자 그의 아들 아합이 왕이 되었다. 그는 역대 이스라엘 왕들 중에서 가장 악랄한 왕이었다.

아합은 여로보암에 못지않게 우상을 숭배했고, 한 술 더 떠서 이웃나라 시돈의 왕 엣바알의 딸 이세벨을 아내로 맞아들였다. 엣바알은 원래 바알 신전의 제사장이었으나 펠레스 왕을 암살하고 권좌에 오른 자여서 철저한 바알 숭배자이자, 살인자요 탐욕자였다. 그의 딸 이세벨 역시 바알 숭배자임은 물론 야비하고 탐욕스럽고 악랄하기가 그 아비를 능가하는 여자였다.

악랄한 아합과 호흡이 잘 맞는 왕비 이세벨은 수도 사마리아에 바알 신을 위한 거대한 신전을 지었으며 우상인 아세라 상도 세웠다. 왕비 이세벨은 아세라 우상을 위해 4백 명이나 되는 이교 제사장을 두었다. 아합은 바알 신전에 450명의 제사장을 두었다. 나라 전체의 정서가 어느덧 이교도의 우상숭배를 당연시하는 상황에 이른 것이다.

그러나 하나님을 믿고 율법을 지키려고 애쓰는 사람이 완전히 사라진

것은 아니었다. 아직도 진실한 하나님의 제사장들이 없지 않았다. 왕비 이세벨은 악랄한 여자여서 하나님의 제사장들을 죽이면서까지 이교도 신앙을 퍼뜨렸고, 이교도의 나라로 만들려고 온갖 술수를 동원했다. 하나님의 제사장들을 회유하여 변절시키고, 죽이기까지 했다. 그리하여 북왕국 이스라엘에서는 주 하나님과 그 율법이 잊혀졌고, 제사가 사라졌으며, 그 자리에 바알과 아세라가 들어섰다.

행복한 왕 왕상 15:5-24 ; 대하 14:1-15:19

한편 남쪽 나라 유다에서는 북왕국이 격동의 혼란기를 보내고 있는 것과는 달리 착한 왕 아사가 줄곧 나라를 다스려 평화로운 가운데 번영을 누리고 있었다. 아사는 왕국이 남북으로 분열된 후 르호보암과 아비얌에 이어 세 번째로 유다의 왕위에 올랐으며, 북왕국과는 달리 우상이 발견되면 즉각 파괴해 버리고 온 백성으로 하여금 하나님만 섬기게 했다. 그동안 남왕국에도 우상숭배가 상당히 번져 있었기 때문에, 주 하나님만을 섬기게 하는 그의 종교정책은 종교개혁이나 다름이 없었다.

그의 재임 초기 10여 년 동안 유다에는 전쟁이 없었다. 그래도 아사는 성 주위에 더 높고 견고한 성벽을 쌓고, 58만의 정예 부대를 훈련시켰다. 그런데 상식을 초월하는 엄청난 대규모 병력이 유다를 침공해 왔다. 아프리카의 북동부에 위치한 에티오피아에서 자그마치 100만 대군이 밀려온 것이다. 아사 왕이 아무리 성벽을 높이 쌓았어도, 군대를 제아무리 잘 훈련시켰어도, 58만으로 100만 대군을 당할 능력은 없었다. 속수무책으로 나라를 송두리째 내어주어야 할 기막힌 상황이었다. 100만을 상대로 싸운다는 생각은 해본 적이 없었고, 따라서 대비가 전혀 되어 있지 않았다.

왕은 일단 군대를 지휘하여 골짜기에 진을 쳤다. 그러나 그는 군대의 힘에 의존할 수 없다고 냉정하게 판단을 내렸다. 그렇다고 싸워보지도 않고 항복할 수는 없는 노릇이었다. 그렇다면 방법은 오직 하나, 하나님께 무릎 꿇고 도움을 청하는 것뿐이었다.

"주 하나님!"

아사 왕은 전략도 세우지 않고 오직 하나님을 믿고 기도했다.

"우리는 약합니다. 하나님만이 우리를 도우실 수 있습니다. 우리 주 하나님, 우리를 도우소서. 우리가 주님을 의지합니다. 우리는 하나님의 이름으로 저 대군과 싸울 것입니다."

전투가 시작되었다. 숫자로는 분명 열세였다. 그런데도 적군은 유다의 군대를 당하지 못했다. 얼마 지나지 않아 에티오피아 군대는 꽁무니를 빼기 시작했다. 사기충천한 유다의 군대는 맹공을 퍼부었다. 에티오피아의 백만 대군은 이내 패주하기 시작했다. 얼마나 다급했던지 그들은 장비와 무기, 식량과 가축과 전차 들을 모두 내버려 둔 채 몸만 달아나기에 바빴다. 상상하지 못하던 대승리였다. 그날의 노획품은 실로 어마어마했다.

다시 평화가 찾아왔다. 백만 대군을 물리친 유다를 그 어떤 나라가 넘볼 수 있겠는가? 주변의 나라들은 유다가 섬기는 하나님이 두려워서 얼씬도 하지 못했다. 하나님은 착한 왕 아사에게 예언자를 보내어 칭찬하셨다.

"왕께서 하나님과 함께하시는 한 하나님께서도 왕과 함께하십니다. 하나님은 왕이 찾으실 때마다 나타나실 것입니다. 그러나 왕이 하나님을 버리면 하나님도 왕을 버리십니다. 하나님께서 왕에게 전하라는 말씀입니다."

아사 왕은 크게 용기를 얻어 온 백성을 들판에 모이게 하여 승리를 자축하는 한편 우상숭배를 뿌리뽑고 오직 주 하나님만을 섬기기로 서약하는 행사를 가졌다. 우상을 섬기다가 3년밖에 통치하지 못한 아버지 아비야 왕의 전철을 다시는 되풀이하지 않겠다는 강한 의지를 보인 것이다. 나아가 그는 어머니 미가가 아세라 목상을 만든 사실을 알고는 황태후

에서 폐위시켰다.

아사 왕은 41년 동안이나 유다를 다스렸다. 하나님께서 함께 하셨기 때문에 복 있는 나라, 복 있는 왕이 된 것이다.

엘리야의 예언 왕상 17:1–16

사마리아 동쪽 멀리 요단 강 건너편의 길르앗 지방에 살고 있는 엘리야가 어느 날 불현듯 왕궁에 모습을 나타냈다. 하나님의 제사장이든 예언자든 모두 목숨을 부지하기 어려운 시절, 하나님의 말씀을 전하려고 왕궁에 나타났다는 것은 죽기를 각오한 사명감이 아닐 수 없다.

"폐하께 드릴 중요한 예언이 있다면서 엘리야라는 사람이 접견을 요청해 왔습니다."

"엘리야? 뭐 하는 자냐?"

아합이 시큰둥하게 물었다.

"길르앗 지방의 디셉 사람이라 합니다. 주 하나님의 예언자로 알려져 있습니다."

"지금 뭐라고 했느냐? 주 하나님이라고? 그자가 지금 왕궁에 들어와 있단 말이냐?"

사마리아 성에 들어오면 당장 처형될 신분인데 감히 왕에게 접견을 요청하다니! 그는 아마도 대단히 우매한 자이거나 죽음을 두려워하지 않는 용감한 자일 것이다.

아합은 호기심이 발동하여 벌떡 자리에서 일어나면서 그자를 데려오라고 명령했다. 가죽 옷을 걸친 낯선 사나이가 왕 앞에 나타났다.

"그대가 엘리야인가?"

"그렇습니다."

"내게 예언할 게 있다고? 예언? 당신은 어떤 신의 예언자인가?"

엘리야는 조롱 섞인 아합의 얼굴을 정면으로 응시하며 당당하게 말했다.

"주 하나님께서 내게 말씀하신 것을 전해 드리고자 요단 강 건너편에서 왔습니다."

순간 아합의 얼굴에 분노가 스쳤다. 바알과 아세라를 숭배하는 나라의 왕 앞에서 감히 주 하나님의 이름을 들먹이다니!

"이스라엘의 주 하나님의 이름으로 맹세컨대, 내 말이 있을 때까지는 이 땅에 비와 이슬이 한 방울도 내리지 않을 것입니다."

대범하고 거칠게 할 말을 다한 엘리야는 잠시도 지체하지 않고 왕궁을 떠났다. 그러자 하나님의 말씀이 그에게 임했다.

"이곳에 머물지 말고 지금 당장 요단 강을 건너 그릿 시냇가에 몸을 숨기고 그 물을 마셔라. 내가 까마귀들을 명하여 네게 먹을 것을 보내리라."

엘리야에게 사마리아는 죽음의 땅이었다. 그는 곧장 그곳을 떠나 요단 강을 건넜고 그릿 시냇가로 갔다. 그곳에는 넉넉지 않지만 아직 물이 흐르고 있었다. 엘리야에게는 아침과 저녁으로 까마귀들이 찾아왔다. 그들은 엘리야에게 고기와 빵을 가져다 주었다. 아합이 자기를 찾아 죽이려고 군사들을 보낼 것이 틀림없었지만, 하나님이 함께 하신다는 확증으로 위로가 되었다.

그러나 얼마 지나지 않아 그릿 시내도 마르고 말았다. 이슬 한 방울 내리지 않는 건조한 날이 계속되었기 때문이었다. 가뭄의 재앙이 북왕국 이스라엘을 뒤덮고 있었다.

하나님의 말씀이 다시 엘리야에게 내렸다.

"북쪽 시돈 땅 사르밧으로 가서 지내라. 거기에 사는 한 과부에게 네게 먹을 것을 대주라고 일러두었다."

엘리야는 160km나 멀리 떨어진 북서쪽을 향해 길을 떠났다. 강을 건너고 들을 지나고 레바논 산맥의 남부지역을 넘어야 하는

험하고 먼 길이었다. 구름 한 점 없는 하늘에서 내려쬐이는 햇볕은 눈을 뜰 수 없을 만큼 눈이 부셨다. 먼지만 푹푹 일어나는 산과 들을 지나 지중해 연안에 있는 두로와 시돈 사이의 작은 성읍 사르밧에 도착했을 때는, 건장한 엘리야도 지칠 대로 지쳐 있었다.

그가 사르밧 성문에 이르렀을 때였다. 한 여인이 마른 나뭇가지를 줍고 있는 모습이 눈에 들어왔다. 엘리야는 여인을 향해 간신히 입을 열었다.

"내게 물 한 모금 주실 수 있소?"

그대로 내버려 두면 그 자리에 쓰러질 것 같았다.

과부가 일을 멈추고 성 안으로 들어가려 하자 엘리야가 다시 불러세웠다.

"미안하지만 빵도 한 조각 부탁합니다."

과부는 잠시 머뭇거리다가 말했다.

"당신의 하나님께서 살아 계심을 두고 맹세하지만, 저에게는 빵 한 조각도 없습니다. 우리 집에 남은 것이라고는 항아리 밑바닥에 깔린 밀가루 한 줌과 기름 몇 방울뿐입니다. 나는 지금 나뭇가지를 주워다가 빵을 구워, 아들과 함께 먹을 생각입니다. 그걸 마지막으로 먹고 죽을 참입니다."

엘리야는 기운 없는 과부에게 용기를 심어 주고 싶었다.

"절망하거나 두려워하지 마시오. 집으로 가셔서 방금 말씀하신 대로 하십시오. 하지만 먼저 빵을 구워 나에게 가져오도록 하시오. 그런 다음 아들과 함께 드시도록 하세요. 이스라엘의 주 하나님께서 말씀하셨습니다. '나 주가 비를 내리게 할 그날까지 항아리 안의 밀가루가 떨어지지 않을 것이고, 기름병의 기름도 마르지 않을 것이다.' 그러니 아무 걱정 말고 하나님을 믿으시오."

과부는 엘리야의 말을 믿었다. 그래서 즉시 그가 시키는 대로 먼저 엘리야를 위하여 빵 하나를 만들어 대접하고, 나머지로 아들과 먹을 빵을 만들었다. 항아리와 기름병은 완전히 바닥이 났다. 그러나 엘리야의 말대로 항아리에는 항상 밀가루가 남아 있었고 기름병에도 늘 기름이 남아 있는 것이었다. 하루 이틀이 아니라 날마다 계속되는 신기한 현상이었다.

엘리야의 이적과 갈멜 산의 대결

초유의 부활 사건 왕상 17:17-24

가난한 과부는 이제 걱정이 없어졌다. 하나님의 예언자를 만나 먹고 마시는 문제가 해결되었기 때문이었다. 과부는 어찌나 고마운지 엘리야를 집으로 모시고 가서 통풍이 잘 되고 넓은 이층방을 내주었다. 그러나 불행한 일이 과부에게 생겼다. 그녀의 사랑하는 아들이 병들어 눕더니, 빠른 속도로 악화되어 결국 숨을 거두고 만 것이다.

과부는 목 놓아 울다가 엘리야를 보자 따지기 시작했다.

"하나님의 사람이여, 이게 도대체 무슨 일입니까. 어찌하여 당신의 하나님께서는 저의 아들을 죽게 하시는 것입니까? 이유가 무엇입니까? 이 어미의 죄 때문인가요?"

"그 아이를 내게 주시오."

엘리야는 아이를 여인의 품에서 받아 안고 자기가 머무는 다락방으로 올라가 침상에 뉘어 놓고는, 하나님께 기도하기 시작했다.

"주 하나님! 주께서는 정녕 이 과부의 아들을 죽게 하시어 이 집에 재앙을 내리시렵니까?"

엘리야는 아이의 몸 위에 세 번 엎드리고 나서 주께 호소했다.

"하나님, 이 아이를 살려주소서."

그러자 하나님께서는 엘리야의 기도를 들으시고 아이가 다시 숨을 쉬게 하

셨다. 아이가 살아난 것이다. 죽은 아이를 살려 달라고 부르짖는 엘리야의 믿음에 하나님은 부활로 응답하셨다. 인류 역사에 기록으로 남은 최초의 일시적 부활 사건이다. 엘리야는 아이를 다시 안고 내려가, 그 어미에게 주며 말했다.

"보시오! 당신의 아들이 살아났소!"

과부는 기뻐서 어쩔 줄을 모르며 아이를 얼싸안고 얼굴을 비벼대다가 엘리야를 향해 말했다.

"당신은 진정 하나님께서 보내신 분입니다."

갈멜 산의 대결 왕상 18:1–24

가뭄은 3년 동안 계속되었다. 건기乾期에는 비가 없는 대신 이슬이 내렸지만, 이슬도 한 방울 내리지 않았다. 엘리야의 예언이 그대로 적중한 것이다. 아합 왕과 왕비 이세벨을 비롯한 모든 백성이 눈만 뜨면 하늘을 쳐다보았으나 손바닥만한 구름 한 점 구경할 수가 없었다.

탄식 소리가 대지를 뒤덮었다. 강바닥은 메말라 갈라졌고, 밀과 보리 등 농작물은 거둘 것이 아무것도 없었다. 올리브와 무화과를 비롯한 과목들조차 꽃을 피우지 못했다. 양과 염소와 소 들은 풀 한 포기 찾을 수 없어 피골이 상접했다. 사람들이 간직해 두었던 식량도 바닥이 났다. 어디를 가나 굶주림에 시달려 영양실조에 걸린 생기 잃은 모습들뿐이었다.

아합의 궁내대신 가운데 오바댜라는 사람이 있었다. 그는 철저하게 하나님을 경외하는 신하여서, 이세벨이 하나님의 제사장들을 죽일 때 백 명의 예언자를 두 개의 동굴에 나누어서 숨겨 놓고 음식을 조달해 줌으로써 죽음을 모면케 한 의로운 사람이었다.

어느 날 아합 왕이 오바댜에게 말했다.

"나와 함께 온 나라를 살펴 보자. 모든 강과 개천과 계곡을 다 찾아 보자. 혹시 풀이 있는 곳이 있을지도 모르니 뒤져 보자. 어떻게든 말과 노새를 살려야 하지 않겠는가?"

왕이 친히 나설 만큼 절박한 상황이었다. 왕과 오바댜는 전국의 두 구역으로 나누어 각기 샘물과 풀을 찾아 헤매고 다녔다.

그 무렵 사렙다의 과부 집에 머물고 있던 엘리야에게 하나님의 말씀이 내렸다. 이스라엘에 가서 아합 왕을 만나라는 명령이었다. 하나님의 말씀에 따라 길을 떠난 엘리야는, 이스라엘 땅에 들어서자 마침 물을 찾아 헤매고 있는 오바댜를 만나게 되었다. 엘리야를 보자 오바댜는 흠칫 몸을 떨었다. 아합은 이 무서운 가뭄의 원인이 엘리야에게 있다고 생각하고는, 그를 잡아 죽이려고 전국을 샅샅이 뒤지고 있었기 때문이었다. 그런 엘리야가 조금도 꺼리는 기색 없이 당당한 모습으로 이스라엘 땅에 나타난 것이다. 오바댜는 위대한 하나님의 예언자를 알아보고는 그 앞에 엎드려 절을 했다.

"당신은 엘리야가 아니십니까?"

"그렇습니다. 왕에게 가서 엘리야가 여기 있다고 전해 주십시오."

오바댜는 놀라서 다급하게 물었다.

"저를 죽이실 작정입니까? 당신의 하나님께서 살아 계심을 두고 맹세하지만, 아합 왕은 당신을 찾기 위해 방방곡곡을 뒤졌습니다. 그런데 예언자님은 지금 저에게 왕에게 가서 '엘리야가 여기 있다'고 알리라고 하십니다. 내가 여기를 떠나면 주의 영이 당신을 어디로 옮겨놓을지, 저로서는 알지 못합니다. 제가 가서 아합 왕에게 예언자님을 보았다고 말하여 왕이 이곳에 와서 예언자님을 찾지 못하면, 저를 죽이고 말 것입니다. 이세벨이 주의 예언자들을 죽일 때, 제가 무슨 일을 했는지 듣지 못하셨습니까? 저는 주의 예언자 100명을 굴속에 숨겨 두고 빵과 물을 대주었습니다. 그런데도 저를 아합에게 보내시어 왕으로 하여금 저를 죽이게 하실 참이십니까?"

엘리야가 분명하게 약속했다.

"만군의 주 하나님을 두고 맹세합니다. 내가 오늘 여기서 왕을 만날 것입니다."

오바댜는 엘리야의 비장한 각오와 맹세를 믿고 즉시 아합에게 달려가 사실대로 보고했다. 아합은 호위병을 이끌고 지체 없이 달려와서 엘리야가 기다리는 장소로 갔다. 왕궁에 나타나서 3년 반 동안 비가 내리지 않는다고 저주한 그 엘리야가 그때의 가죽옷을 걸친 그 모습 그대로 거기에 있었다.

"엘리야, 그대는 이스라엘을 재앙에 빠뜨린 장본인이 아닌가?"

그러자 엘리야가 당당하게 말했다.

"이스라엘을 재앙에 빠뜨린 것은 내가 아니라 왕과 선왕先王 오므리입니다. 주의 명령을 어기고 바알을 숭배한 것이 그 원인입니다. 지금이라도 그 증거를 보여드릴 테니, 온 이스라엘 백성과 바알의 예언자 450명, 아세라 예언자 400명을 갈멜 산으로 모이게 하십시오. 그러면 내가 바알과 아세라, 주 하나님 중에서 누가 진정한 신인지를 여러분들께 보여 드리겠습니다."

아합은 왕궁으로 돌아가는 즉시 엘리야의 제안을 실행에 옮겼다. 이스라엘 전국에 흩어져 있는 바알 예언자들과 아세라 예언자들에게 갈멜 산으로 모이라는 동원령을 내리고, 백성들도 이 구경거리를 놓치지 말라고 독려했다.

정해진 때가 되자 지중해 연안에 돌출해 있는 해발 546m의 갈멜 산이 온통 인파로 뒤덮였다. 오래전부터 희생제물을 드리는 제단이 있던 곳이었다.

대결을 제안한 엘리야가 군중을 향해 외쳤다.

"여러분은 언제까지 주 하나님과 바알 사이에서 망설이시겠습니까? 만일 주가 하나님이라면 주를 따르고, 바알이 하나님이라면 그를 따르도록 하십시오.”

아무도 반응하지 않았다. 그러나 많은 이스라엘 사람들은 자기들이 주를 떠나 바알을 숭배하고 있는 현실을 마음 아파하고 있었다. 어떤 이는 큰 소리로 ‘지금이라도 주 하나님을 믿겠습니다’라고 고백하고 싶은 심정이었다. 군중은 당황, 긴장, 후회, 수치심, 호기심, 뻔뻔함 등등 다양한 표정이었다. 엘리야의 목소리가 이어졌다.

“여기 주를 하나님으로 섬기는 예언자는 나 혼자뿐입니다. 그러나 바알을 섬기는 예언자는 450명이고, 아세라를 섬기는 예언자는 400명입니다. 이제 송아지 두 마리를 잡아서 한 마리는 바알 신을 위해 쌓은 제단의 장작더미 위에 올려놓고, 다른 한 마리는 주를 위해 쌓은 제단의 장작더미 위에 올려놓으십시오. 양쪽 장작더미에 불을 붙여서는 안 됩니다. 그런 후, 바알을 섬기는 사람들은 바알 신에게 불을 내려 달라고 기도하십시오. 나는 주 하나님께 불을 내려 달라고 기도하겠습니다. 기도를 듣고 불을 내려 제물을 태우는 신이 참된 하나님이십니다.”

엘리야의 승리와 이세벨의 핍박

침묵하는 바알 왕상 18:25-40

엘리야의 제안에 누구도 이의를 제기하지 않았다. 엘리야가 바알 예언자들에게 말했다.

"당신들의 숫자가 많으니 당신들이 먼저 하시오."

그들은 송아지를 잡아서 그들의 제단 장작더미에 올려놓고 둘러서더니 산이 떠나가도록 큰 소리로 기도를 했다.

"바알 신이시여, 우리의 기도를 들으시고 제단에 불을 내려주소서!"

아무 일도 없었다! 그 많은 예언자들이 함께 간절히 기도하는데도 불은 내려오지 않았다. 그들은 펄쩍펄쩍 뛰는 춤을 추면서 기도를 계속했다. 하지만 아무런 응답이 없었다. 몇 시간이 흘러 정오에 이르렀는데도 기도와 춤만 있을 뿐 아무런 응답이 없었다.

"목소리를 더 높여 보시오."

엘리야의 조롱 섞인 말이었다.

"더 크게 부르짖어 보시지 그러세요! 어쩌면 당신들의 신이 깊은 생각에 잠겨 있는지도 모르고, 너무 바쁜지도 모르오. 여행을 떠났는지도 모르겠소. 아니면 깊이 잠이 들어 있어서 더 큰 소리로 깨워야 하나 보지요."

바알의 예언자들과 제사장들은 눈에 핏발을 세워 가며 목청껏 기도를 했다.

"오 바알 신이여, 응답하소서. 제단에 불을 내려주소서."

태양이 지중해 저쪽으로 절반이나 기울었다. 안달이 난 바알의 예언자들과 제사장들은 그들의 신을 제사하는 방법의 하나인 끔찍한 자해自害로 온몸이 피투성이가 되어 광란하듯 몸부림쳐 울부짖었다. 저녁이 가까워도 그들의 신은 침묵으로 일관했다. 마침내 엘리야가 나섰다.

"여러분, 내게로 가까이 오시오."

지루해하던 사람들이 엘리야 앞으로 모여들었다.

"허물어진 하나님의 제단을 다시 쌓읍시다. 우리 민족의 열두 지파에 따라 큰 돌 열두 개를 주워다가 단을 쌓읍시다."

사람들은 기대감으로 바짝 서둘러 엘리야의 지시대로 했다.

"이제는 그 단 위에 장작을 쌓아 올리고 송아지를 잡아서 올려놓으시오."

사람들은 엘리야에 의해 기적이 일어날 거라는 기대감으로 순종했다. 엘리야는 제단 주위에 사방으로 도랑을 파게 하고, 그 다음엔 항아리 네 개에 물을 퍼다가 제물과 장작더미 위에 부으라고 했다. 사람들이 물을 퍼다가 장작더미 위에 붓자, 엘리야는 한 번 더 그렇게 하라고 지시했다.

사람들이 엘리야의 말에 따르자, 엘리야가 말했다.

"이제 세 번째로 물을 갖다 부으시오."

사람들이 다시 한 번 물을 부었다. 이제 물은 제단 주위로 흘러내려 도랑을 채웠다. 일부러 불을 붙여도 도저히 불이 붙지 못할 상황이었다.

"아브라함과 이삭과 야곱의 하나님!"

엘리야가 제단 앞에서 기도하기 시작했다.

"주께서는 이스라엘의 하나님이시며 저는 주님의 종입니다. 제가 주님의 말

씀대로 이 모든 일을 행하고 있음을 이 백성이 알게 하여 주소서. 주여, 지금 응답하셔서 주만이 이 백성의 참된 하나님이심을 알게 하시고, 그들의 마음을 돌이켜 주소서."

모두가 예의 주시하고 있는 가운데, 놀라운 일이 벌어졌다. 기도가 끝나자마자 하늘에서 불이 내려와 제물과 장작을 모조리 태워 버렸다. 불은 제단의 돌과 그 주위의 흙을 덥히고, 도랑의 물을 말려 버렸다.

사람들은 두려워 떨며 순식간에 무릎을 꿇었다.

"주님이야말로 참된 하나님이십니다. 주님이야말로 참된 하나님이십니다."

그들은 한 목소리로 외쳤다. 바알과 아세라는 인간의 손으로 만들어진 한낱 우상에 불과하며, 주만이 참된 하나님이심이 여실히 드러나게 된 것이다.

엘리야가 외쳤다.

"여러분, 바알의 예언자들을 모조리 붙잡으십시오. 한 사람도 놓치지 마십시오."

백성들이 예언자들을 붙잡아 오자, 엘리야는 그들을 기손 강가로 끌고 가서 죽이게 했다.

3년 6개월 만에 내리는 비 왕상 18:41-46

아합 왕은 갈멜 산에서 모든 것을 지켜보고 있었다. 백성들이 850명의 바알 예언자들과 제사장들을 잡아 죽이러 가는데도 저지할 수가 없었다. 바알과 아세라 신은 신으로서의 역할을 포기했거나 아예 존재하지 않는 그야말로 인간에 의해 만들어진 우상에 불과하다는 것이 명백하게 드러난 셈이었다.

엘리야가 왕에게 다가와서 말했다.

"내 귀에는 벌써 큰 비가 오는 소리가 들립니다."

아합은 이게 무슨 소린가 하여 아무 대꾸도 하지 못한 채 다음 말을 기다렸다.

"이제 곧 비가 내릴 것입니다. 돌아가서 안심하시고 음식을 드십시오."

엘리야는 더 위로 올라가서 땅에 엎드려 얼굴을 두 무릎 사이에 끼고 기도를 하기 시작했다. 한동안 기도를 한 엘리야가 하인에게 말했다.

"산꼭대기에 올라가서 바다 쪽을 보고 오너라."

하인이 돌아와서 보고했다.

"아무것도 보이지 않습니다."

엘리야는 하인을 일곱 번이나 산꼭대기로 올려 보냈다. 일곱 번째로 꼭대기에 올라갔다 온 하인이 흥분된 목소리로 보고했다.

"저 바다 멀리 손바닥만한 구름이 일어났습니다."

"넌 왕에게 가서 전해라. 비가 쏟아져서 길이 막히기 전에 전차를 타고 왕궁으로 돌아가시라고."

잠시 후 구름이 일더니 서풍이 불어 왔다. 구름은 시꺼멓게 하늘을 뒤덮더니 이내 장대비가 쏟아져 내렸다. 아합은 전차를 타고 이스르엘로 향하던 중, 옷자락을 걷어올려 허리를 동이고 춤추듯 속보로 앞서가는 엘리야를 목격하게 되었다. 주의 능력이 엘리야에게 내리자 그는 전차보다 빠른 속도로 달려갈 수가 있었던 것이다.

도망자 엘리야 왕상 19장

아합은 엘리야가 믿는 주 하나님이 흠뻑 비를 내려주셨다고 생각하니 고맙고 감사한 마음이었다. 비로소 해갈이다. 산과 들에서 생명들이 소생할 것이다. 가축들은 살이 찔 것이다. 바알과 아세라 신이 못한 일을 주 하나님은 해내신 것이다. 아합은 왕궁으로 돌아오자 왕비 이세벨에게 지금까지의 일을 말해 주었다.

바알과 아세라를 섬기는 예언자들과 제사장들이 모두 죽었다는 이야기를 들은 이세벨은 독을 품고 펄쩍 뛰었다.

"엘리야, 네가 나의 예언자들을 죽인 것처럼 나도 너를 죽이고 말겠다. 내일 이맘때까지 너를 죽이지 못하면, 신들이 내리는 어떤 벌이라도 달게 받겠다."

이세벨은 즉각 병사들을 보내며 24시간 안에 엘리야를 살해하라고 엄명했다. 병사들이 엘리야를 찾아 죽이려 한다는 소문은 그들의 발걸음보다 빠르게 번져 갔다. 엘리야의 귀에도 소식이 들어갔다. 엘리야는 위기를 벗어날 생각으로 남쪽의 유다 왕국을 향해 발걸음을 재촉했다. 평민으로 가장한 자객이 뒤따를 것에 대비하여 며칠 동안 부지런히 발을 놀려 브엘세바에 이르렀다. 유다 왕국의 남방 한계선이 있는 고도古都였다. 일찍이 아브라함이 백 세에 낳은 외아들 이삭을 모리아 산에서 제물로 바치라는 하나님의 특별한 지시를 받은 곳이었다.

엘리야는 하인을 그곳에 남겨두고 홀로 남쪽으로 네게브 사막을 하룻길이나 더 걸었다. 불 같은 태양과 극심한 갈증에 육체적 피로가 겹쳐 더 이상 걸을 힘이 없었다. 그는 로뎀나무 그늘에 주저앉았다. 사해 주변과 유대 남부의 광야에 자생하는 로뎀나무는 키가 2m 정도에 불과하지만, 잔가지가 많아 좋은 그늘을 만들어 주었다.

엘리야는 갈멜 산의 치열한 대결에서 승리하여 우상의 예언자들을 다 죽였으므로 이제부터는 북왕국 이스라엘도 우상을 떠나 주 하나님을 섬기게 될 줄로 믿었었다. 그러나 못된 왕비 이세벨이 살아 있는 한 종교정책을 근본적으로 바꿀 수는 없다는 사실이 분명해졌다. 그렇다면 헛수고였단 말인가. 허탈감과 깊은 좌절감으로 엘리야는 살고 싶은 의욕마저 상실할 지경이었다.

"하나님, 이 못난 자가 살 만큼 살았으니 차라리 이 생명을 거두어 주십시오. 조상들에게로 돌아가는 것이 더 낫겠습니다."

그는 나무 그늘에 맥없이 앉아 있다가 쓰러져 잠이 들었다. 얼마나 지났을까, 누군가가 잠든 그를 어루만지며 깨웠다.

"일어나 먹어라."

주리고 목마른 그는 먹으라는 소리에 눈이 번쩍 뜨였다. 과연 그의 옆에 돌에 구운 빵과 한 병의 물이 놓여 있었다. 주변에는 아무도 눈에 띄는 사람이 없었다. 그렇다면 천사가 나타났단 말인가. 엘리야는 물과 빵을 다 먹고 잠시 앉아 있었다. 그 천사를 만나고 싶었다. 그러나 피로감과 식곤증이 겹쳐서인지 이내 다시 잠이 들었다. 한동안 곤하게 자고 있는데 다시 또 누군가가 어루만지며 깨웠다.

"갈 길이 멀고 고될 테니 일어나 먹어라."

부드러운 음성이 들려왔다. 주위를 둘러보아도 사람은커녕 사람의 발자국 하나 발견되지 않았다. 그의 옆에는 아까처럼 구운 빵과 물병이 놓여 있었다. 먹고 푹 자서 한결 피로가 풀린 엘리야는 그 음식을 먹고 나서 다시 길을 떠났다.

엘리야는 밤낮을 가리지 않고 걷고 또 걸었다. 대략 400km에 가까운 시나이 반도의 호렙 산에 도달하는 데는 40일이 걸렸다. 호렙 산은 일찍이 모세에게 하나님께서 나타나셔서 이집트에서 이스라엘 백성을 구해 내라고 사명을 주신 곳이고, 이집트 탈출 이후에는 모세가 십계명을 받은 산이기도 하다.

어느 굴 속으로 들어가 밤을 보내는데, 갑자기 주님의 음성이 들려왔다.

"엘리야야, 여기에서 무엇을 하고 있느냐?"

"주님, 저는 이스라엘의 하나님이시요 만유의 주인이신 주를 섬겨 왔습니다. 하지만 이스라엘 백성은 주님을 떠났고, 주님을 섬기던 제단도 허물어졌습니다. 하나님의 예언자들은 모두 살해되고 저만 홀로 남아 있습니다. 그런데 이제 저들은 저마저 죽이려고 합니다."

"굴에서 나가서 산 위에 서 있거라. 내가 지나갈 것이다."

부드럽지만 장엄한 명령이었다. 엘리야는 즉시 자리에서 일어나 산으로 올라갔다. 거센 바람에 산이 갈라지고 바위가 부서졌다. 하지만 주께서는 바람 속에 계시지 않았다. 바람이 휩쓸고 지나간 후엔 지진이 일어났지만, 주께서는 그 지진 속에도 계시지 않았다.

지진이 끝나자 불이 일어났다. 하지만 주께서는 불 속에도 계시지 않았다. 불이 지나가고 나자 이번에는 고요히 속삭이는 음성이 들려왔다. 엘리야가 겉옷으로 얼굴을 가리고 굴 입구에 서 있을 때였다.

"엘리야야, 너는 왜 여기 서 있느냐?"

"저는 만유의 주인이신 주를 섬겨 왔습니다. 하지만 이스라엘 백성은 주님을 버리고 떠났으며, 주님을 섬기던 제단도 허물어 버리고 주님의 예언자들까지 모두 죽였습니다. 이제는 저만 홀로 남아 있는데 저까지 잡아 죽이려고 합니다."

"너는 지금 광야를 지나 다마스커스로 가서 아람 왕 벤하닷 대신 하사엘에게 기름을 부어 새 왕이 되게 하고, 이스라엘 왕 아합 대신 예후에게 기름을 부어 이스라엘의 새 왕이 되게 하여라. 아벨므홀라에 살고 있는 사밧의 아들 엘리사에게도 기름을 부어 너를 대신하여 예언자가 되게 하여라. 하사엘의 칼을 피하는 자를 예후가 죽일 것이요, 예후의 칼을 피하는 자를 엘리사가 죽이리라."

하나님의 말씀이 이어졌다.

"내가 이스라엘 백성 가운데서 바알에게 무릎을 꿇지 않은 7천 명을 남겨 두었다."

하나님께 충성하는 사람은 다 죽었다고 생각했는데, 아직도 7천 명이나 남아 있다니! 엘리야는 비로소 새 힘이 솟아올랐다.

그 시대의 예언자는 이스라엘 왕의 우상 숭배 정책을 반대해야 하는 입장이어서 생명을 담보하지 않고는 안 되는 힘든 일이었다. 그렇다고 비굴하게 도피할 수도 없었다. 하나님께서 주신 사명이기 때문이다. 이제 사명을 다하고 하나님의 나라로 가게 된다고 생각하니 엘리야는 기쁘기조차 했다.

엘리야는 하나님의 명령을 시행하기 위해 시내 산의 동굴을 떠나 멀고 먼 여로에 올랐다. 다시 북왕국 이스라엘 땅으로 들어간 엘리야는 먼저 요단 강 서편의 아벨므홀라를 찾아갔다.

엘리야는 들에서 일을 하고 있는 사밧의 아들 엘리사를 만났다. 그는 두 마리 소가 한 조가 되어 끄는 쟁기 열두 개로 밭을 갈고 있었는데, 그 자신은 열두 번째 쟁기를 붙들고 있었다. 엘리야는 그에게 다가가서 자기가 입고 있던 겉옷을 벗어 그에게 걸쳐 주었다. 예언자 엘리야를 알아본 엘리사는 그 가죽옷이 자기 어깨에 걸쳐지게 됨으로써 자기가 엘리야의 후계 예언자가 된다는 것을 잘 알고 있었다. 그것은 모든 부귀영화를 버리고 엘리야처럼 고난의 길을 걸어야 한다는 뜻이기도 했다. 그는 하던 일을 멈추고 엘리야의 뒤를 따르며 말했다.

"집에 가서 부모님께 작별인사라도 할 시간을 좀 주십시오. 그런 다음 따르겠습니다."

엘리야가 대답했다.

"안 될 이유가 없지. 어서 다녀오도록 하게."

엘리사는 집으로 돌아가 소 두 마리를 잡아서 동네 사람들과 작별의 잔치를 한 다음, 늙은 엘리야를 따라나섰다.

벤하닷의 침공과 아합의 승리

10만의 침략군을 물리친 7,232명 왕상 20:1–21

이스라엘의 북동쪽 메소포타미아로 가는 길목에 위치한 아람(수리아)은 큰 나라였다. 근동 지역에서 32개나 되는 군소 국가들로부터 조공을 받고, 전쟁 시에는 군대를 파병 받았다. 그 당시 아람 왕은 벤하닷 2세였다.

그는 패권을 잡으려는 욕망에 불타, 이스라엘을 통째로 삼키려고 침략해 왔다. 32명의 속국 왕들도 군대를 이끌고 와서 합세했다. 그들은 이스라엘의 수도 사마리아를 단숨에 포위했다. 그들이 침략한 이유는 두 가지였다.

첫째는 이스라엘이 남쪽의 유다 왕국과 북쪽의 두로 왕국과 힘을 합쳐 요단 강 동편으로의 국토 확장 시도를 미리 방지하고, 이스라엘을 속국으로 삼아 패권을 지중해 세계로까지 확대하려는 욕심이었다. 이스라엘의 군대는 불과 7천에 불과했기 때문에 제대로 싸워 보지도 못하고 사마리아 성을 내어줄 형편이었다.

아합 왕을 비롯한 사마리아 사람들이 잔뜩 겁에 질려 있을 때 벤하닷 2세가 보낸 사신이 그의 전갈을 가지고 왔다.

'나 벤하닷이 이르노니 당신의 금과 은은 물론 당신의 아름다운 왕비와 후궁들, 왕자들과 공주들을 모두 내놓아라.'

아합은 다리가 흔들릴 지경으로 두려웠다. 450명이 온종일 몸부림치며 기도해도 반응조차 보이지 않았던 바알 신에게 무엇을 기대한단 말인가. 그렇다고 하나님께 의지할 입장도 아니었다. 그는 주 하나님을 위한 제단을 허물고, 하나님의 예언자들을 모두 죽여 버렸지 않았는가. 아합은 항복의 뜻이 담긴 굴욕적인 답신을 써 보내야만 했다.

'위대하신 대왕 폐하의 말씀대로 저와 저의 모든 것은 폐하의 것입니다.'

벤하닷에게는 그 답신이 만족스럽지 않았다. 그는 다시 아합 왕에게 사신을 보냈다.

'아합 왕은 들으라. 내일 이맘때 나 벤하닷의 신하들을 당신에게 보내겠다. 그들이 왕궁과 신하들의 집까지 다 수색하여 마음에 드는 것은 모두 내게 가져올 것이며, 젊고 건장하며 아름다운 모든 사람도 데려갈 것이다.'

무서운 재난을 앞두고 당황한 아합 왕은 신하들과 장로들을 긴급 소집했다. 아합은 벤하닷의 요구를 사실대로 알리고 대책을 논의했다. 결론은 하나였다.

"벤하닷의 요구를 거절해야 합니다."

의외로 단호하고 강경한 결정이었다. 왕궁과 백성들의 금은보화와 모든 재물을 노획해 가고, 젊고 건강하고 아름다운 사람은 모두 다 포로로 잡아가겠다는 것을 어찌 허락할 수 있단 말인가.

아합은 벤하닷의 사신들에게 전갈하게 했다.

'위대하신 아람 왕 벤하닷 폐하, 처음의 요구에는 응하겠지만, 두 번째 요구는 들어줄 수가 없습니다.'

답신을 받아든 벤하닷은 회심의 미소를 입가에 띠웠다. 벤하닷은 최후의 통첩을 보냈다.

'내 요구를 거절했으니 내가 사마리아를 완전히 진멸하여 한 줌의 먼지도 남기지 않겠다. 내가 그렇게 하지 않는다면

신들에게 무슨 벌을 받아도 좋다.'

이쯤 되자 아합은 분노를 치솟았다. 죽을지언정 싸워야겠다는 의지가 치밀어 올랐다. 아합이 사신들에게 답했다.

'가서 당신들의 왕에게 전하시오. 우리 속담에 길고 짧은 것은 대봐야 안다고 했소.'

벤하닷은 32명의 속국 왕들과 진수성찬을 벌여 놓고 먹고 마시다가 아합에게 갔던 사신의 보고를 받았다.

"건방진 놈, 대봐야 안다고? 아하하하하, 고작 7천의 병력으로 우리의 십만 대군과 싸워 보겠다고? 당장 쓴맛을 보여줘야겠군. 즉각 공격 준비를 하라."

한편, 고민에 싸여 있는 아합 왕에게 하나님이 보낸 예언자가 찾아왔다. 아합은 지푸라기라도 잡으려는 절박한 심정에서 예언자의 말을 들어보기로 했다. 예언자가 말했다.

"주 하나님께서 저 큰 군대를 임금님께 넘겨주신다고 하셨습니다."

믿어지지 않는 소식에 아합은 깜짝 놀랐다.

"그게 정말이오? 하지만 우리가 어떻게 이긴단 말입니까? 우리는 소수인데 누구를 앞세워 적들과 싸워야 합니까?"

예언자가 대답했다.

"지방장관들이 거느리고 있는 젊은 장교들을 내세우시오."

아합은 즉시 지방장관들이 거느린 젊은 장교들을 소집하자 모두 232명이었다. 아합은 예언자의 말대로 그들을 선발대로 내보냈다. 정예군 7천이 만반의 준비를 갖추고 한 걸음 뒤에서 그 뒤를 따랐다. 역부족이었지만 궁색한 방어가 아니라 적극적인 선제 공격으로 전략을 짠 것이다.

벤하닷과 32명의 왕들은 천막 안에서 흥청거리며 마셔대고 있었다. 그때 보고가 들어왔다.

"이스라엘 군이 성 밖으로 나오고 있습니다."

벤하닷이 명령을 내렸다.

"그들이 화친을 청하러 나왔거나 싸움을 하러 나왔거나 무조건 생포하라."

이스라엘의 소수 병력은 하나님께서 이기게 하신다는 소식을 들은 터라 두려움이 없었다. 그들은 적군을 닥치는 대로 죽이기 시작했다. 아람 군대는 용맹스러운 이스라엘 군의 돌연한 기습공격에 당황하여 크게 흔들렸다. 그들은 허둥거리며 도망치기 시작했다.

벤하닷 왕은 몇몇 기병들과 함께 간신히 도주했다. 아합 왕은 진격하여 말과 전차들을 크게 무찔렀고, 아람 군대에 큰 타격을 입혔다. 상상도 할 수 없었던 대승리였다.

어리석은 왕 아합 왕상 20:22-43

승리에 취해 있는 아합 왕에게 예언자가 다시 찾아왔다.

"벤하닷은 내년 봄에 다시 공격해올 것이므로 그동안 군사력을 키워서 대비해야 합니다."

한편 패주한 아람 왕은 그들의 수도 다마스커스에 이르자 대책회의를 소집했다. 신하들이 왕에게 말했다.

"이스라엘의 신은 산의 신이기 때문에 그들이 우리보다 강했던 것입니다. 그러나 평지에서 싸운다면 틀림없이 우리가 이길 것입니다."

"지휘 체계를 혁신해야 됩니다. 32명의 왕들이 자기 군대를 지휘하다 보니 일사불란한 지휘 계통이 서지 않아 긴박한 상황에서 혼란스러웠던 것도 패인의 하나입니다. 따라서 지휘 체계에 왕들을 두지 마시고 그들의 군대마저 폐하의 직속 군대장관들을 임명하여 지휘토록 하시어서 지휘 계통을 단순하게 일원화할 필요가 있습니다."

"이번 전투에서 상실한 병력과 전차와 말을 보충하여 충분히 훈련시킨 후 내년 봄에 다시 공격하는 게 좋을 듯합니다."

벤하닷은 신하들의 의견을 받아들였다. 예전처럼 32개국 군대를 모아 연합군을 형성하되 왕들의 출전을 막고 직접 임명한 아람의 장교들에게 병력을 지휘하게 하고, 결손 병력과 군사 장비를 보충하여 훈련시켰다.

봄이 돌아오자 벤하닷은 다시 대군을 이끌고 이스라엘로 갔다. 그러나 사마리아 성이 있는 중앙 고지대로 올라가지 않고, 갈릴리 호수에서 멀지 않은 평야에 진을 쳤다. 이번에도 10만 대군이었다.

또다시 대군을 상대로 싸워야 하는 이스라엘로서는 두려움이 앞섰다. 그들의 병력은 적군의 10분의 1에도 못 미쳤기 때문이다.

또 다시 예언자가 아합 왕을 찾아와 말했다.

"걱정하지 말고 나가 싸우시오. 적군은 이스라엘의 신을 산의 신이라고 믿고 들에서 싸우려고 진을 폈습니다만, 주 하나님은 거기에서도 이기게 하실 것입니다. 하나님께서 그 큰 군대를 모두 왕의 손에 넘겨주시겠다고 하셨습니다. 그러면 왕은 비로소 주께서 전능하신 하나님인 줄 알게 될 것입니다."

아합은 군대를 지휘하여 아람 군대가 진 치고 있는 평야로 내려갔다. 전선은 초긴장 상태였다. 엿새가 지나도록 아람의 10만 대군도 움직이지 않았고, 이스라엘 군도 미동조차 하지 않았다. 이레째 되는 날, 드디어 전투가 벌어졌다. 험악한 대접전이었다. 그러나 어찌된 일인가. 아람 군대가 형편없이 무너지기 시작했다. 온종일 계속된 전투에서, 10만의 아람 군대는 대풍에 떨어지는 낙엽처럼 쓰러져 갔다. 대세가 현저히 기울었음을 판단한 아람 군대는 패주하기 시작하더니 가까이에 있는 아벡 성으로 도피했다. 작은 성 아벡은 그들이 들이닥친 직후 무너지면서 2만 7천이나 되는 아람 패주병들을 압사시켰다. 벤하닷 왕은 측근의 신하들과 함께 아벡 성으로 도망친 후, 어떤 집으로 뛰어들어 은신한 채 곧 뒤따라와 수색할 이스라엘 군을 의식하며 두려워 떨고 있었다.

한 신하가 입을 열었다.

"소신이 듣기에 이스라엘 왕은 인자하다고 합니다. 여기에 숨어 있다가 잡히기보다는 굵은 베옷을 입고 새끼줄로 머리를 두른 다음 이스라엘 왕을 찾아가면 목숨만은 살려줄 것으로 생각됩니다."

다른 신하들도 거들었다.

"여기서 잡히는 것보다는 찾아가서 항복하는 편이 안전할 것입니다."

달리 방법이 없었기 때문에 벤하닷은 신하들의 의견에 따르기로 했다.

"폐하께서 친히 앞장서시면 안 됩니다. 우리들이 먼저 이스라엘 왕에게 가는 편이 좋을 듯싶습니다."

한 신하의 의견이 받아들여졌다. 몇 명의 신하가 이스라엘 군인들에게 투항하여 아합 왕에게 인도되었다. 베옷에 새끼줄을 머리에 두른 채 초라해진 그들을 향해 아합이 물었다.

"너희들의 왕은 죽었느냐?"

"저희들은 폐하의 종 벤하닷의 간청을 올리려고 왔습니다."

"뭐라고? 벤하닷이 아직 살아 있단 말이냐? 그는 내 형제나 다름이 없다. 그러니 그를 데려오너라."

아합은 오만에 빠져 벤하닷을 살려 주었을 뿐만 아니라 그를 자기의 전차에 태우기까지 했다. 두 번이나 침략한 그를 왕으로 예우한 것이다. 벤하닷은 이에 감격한 듯 아합에게 최고의 경의를 표하며 입을 열었다.

"폐하, 오늘의 은혜를 잊지 않겠습니다. 이 은혜에 보답하고자 나의 부친이 폐하의 부친께서 왕으로 계실 때 빼앗은 성읍들을 모두 반환하겠습니다. 뿐만 아니라 우리 나라의 수도 다마스커스에 폐하의 이름을 딴 거리를 만들겠습니다. 폐하의 존귀한 이름과 명예가 다마스커스에 영원히 남을 것입니다."

아합은 흐뭇한 나머지 그 약속을 받아들이고 벤하닷을 그의 나라로 돌려보냈다.

벤하닷과 그의 신하들이 돌아가자 두 번이나 승리를 예언해 준 예언자가 다시 아합에게 나타나서 격양된 목소리로 말했다.

"왕께서는 큰 실수를 하셨습니다. 하나님께서 말씀하시기를, 내가 멸하기로 작정한 사람을 너의 손으로 놓아 주었으니 네가 그의 목숨을 대신하리라 하셨습니다."

벤하닷 대신 아합을 죽이겠다는 하나님의 예언이었다. 아합은 그 말에 마음이 심히 언짢아져서 근심하며 사마리아로 돌아갔다.

아합의 탐욕과 이세벨의 악행

도둑질한 왕 왕상 21:1-16

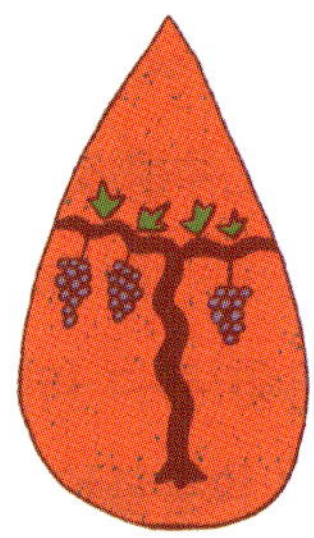

그 후 이스라엘은 한동안 평화를 누렸다. 아람의 십만 대군을 두 번이나 연거푸 무찌른 승전 소식이 주변 나라들에 알려지면서 누구도 이스라엘을 넘보지 못했기 때문이다.

어느 날 왕궁 테라스를 거닐던 아합의 눈에 기름진 포도원이 들어왔다. 왕궁 바로 옆에 있는 그 포도원은 나봇의 소유로, 조상 대대로 이어져 내려오는 땅이었다. 포도원을 바라볼 때마다 욕심이 발동했지만, 모세의 율법에 의해 땅의 매매가 불가능하므로 군침만 삼켜오던 왕이었다.

'저 포도나무를 다 없애 버리고 아름다운 정원을 만들면 얼마나 좋을까.'

생각이 이에 미치자 아합은 포도원을 바라볼 때마다 왕궁 정원으로 만들고 싶은 욕구가 강해졌다. 아합의 왕궁은 '상아 궁전'으로 불릴 만큼 호화롭고 아름다웠다. 포도원을 아름다운 정원으로 꾸민다면 그의 왕궁은 한결 돋보일 것이다.

왕은 어느 날 나봇을 왕궁으로 불러들여 흥정했다.

"그대의 포도원을 나에게 넘겨주게. 궁궐과 가까우니, 그곳을 내 채소밭으로 가꾸고 싶네. 그 대신 내가 더 좋은 포도원을 주든가, 원한다면 돈으로 계산해 줄 수도 있네."

나봇이 망설이지 않고 대답했다.

"조상 대대로 내려오는 땅을 폐하께 드리거나 매매하는 것은 주 하나님의 율법에 의해 금지되어 있습니다."

아합도 달리 어찌할 방법이 없었다. 그때부터 아합은 실망과 분노로 잠도 오지 않고 밥맛도 떨어졌다. 그는 아예 자기 침실에서 나오지도 않았다.

왕비 이세벨이 왕의 근황을 듣고 아합의 침실로 찾아갔다. 수척한 왕에게 이세벨이 걱정스러운 얼굴로 물었다.

"무슨 근심이 그다지 크시기에 식사도 하지 않습니까?"

아합은 침상에서 일어나 앉으며 입을 열었다.

"이스르엘 사람 나봇에게 포도원을 나에게 팔라고 했었지만, 그는 거절하고 있소."

왕비는 경멸하는 눈빛으로 말했다.

"이스라엘의 왕이 그만한 일로 근심을 하시다니요? 일어나서 음식을 드십시오! 기운을 내세요. 제가 당장 손을 써서 이스르엘 사람 나봇의 포도원을 임금님의 소유로 만들어 놓겠습니다."

왕비 이세벨은 이스라엘 사람이 아니라 이웃 나라 시돈의 공주였다. 그의 아버지 시돈 왕은 바알 신의 제사장이었다. 그녀는 아합 왕과 결혼한 후 이스라엘의 종교를 바알 숭배로 바꾸고, 많은 예언자와 제사장들을 처형했으며, 저 위대한 예언자 엘리야도 죽이려 했었다. 그녀에게 주 하나님의 율법 따위는 안중에 없었다.

왕비 이세벨은 즉시 성읍의 장로들에게 편지를 쓴 다음 왕의 도장을 찍어 보냈다.

'백성들은 금식하고 나봇을 끌어다가 높은 자리에 앉히시오. 맞은편에는 두 명의 불량배들을 앉혀

놓고, 나봇이 하나님과 왕을 저주했다고 증언하게 하시오.'

왕비의 악랄하고 잔인한 성격을 익히 알고 있는 장로들은 감히 그 명령을 어길 수 없었다. 금식이 선포되고, 나봇이 죄인으로 끌려 나오고, 거짓 증언자들이 동원되었다. 엉터리 재판이 이루어진 것이다.

재판이 끝나자 사람들은 나봇을 성 밖으로 끌고 나가 돌로 쳐 죽였다. 그러나 왕비는 여기서 멈추지 않고 나봇의 아들들도 모조리 죽이라고 했다. 그래야만 그 포도원이 상속자가 없어져 소유권을 확보할 수 있을 것이라고 생각한 것이다.

이세벨은 자기의 지시대로 집행되었다는 보고를 받자, 즉시 왕에게 갔다.

"나봇은 죽었습니다. 이제 그의 포도원은 왕의 것입니다."

피는 피를 부르고 왕상 21:17-29

이세벨에 의해 잔인한 살상극이 벌어진 직후, 예언자 엘리야에게 하나님의 말씀이 임했다.

"아합에게 가라. 그는 지금 나봇의 포도원을 차지하려고 그리로 갔다. 그에게 가서 이렇게 전하라. '네가 사람을 죽이고 그의 땅까지 빼앗는구나. 개들이 나봇의 피를 핥아먹은 곳에서 네 피도 핥아먹을 것이다. 이세벨도 개들이 먹을 것이며, 네 가문이 다 멸망할 것이다.'"

엘리야는 즉시 나봇의 포도원으로 가서 아합을 만났다.

“하나님이 나를 보내셨습니다. 엄청난 재앙이 왕가에 내릴 것입니다. 나봇이 피 흘린 곳에서 왕의 피를 개가 핥고, 왕비의 시체는 개들이 뜯어먹게 될 것입니다. 왕의 자손들도 다 멸망할 것입니다.”

엘리야는 하나님의 말씀을 그대로 전했다. 왕비 때문에 주 하나님을 버리고 바알 신을 섬기는 왕이지만, 왕의 핏줄은 주를 섬기는 이스라엘 자손이었다. 그는 엘리야가 전해 준 하나님의 말씀에 턱과 다리가 덜덜 떨리도록 무서웠다. 아람의 10만 대군을 두 번이나 이기게 하신 주 하나님이 아닌가. 그 하나님이 죽는다면 죽을 것이고, 개의 밥이 된다면 개의 밥이 될 것이다. 왕자와 공주들이 모두 죽는다면 그렇게 될 것이다.

왕궁으로 돌아온 아합은 도저히 두려움을 극복할 수 없었다. 그는 옷을 찢고, 굵은 베옷으로 갈아입은 다음 음식을 입에 대지 않았다. 왕비든 왕자든 누구도 만나지 않고 회개하고 있었다.

그 무렵 하나님께서 다시 엘리야에게 나타나셨다.

‘아합이 크게 뉘우치고 있다. 그의 회개를 받아들여 그가 살아 있는 동안에는 재앙을 내리지 않으리라. 그러나 그의 자식들에게는 재앙을 내릴 것이다.’

아합 왕의 전사와 하늘의 불

행복한 왕 여호사밧 왕상 22:1–23, 41–50 ; 대하 17:1–18:22

북왕국 이스라엘을 아합이 통치하고 있을 당시, 남왕국 유다에서는 백성들의 사랑과 존경을 받던 아사 왕이 41년의 통치를 끝으로 사망했고, 그의 아들 여호사밧이 뒤를 이었다. 아들 역시 아버지와 마찬가지로 훌륭한 왕이 되었다. 나라는 번영하고 백성은 평화를 누렸다.

여호사밧은 이스라엘과의 북쪽 국경을 수비하기 위해 국경의 성읍들에 든든하게 성벽을 두르고 방위 부대를 주둔시켰다. 아버지 아사 왕이 이스라엘로부터 빼앗은 에브라임도 수비를 견고히 했다. 한편 여호사밧은 모든 우상들과 산당들을 유다 왕국에서 완전히 제거하는 종교 정책을 폈다. 하나님께서는 다윗처럼 굳건한 신앙을 가진 여호사밧을 기뻐하셨으므로 그에게 많은 재물을 주어 국력을 키우고 국방력을 강화할 수 있게 하셨다.

유다 왕국은 점점 강대해져서 예루살렘을 비롯한 전국에 잘 훈련된 116만의 병력을 확보했다. 여호사밧의 아름다운 신앙으로 나라가 견고해지며 번영하는 것을 지켜본 이웃 나라들은 감히 유다 왕국을 넘보지 못했고, 더 나아가 많은 선물을 보내며 주 하나님을 두려워하여 섬기게 되었다. 왕은 국력과 국방을 견고히 하는 한편, 백성으로 하여금 하나님을 잘 섬기도록 하기 위해 율법학자들을 세우기도 했다.

하지만 여호사밧은 일생일대의 실수를 저지르고 말았다. 자기의 아들 여호람을 아합의 공주 아달랴와 결혼을 시킨 것이다. 양국의 관계를 회복하려는 의도였지만, 그로 인해 훗날 이스라엘의 우상 종교가 다시 유다 왕국에 번지게 되었다. 어쨌든 두 나라는 사돈을 맺음으로써 한동안 사이 좋게 지낼 수 있었다.

3년쯤 지났을 때 여호사밧이 신하들을 거느리고 북왕국을 방문했다. 아합은 온 신하들과 귀족들을 참석시켜 성대한 연회를 베풀었다. 덕담을 나누며 만찬을 즐기던 중 아합이 넌지시 여호사밧에게 물었다.

"길르앗라못이 원래 우리 영토였다는 걸 알고 계시지요? 아람의 군대가 쳐들어와 빼앗아 간 그 땅을 다시 찾으려면 아람과의 일전이 불가피합니다. 어떻습니까? 우리는 한민족이니 힘을 합쳐서 우리의 땅을 다시 찾도록 도와주시지 않겠습니까?"

남북 연합군을 결성하자는 제의에 여호사밧은 원칙적으로 동의했다.

"그러나 먼저 하나님께 여쭈어 보는 게 순서가 아닌지요?"

"지당하신 말씀입니다."

하나님을 외면하고 우상 종교에 빠져 있던 아합이었으나 일단 여호사밧의 비위를 건드리면 안 되겠기에 순순히 그의 제안을 수용했다. 그는 즉시 명령을 내려 예언자들을 소집했다. 그러나 바알과 아세라 우상을 숭배하는 북왕국이었으므로 하나님의 예언자라고 불러 모은 4백여 명은 사실상 거짓 예언자들이었다. 그들이 왕궁 뜰에 운집하자 두 왕이 나란히 보좌에 앉았다. 먼저 아합 왕이 그들에게 물었다.

"내가 길르앗라못을 다시 찾기 위해 아람과 싸우러 올라가고자 하는데, 하나님의 뜻은 과연 어떠하신지 알고 싶소. 하나님께 여쭈어 봐 주시오."

예언자들은 거의 이구동성으로 외쳤다.

"길르앗라못으로 올라가 싸우소서. 승리할 것입니다."

그들은 왕의 마음을 알아채고 왕의 비위를 맞추고자 이렇게 외쳤다. 침묵으로 지켜보던 여호사밧이 아합에게 물었다.

"달리 물어볼 만한 예언자가 없습니까?"

"이믈라의 아들 미가야라는 예언자가 있기는 합니다만, 나는 그를 별로 좋아하지 않습니다. 그는 나에 대하여 늘 흉한 예언만 하거든요."

"그가 하나님의 예언자라면 그의 예언을 놓고 감정적으로 대응하는 것은 잘못입니다. 나는 미가야의 예언을 듣고 싶습니다."

아합은 기분이 내키지 않았지만 급히 미가야를 데려오게 했다. 미가야가 오고 있는 동안, 그들 앞에 늘어서 있던 4백여 명의 거짓 예언자들 중 시드기야라는 예언자가 나서더니 쇠로 만든 뿔들을 두 왕 앞에 내보이며 말했다.

"보소서. 하나님께서는 이 쇠뿔로 아람 군대를 찔러 이기게 하신다고 말씀하셨습니다. 그러니 지체 말고 길르앗라못을 되찾으러 진격해 가소서."

그러나 그 예언 역시 하나님이 주신 말씀이 아니라 거짓 예언자가 자기 마음대로 한 말이었다. 다른 예언자들도 모두 이 말에 동의했다.

마침내 기다리던 예언자 미가야가 두 왕 앞에 모습을 나타냈다. 아합이 미가야에게 물었다.

"우리가 길르앗라못 성읍을 공격하는 것이 어떻겠소? 그만두어야 하겠소?"

"그 성을 치십시오. 틀림없이 승리하실 것입니다. 주께서 그 성을 왕의 손에 넘겨주실 것입니다."

아합 왕이 그에게 말했다.

"정말이오? 맹세코 그렇게 말할 수 있겠소? 주의 이름을 말할 때에는 진실만을 말하시오."

그제야 미가야가 정색을 하고 대답했다.

"저는 이스라엘 군사들이 목자 없는 양 떼처럼 온 산에 흩어져 있는 장면을 보았습니다. 주께서 제게 말씀하셨습니다. '저들에게는 이제 지도자가 없다. 각자 자기 집으로 평안히 돌아가게 하라.'"

백성의 목자는 왕이다. 목자가 없다는 것은, 왕이 전사한다는 뜻이다. 최고 사령관인 왕이 전사하면 그 군대는 오합지졸로 변하여 도망치기에 바쁠 것이다.

아합은 그 말뜻을 정확하게 알아차리고 여호사밧에게 말했다.

"내가 뭐라고 했습니까? 미가야는 한 번도 내가 하려는 일이 잘 된다고 한 적이 없답니다."

미가야의 예언이 계속되었다.

"하나님께서 보좌에 앉아 계시는데 그 좌우에 하늘의 군대가 모시고 선 모습이 내게 보입니다. 하나님께서 물으십니다. '누가 아합 왕을 꾀어 길르앗라못으로 올라가서 죽게 하겠느냐?' 그러자 한 영이 말합니다. '내가 거짓말하는 영이 되어 모든 예언자들의 입에 있겠습니다.' 그래서 모든 예언자들이 한결같이 거짓 예언을 한 것입니다. 그러나 하나님께서 내게 말씀하셨습니다. 아합 왕이 길르앗라못으로 올라가면 그곳에서 죽을 것이라고."

아합의 속임수 왕상 22:26–38 ; 대하 18:25–34

아합은 미가야의 솔직한 예언을 들었으나 고집을 굽히지 않았다. 전에 두 차례나 아람과 싸워 이긴 경험이 있는 아합은 다른 4백 명의 예언을 따랐다.

"미가야를 옥에 가두어라. 내가 승리하고 돌아올 때까지 죽지 않을 만큼만 먹여라. 그가 자기의 예언이 틀린 것을 확인하게 될 것이다."

아합은 여호사밧과 함께 길르앗라못으로 진격했다. 아합은 적군이 일차적으로 최고 사령관인 왕의 생명을 노린다는 것을 알고 있었으므로 속임수를 쓰기로 했다. 자기의 왕복을 병사에게 입히고 그 병사의 군복을 자신이 입었다. 그는 어떻게든지 살아 돌아가서 미가야의 예언이 틀렸음을 입증하고 싶었다. 여호사밧 왕은 당당하게 왕의 차림으로 동행했다.

한편 아람 왕은 30명의 전차를 탄 지휘관들을 불러 병사들과 싸우지 말고 이스라엘 왕 아합을 찾아 죽이라고 특명을 내렸다. 접전이 시작되자 30명의 지휘관들은 전차를 달리며 아합을 찾는 데 혈안이 되었다.

"저기, 이스라엘의 왕이다!"

한 지휘관이 소리치며 달려가자 여러 명의 지휘관이 그리 몰려갔다. 여호사밧은 적군의 고함소리를 듣고, 자기를 아합 왕으로 오인하고 있다는 사실을 알아차렸다.

"나는 이스라엘 왕 아합이 아니오."

지휘관들은 가까이 다가와서 아합이 아님을 확인하자 여호사밧을 내버려 두고 전차를 몰아 갔다. 그때 아람의 한 병사가 쏜 화살이 위장한 아합 왕의 갑옷 사이에 맞았다. 아합이 전차병에게 말했다.

"어서 전차를 돌려 빠져 나가자. 내가 부상을 입었다."

온종일 전투가 격렬하게 벌어져서, 왕은 계속해서 아람 군대에 에워싸여 있을 수밖에 없었다. 그의 상처에서 흘러내린 피가 전차 바닥에 가득 고였고, 저녁때가 되자 왕은 숨을 거두었다.

전투가 끝나자 이스라엘 병사들은 왕이 죽어 있는 전차를 사마리아로 끌고 가서 장사를 지냈다. 병사들이 사마리아 연못으로 전차를 끌고 가서 피를 씻어내자 들개들이 냄새를 맡고 달려와 그 피를 핥아 먹었다. 그곳은 아합의 아내 이세벨이 포도밭을 빼앗기 위해 나봇을 피 흘려 죽게 한 곳이었고, 연못은 창녀들이 목욕하는 곳이었다.

하늘에서 내려온 불 왕상 22:51–왕하 1:18

사악하고 비열한 왕 아합은 죽고, 그의 아들 아하시야가 아버지를 이어 왕위에 올랐다. 아하시야는 이세벨의 영향으로 우상 바알을 숭배했다.

하나님이 계심에도 우상을 숭배하던 아하시야는 즉위 2년 만에 사마리아의 왕궁 난간에 기대어 있다가 추락하여 중상을 입는 불상사를 당했다. 그는 침상에 누워 신음하다가 고통이 심하여 이러다가 죽을지도 모른다는 불안감에 휩싸였다. 그는 저 남쪽의 블레셋에 거대하게 세워진 우상 바알세붑에게 신하를 보내어 자신의 운명을 여쭈어 보게 했다.

아하시야의 신하가 남쪽을 향해 길을 떠났다. 적어도 엿새는 가야 할 길이었다. 그러나 신하는 엿새를 걸을 필요가 없었다. 사마리아를 떠나 채 국경을 벗어나기도 전에 얼굴도 의복도 거칠기가 야수 같은 노인 한 사람이 길을 가로막고 섰기 때문이다. 그의 목소리는 노인답지 않게 거칠었다.

"바알세붑을 찾아 멀리 가는구려. 그럴 필요 없소이다. 아하시야 왕에게 돌아가서 전하시오. 이스라엘에 하나님이 안 계셔서 바알세붑에게 물으려 가느냐고. 우상을 숭배한 벌로 왕이 반드시 죽는다고 전하시오."

신하는 노인의 위엄에 눌려 오던 길을 되돌아 갔다. 일찍 돌아온 신하에게 왕이 놀란 눈으로 물었다.

"어찌하여 되돌아 왔느냐?"

신하는 머뭇거리다가 어렵게 입을 열었다.

"길에서 노인 한 분을 만났습니다. 그가 꾸짖었습니다. 이스라엘에 하나님이 없어서 바알세붑에게 물으러 가느냐고요. 그러면서 왕에게 돌아가서 반드시 죽는다고 전하라고 했습니다. 아무래도 범상치 않은 노인이었습니다."

왕은 신하에게 화를 내려다가 마음에 섬뜩하게 집히는 게 있어 다시 물었다.

"어떻게 생겼더냐? 옷은 무얼 입고?"

"가죽털 옷을 입고 있었고, 허리엔 가죽 띠를 두르고 있었습니다."

왕은 그 노인이 누구인지 알 것 같았다. 하나님의 예언자들은 대개 거친 가죽옷에 가죽띠를 매고 다녔다. 더구나 그토록 독설을 퍼부어 대는 사람이라면 겁없는 엘리야가 분명했다. 그는 아버지를 찾아와 몇 번이나 나쁜 소식만 전한 자가 아니던가. 그 자가 내게도 악담을 퍼붓다니….

아하시야 왕은 엘리야를 만난 장소를 물은 뒤 50명의 병사를 급파하여 그를 데려오라고 명령했다.

"정중하게 모셔 오너라. 왕의 초청이라고 전하라."

명령을 받은 오십부장은 부하들을 거느리고 엘리야를 찾아 나섰다. 엘리야는 기다렸다는 듯 산마루 길목에 앉아 있었다. 오십부장이 다가가 말했다.

"하나님의 사람이여, 왕께서 모셔 오라십니다. 어서 내려가시지요."

엘리야는 아합과 이세벨과 마찬가지로 자신을 죽이려 한다는 사실을 알고 있었다. 더구나 오십부장의 말투와 태도는 오만과 빈정거림으로 가득차 있었다.

"나를 하나님의 사람이라 했느냐? 내가 정말로 하나님의 사람이라면 하늘에서 불이 내려와 너희들 50명을 태워 버릴 것이다."

이 무슨 날벼락인가. 엘리야의 말이 끝남과 동시에 하늘에서 불이 내려오더니 오십부장과 그의 부하들을 순식간에 태워 버렸다. 갈멜 산에서 바알의 제사장들과 대결할 때 엘리야의 기도에 하늘에서 불이 내려와 물에 흠뻑 젖은 제물을 불사른 상황과 너무나 흡사했다.

불행한 소식을 전해 들은 아하시야 왕은 하나님의 사람을 두려워하기는커녕 오히려 악이 치받쳐 올라 또다시 50명의 병사를 엘리야에게 보냈다. 오십부장은 같은 장소에서 엘리야를 만나자 명령조로 말했다.

"하나님의 사람이여, 빨리 왕궁으로 내려오라는 어명이시오."

하나님의 진노를 경험하고도 두려움을 모르는 완악한 아하시야 왕과 그 부하들에게 엘리야는 예전과 똑같이 하나님의 심판을 선언했다.

"내가 하나님의 사람이라면 하늘

에서 불이 내려와 너와 너의 부하 50명을 태울 것이다."

하나님은 또다시 하늘에서 불을 내려 그들을 순식간에 태워 버렸다. 이쯤 되면 하나님이 두려워서라도 포기해야 할 아하시야 왕은 어찌나 교만하고 고집 불통이던지 또다시 50명의 병사를 오십부장의 지휘하에 엘리야에게로 보냈다. 세 번째로 엘리야를 찾아간 오십부장은 앞서 갔던 두 오십부장과는 달리 하나님을 두려워하는 겸손한 사람이었다. 그는 엘리야 앞에 무릎을 꿇고 엎드렸다.

"하나님의 사람이여, 나와 50명의 부하들 생명을 귀히 여겨 주시기를 간청합니다."

엘리야가 잠시 침묵하고 있을 때 하나님께서 일러주셨다. 두려워 말고 그들을 따라 왕궁으로 들어가라고.

왕은 여전히 침상에 누워 있었다. 신하들이 엘리야를 침상으로 안내했다.

"하나님이 계신데도 멀리 있는 바알세붑에게 물으려 하는 왕이여, 그 침상에서 다시는 내려오지 못할 것입니다."

그의 선언은 단호했다. 아하시야는 엘리야의 예언대로 죽었다.

왕에게는 아들이 없었으므로 그의 형제 요람이 아하시야의 뒤를 이어 이스라엘의 제 9대 왕이 되었다.

여호사밧의 승리와 여호람의 비극

전투 없이 승리한 여호사밧 왕상 22:41–50 ; 대하 19:1–20:34

북왕국에 머물다가 아합이 죽자 귀국한 남왕국의 여호사밧 왕은 예루살렘으로 돌아오자 하나님의 예언자 예후로부터 책망을 들었다.

"왕께서 악한 자를 돕고 하나님을 미워하는 자를 사랑한 것은 하나님의 진노가 내릴 일이 아닐 수 없습니다. 하지만 왕께서는 이 나라의 우상들을 없애고 오직 하나님만 찾으시니 이는 주께서 기뻐하시는 일입니다."

여호사밧은 그때부터 국토의 남쪽 끝 브엘세바에서부터 북쪽 끝의 에브라임 산지에 이르기까지를 순회하며 적극적으로 신앙회복 정책을 펼쳤다. 오직 하나님만 섬기도록 계몽하고 다스리는 한편, 재판관들에게는 하나님 앞에서 공정한 재판을 하도록 지침을 내렸다. 북왕국이 하나님께 역행하는 것과 달리 남왕국 유다는 오직 하나님 중심의 정치를 펴 나갔다.

나라가 평온하고 하나님 신앙이 정착되어 갈 무렵, 왕에게 급보가 들어왔다.

"요단 강과 사해 건너편의 모압과 암몬과 그 남부의 에돔이 연합하여 쳐들어오고 있습니다. 그들은 이미 사해 서쪽의 엔게디 광야에 이르렀습니다."

한때 다윗이 사울 왕을 피해 도피한 적이 있는 엔게디 광야에 집결한 3국의 연합군은 유다 왕국에 큰 위협이었다. 더구나 에서의 후손인 에돔 족은 거칠고 잔인하기로 유명했다.

여호사밧 왕은 지체 없이 성전으로 올라가 하나님께 도움을 청했다. 아울러 온 백성이 금식하며 기도하라는 명을 내렸다. 백성들은 어린아이에 이르기까지 각처에서 예루살렘으로 올라와 성전에서 간구했다. 왕은 나아가 성전 뜰에 운집한 백성에게 그의 믿음을 피력하기도 했다. 주의 손에 권세와 능력이 있음과, 이 땅은 하나님께서 아브라함의 자손인 우리에게 주셨다는 것을 상기시키고, 우리가 성전에서 기도하면 하나님께서 반드시 들어주신다는 믿음을 선포했다.

남녀노소가 모여 기도하는 가운데 하나님의 신이 야하시엘에게 내렸다.

"하나님께서 내게 말씀하셨습니다. 적군을 두려워 말라고 하십니다. 이 전쟁은 하나님의 싸움이라고 하셨습니다. 따라서 우리가 싸울 필요가 없다는 것입니다. 너희는 가만히 서서 내가 너희를 어떻게 구하는가 보라고 하십니다. 내일 그들과 싸우면 하나님께서 우리를 이기게 하실 것입니다."

그들은 기도했고, 하나님의 계시를 믿었다. 군사들이 출정하기에 앞서 여호사밧 왕은 백성들에게 확신을 심어 주었다.

"모두들 하나님을 믿어라. 예언자를 통해 주신 말씀을 신뢰하라. 그러면 우리가 이길 것이다."

여호사밧 왕은 무장한 군대를 앞세우지 않고 예복을 갖추어 입은 찬양단을 앞세워 출정하게 했다. 찬양단은 '주께 감사드리자. 주의 사랑은 영원

하시다'라는 찬양을 부르며 행진했다. 유사 이래 이런 군대는 없을 것이다.

찬양하는 군대가 전진해 나아가자 이상한 일이 벌어졌다. 매복해 있던 모압과 암몬의 군대가 에돔의 군대를 적군으로 오해하고는 갑자기 공격하기 시작했다. 연합군의 느닷없는 기습공격에 놀란 에돔 군대는 제대로 싸워 보지도 못하고 순식간에 진멸되었다. 사기 충천한 모압과 암몬의 군대는 적과 아군을 분별하지 못하는지, 이번에는 서로를 공격하기 시작했다. 골짜기와 들판에 엄청난 시체가 쌓였다.

전쟁터에 도착한 여호사밧의 군대는 망루에 올라가 적진을 살펴보다가 깜짝 놀랐다. 살아 있는 적군이 한 명도 보이지 않았기 때문이다. 온 사방을 둘러보아도 모압과 암몬과 에돔의 군대는 모두 시체로 변하여 땅을 뒤덮고 있었다. 그들의 기도를 들으신 하나님께서 과연 싸우지 않고 이기게 하신 것이다.

여호사밧의 군대는 죽어 나자빠진 적군들로부터 사흘에 걸쳐 재물과 보화를 거두어들였다. 나흘째 되는 날, 그들은 한 자리에 모여 하나님께 감사 드린 후 예루살렘을 향해 개선했다.

그들이 거둔 대승리의 소문이 주변의 여러 나라로 급속히 번져나가자, 주변의 나라들은 하나님이 함께 하시는 유다 왕국을 심히 두려워했다.

여호사밧 왕은 25년 동안 유다 왕국을 다스리다가 수명이 다하여 죽었다. 하나님이 기뻐하시는 일을 많이 한 여호사밧의 뒤를 이어 32세 된 그의 아들 여호람이 즉위했다.

불행한 왕 여호람 왕하 8:16-24 ; 대하 21장

여호사밧과 아합이 사돈을 맺었다는 이야기를 기억할 것이다. 그 일로 남과 북의 두 왕이 매우 가까워졌으며, 여호사밧은 아합이 전사한 아람 군대와의 전투에 함께 출정한 적이 있었다. 새 왕이 된 여호람은 아합과 이세벨의 딸 아달랴와 부부 사이였다.

이세벨이 아합과 결혼하여 북왕국을 우상을 섬기는 나라로 만든 것처럼 그들의 딸 아달랴는 남편이 왕이 되자 자신의 어미인 이세벨처럼 영향력을 행사하여 하나님을 섬기던 유다 왕국으로 하여금 이방의 우상을 섬기게 만들었다. 우선 여호람이 우상을 섬겼고, 백성들에게도 우상을 섬기도록 강요했다.

우상 숭배에 대해 아합 왕에게 여러 차례 경고한 적이 있는 예언자 엘리야는 여호람 왕에게 편지를 보내어 우상 숭배에 대해 무섭게 경고했다. 하나님께서 너의 백성과 너의 자녀들과 아내들과 재물들에 재앙을 내릴 것이며, 나아가 네가 중병이 들어 창자가 빠져 나올 것이라는 경고였다.

하나님께서는 유다 왕국이 우상을 숭배하게 되자 진노하셨다. 하나님은 남쪽의 호전적인 블레셋과, 저 멀리 동쪽의 아라비아로 하여금 유다를 침략하게 하셨다. 그들은 예루살렘까지 쳐들어와 강탈을 일삼았다. 심지어 왕궁에까지 들어가 여호람의 막내 아들 여호아하스 하나만 남겨두고 다른 왕자들과 왕비들은 물론 금은보화를 강탈해 갔다.

큰 재앙이 유다 왕국을 휩쓸고 간 후, 엘리야의 경고대로 여호람이 병들어 누웠다. 창자가 심하게 아픈 병이었다. 아무도 왕의 병을 고칠 수 없었다. 왕은 2년 동안 병상에 누워 신음하다가 세상을 떠났다. 그 마지막 2년은 그가 살아온 40년 생애에서 38년 동안 겪은 모든 고통을 다 합쳐도 모자랄 만큼의 아픔이었다.

여호람은 창자가 빠져나와 죽었다. 왕으로 8년을 지냈으나 하나님을 외면하고 우상숭배 정책을 펴는 악정만 일삼다가 죽은 것이다. 왕의 죽음에도 백성들은 애도하지 않았다. 더 나아가, 그 시신을 왕실 묘에 장사 지내지도 않았다. 하나님과 백성들로부터 철저하게 외면당한 불행한 인생이었다.

엘리야의 승천과 엘리사의 이적들

불수레 타고 하늘로 왕하 2:1–18

하나님의 예언자 엘리야는 사악한 시대에 살면서 권력자들로부터 많은 핍박을 받았다. 그러나 하나님이 주시는 말씀을 왜곡하거나 보태지도 빼지도 않고 그대로 전했으며, 하나님이 함께 하시는 권세와 능력으로 예언자로서의 활동을 전개했다.

그는 털가죽 옷을 입고 가죽띠로 허리를 두른 모습으로 바알 신을 숭배하는 자들과 누가 진정한 신인지 승부를 걸었다. 이제 그는 자신의 역할을 마칠 때가 되었다.

하나님은 길갈에 있는 엘리야에게 벧엘로 떠나라고 지시하셨다. 마침 함께 있던 제자 엘리사가 벧엘로 따라가겠다고 나섰다.

"주께서 확실히 살아 계심을 두고 맹세하지만, 저는 결코 선생님 곁을 떠나지 않겠습니다."

엘리야는 하는 수 없이 엘리사를 데리고 예언자 학교가 있는 벧엘로 길을 떠났다. 그들을

맞으러 나온 예언자 학교의 수련생들이 엘리사에게 물었다.

"주께서는 오늘 엘리야 선생님을 데려가시려고 하시는데, 알고 계십니까?"

엘리사가 대답했다.

"그렇소, 나도 알고 있으니 입 다물고 있으시오!"

그때 엘리야가 다시 말했다.

"엘리사, 자네는 여기 남아 있게. 주께서는 나를 여리고로 가라고 하시네."

그러나 엘리사는 포기하지 않았다.

"하나님의 이름으로 맹세합니다. 선생님이 살아 계시는 한 저는 선생님 곁을 잠시도 떠나지 않겠습니다."

엘리야는 엘리사가 따라오는 것을 더 이상 말리지 않았다. 그들이 마침내 요단 강가에 이르렀을 때였다. 엘리야가 입고 있던 겉옷을 벗어 둘둘 말더니 그것으로 강물을 내리쳤다. 그러자 강물이 갈라졌다. 두 사람은 물에 젖지 않고 강을 건넜다.

강을 건너자 엘리야가 물었다.

"내가 네게 무엇을 하여 주었으면 좋겠는가?"

엘리사는 기다렸다는 듯 대답했다.

"스승님의 영을 갑절로 받도록 해주십시오."

엘리야는 그러는 제자를 물끄러미 바라보다가 대답했다.

"참으로 어려운 것을 요구하는군. 하지만 주께서 나를 데리고 올라가시는 광경을 자네가 보게 된다면, 아마도 자네 요청대로 될 것이네. 그러나 만일 그렇지 않다면 자네 요청은 이루어지지 않을 것이네."

두 사람은 나란히 걸으며 이런 이야기를 주고받았다. 바로 그때 상상도 못할 기이한 일이 그들 앞에 전개되었다. 하늘로부터 불말과 불수레가 내려왔다. 감히 똑바로 바라보기가 두려웠으나 엘리사는 그 모습을 똑바로 주시했다.

엘리야가 그 불수레에 몸을 실었다. 불말과 불수레는 회오리바람을 타고 하늘로 솟아올랐다. 엘리사가 감격하여 소리쳤다.

"나의 아버지여, 나의 아버지여! 이스라엘의 전차와 기병이시여!"

엘리사는 엘리야가 더 이상 보이지 않게 되자 입고 있던 옷을 두 조각으로 찢었다. 그는 넋 나간 사람처럼 불수레가 하늘 저 멀리 사라져 가는 모습을 끝까지 지켜보았다.

홀로 된 그는 두리번거리다가 엘리야의 겉옷이 떨어져 있는 것을 발견했다. 엘리사는 그것을 들고 다시 요단 강으로 가서 엘리야의 하나님이 어디 계시냐고 소리치며 엘리야가 그랬던 것처럼 그 옷으로 강물을 쳤다. 그러자 강물이 좌우로 갈라지면서 마른 땅이 드러나 그는 걸어서 강을 건너왔다.

멀리서 그 광경을 지켜보던 예언자 학교의 수련생들이 엘리사에게 다가와 그 앞에 무릎을 꿇었다. 위대한 예언자 엘리야의 영이 엘리사와 함께 있다는 것을 알았기 때문이다.

"우리에게 힘센 젊은이 50명이 있습니다. 우리들이 엘리야를 찾겠습니다. 하나님의 영이 엘리야를 들어올려 산이나 골짜기에 내던졌을지도 모르지 않습니까?"

하지만 엘리사는 이를 거절했다. 엘리야가 하늘로 들려 올라간 것을 확신했기 때문이다. 그래도 젊은이들은 엘리야가 어디엔가 떨어져 있을지도 모르니 찾게 해 달라고 졸랐다. 마침내 엘리사는 그럼 찾아 보라고 허락해 주었다.

50명의 건강한 젊은이들은 사흘 동안 산과 골짜기를 찾아 헤매었다. 그들은 뒤늦게야 옛날 에녹을 데려가신 것처럼 엘리야도 산 채로 하나님이 하늘로 데려 가셨음을 믿게 되었다. 그후 엘리사는 주로 벧엘에 살면서 하나님의 선지자로 활약했다.

가난한 여인과 엘리사 왕하 4:1-7

엘리사는 엘리야의 제자였지만 스승과 다른 점이 많았다. 그는 엘리야처럼 엄격하지도 않았고, 왕에게 가서 경고하지도 않았으며, 왕과 충돌하거나 왕의 핍박을 받지도 않았다.

엘리사가 활동을 시작한 때는 북왕국 이스라엘에서 아하시야가 죽고 그 형제 요람이, 남왕국 유다에서는 착한 여호사밧이 통치하고 있을 때였다. 여호사밧이 세상을 뜨자 그의 아들 여호람이 즉위했는데, 앞서 밝힌 대로 새 왕은 우상을 숭배했던 이세벨의 딸을 아내로 맞아서 우상 숭배에 물들게 되었다. 하나님은 아버지와 달리 우상을 숭배하는 여호람을 블레셋과 아라비아의 침략을 받게 함으로써 징계하셨다.

엘리야는 북왕국에 살고 있으면서도 편지를 보내 남왕국의 왕 여호람에게 경고의 메시지를 보낸 적이 있지만, 그의 제자 엘리사는 서민 속에 묻혀 살면서 민중들에게 하나님의 긍휼과 자비를 베풀며 가르쳤다.

하루는 가난한 여인이 엘리사를 찾아왔다. 예언자 교육을 받던 생도의 아내였는데, 가난 속에서 두 아들을 양육하는 홀어머니였다.

"제 힘으로는 어찌할 도리가 없어 이렇게 도움을 청하러 왔습니다."

여인이 힘겹게 입을 열어 호소했다.

"제가 빚을 갚지 못하니까 채권자가 찾아와서 저의 두 아들을 데려가 종으로 삼으려 합니다. 저희를 도와주십시오."

절박한 나머지 죽은 남편의 스승을 찾아온 과부의 뺨에 두 줄기 눈물이 흘러내렸다.

"내가 어떻게 하면 당신을 도울 수 있겠소?"

엘리사는 잠시 입을 다물었다가 다시 물었다.

"집에 갖고 있는 게 뭔지 말해 보시오."

여인은 얼굴을 들지 못한 채 간신히 대답했다.

"집에 있는 거라고는 기름 한 병이 전부입니다."

그러자 엘리사가 고무된 듯 말했다.

"그렇다면, 지체하지 말고 동네 모든 집들을 두루 다니며 빈 그릇을 빌려 오시오. 되도록 많이. 그런 다음 문을 닫고 두 아들과 함께 그 빌려 온 빈 그릇에 집에 있는 기름을 부으시오. 가득 차면 옮겨 놓고 다른 빈 그릇에 부으시오. 빌려온 빈 그릇이 다 차도록 계속하시오."

여인은 하나님의 예언자를 믿었다. 예언자를 믿는다는 것은 곧 하나님을 믿는다는 뜻이다. 여인은 즉시 집으로 돌아가 예언자가 시키는 대로 했다. 우선 많은 빈 그릇을 빌려 왔고, 아무도 들어오지 못하게 문을 잠그고, 집에 있던 한 병의 기름을 그 빈 그릇들에 부었다. 한 병의 기름이 다른 빈 그릇을 차례로 가득 채워 나갔지만, 애초의 기름병에는 여전히 기름이 남아 있었다. 마치 기름병에서 기름이 샘솟아 나오기라도 하듯이.

"빈 그릇이 없습니다, 어머니."

두 아들의 소리에 여인은 감격하여 다시 엘리사에게 달려갔다. 결과를 들은 엘리사가 말했다.

"그 기름을 팔아 빚을 갚으시오. 남는 돈은 생활비로 쓰도록 하시오."

부자 여인과 엘리사 왕하 4:8–37

엘리사는 엘리야가 그랬던 것처럼 종종 갈멜 산에 올랐다. 그 길목에 위치한 성읍 수넴에는 부유한 귀부인이 살고 있었다. 여인은 하나님의 사람 엘리사를 위하여 종종 식사를 대접하곤 했다.

어느 날, 그 여인이 남편에게 제안했다.

"여보, 우리 집에 자주 들르시는 예언자를 위하여 옥상에 조그마한 방을 하나 들입시다. 침대와 식탁과 의자와 촛대 등을 갖추어 놓도록 합시다. 그분이 우리 집에 들르면 거기서 쉬어 가실 수 있도록 말이에요."

여인의 집에 방이 마련된 후 엘리사는 그곳을 지나갈 때마다 자고 가게 되었다. 어느 날 침상에 누워 쉬고 있던 엘리사가 무슨 생각을 했는지 종 게하시에게 주인 여자를 불러오라고 했다. 잠시 후 주인 여자가 문 앞에 왔다.

"이렇게 여러 모로 친절을 베풀어 주어서 늘 고맙게 생각하고 있습니다. 나도 보답을 하고 싶은데, 내가 왕이나 군대장관에게 개인적인 부탁을 할 만하니 부인께서 필요하시다면 말씀하십시오."

여인은 눈인사로 고마움을 표하며 말했다.

"감사합니다만 별로 부탁드릴 게 없습니다."

여인은 겸손하게 인사를 남기고 물러갔다.

엘리사가 다시 종을 불러 물었다.

"게하시야, 부인을 위하여 무엇을 해주는 게 좋겠느냐?"

"제 생각에…, 부인께는 아들이 없습니다. 남편은 늙었구요."

엘리사는 비로소 무언가 보답할 수 있다는 기쁨으로 다시 종을 보내 부인을 올라오라고 했다. 부인이 문 밖에 이르자 엘리사가 시원스럽게 말했다.

"부인, 내년 이맘때쯤이면 부인께서 아들을 안게 될 것이오."

부인이 즉시 반응했다.

"저를 속이지 마십시오. 제가 아들을 낳다니요."

아브라함 부부가 100세와 90세에 아들을 낳았다고는 하지만, 여인은 자신과 남편이 이미 자식을 낳을 수 없을 만큼 늙었다는 사실을 익히 알고 있었다. 그러나 마음은 한없이 기뻤다. 정말 아들을 낳기만 한다면 그들 부부에게 그보다 더 큰 경사가 어디 있겠는가.

하지만 여인은 얼마 안 가서 자신의 몸에 태기가 생긴 것을 알게 되었다. 그녀의 기쁨은 형언할 길이 없었다.

엘리사의 말대로 1년이 되자 아들이 태어났다. 무럭무럭 자라나는 아들을 바라보는 부모의 마음은 그야말로 행복이었다. 그런데 갑작스럽게, 실로 예측하지 못했던 불행이 부인의 가정에 엄습해 왔다. 아이가 대여섯 살 된 추수 때였다.

아이는 추수하러 가는 아버지를 따라 들로 나갔다. 그날따라 몹시 더웠다. 건조한 태양이 보리밭을 불사를 만큼 강렬하게 내려쪼였다. 한낮쯤 되었을 때 갑자기 아이가 머리를 움켜쥐며 신음소리를 토했다.

"아버지, 머리가, 머리가, 어지러워요."

놀란 아버지가 하인에게 소리쳤다.

"아이를 업고 속히 집으로 돌아가거라."

하인이 아이를 업고 엄마에게 달려갔다. 엄마는 아이를 그늘에 눕히고 시원한 물로 머리를 적셔 주었으나 아이는 한낮이 지날 무렵 죽고 말았다. 이런 비통을 그녀는 경험한 적이 없었다. 통곡할 겨를조차 없었다. 부인은 죽은 아들을 엘리사를 위해 만든 방으로 옮겨 침상에 눕힌 다음 곧장 밭으로 달려 나갔다.

"여보, 나귀와 종을 내게 주세요. 급히 엘리사 예언자에게 갔다 오겠어요."

남편은 뜻밖의 요구를 이해할 수 없었다.

"무슨 일이오? 오늘은 예배 드리는 날도 아닌데 왜 갑작스레 그 먼 길을 갔다 오려는 거요?"

"아무 일 없으니 걱정하지 마세요. 급히 다녀올게요."

여인은 안장 얹은 나귀에 올라타자 종을 다그쳤다.

"빨리 서둘러라. 내가 말하기 전까지는 나귀를 멈추지 말고 달리도록 하여라."

엘리사가 머물고 있는 갈멜 산까지는 백리 길이었다. 나귀는 땡볕 내려쪼이는 들길을 먼지를 일으키며 달려갔다. 여인은 절망하지 않았다. 생리적으로 낳을 수 없는 아들을 낳게 하신 이가 하나님의 예언자이니 이 아들은 하나님의 특별하신 선물이 아닌가. 그렇다면 이렇게 허무하게 죽도록 방치하지 않을 것이다. 반드시 살려 낼 것이다. 그녀의 마음에는 하나님의 사람 엘리사 예언자를 만나면 된다는 믿음뿐이었다.

멀리서 부인이 오는 모습을 바라본 엘리사는 게하시를 보내 집안이 두루

평안한지 문안을 전했다. 여인은 급히 엘리사를 만나야 하기 때문에 모두 평안하다고 대꾸해 주고 엘리사가 머무는 집으로 종종걸음으로 들어가 그의 발 아래 엎드리며 엘리사의 발을 끌어안고 통곡했다. 그녀의 무례한 행동을 보다 못한 게하시가 냉큼 여인을 물리치려 했다.

"가만 두어라. 마음이 괴로운 모양인데 하나님께서 나에게 알려주지 않으셨구나."

여인이 흐느끼며 말했다.

"제가 언제 아들을 달라고 부탁했습니까?"

엘리사는 설명을 듣지 않고도 그 아들이 죽었음을 알아차렸다.

"게하시야, 내 지팡이를 들고 속히 아이에게 달려가라. 가다가 누굴 만나더라도 말을 하지 말고 달려가서 아이의 얼굴에 내 지팡이를 놓아라."

게하시가 허리를 질끈 동여 매고 지팡이를 들고 달려갔으나 여인은 한 발짝도 물러날 기미를 보이지 않았다.

"저는 결코 예언자님을 떠나지 않겠습니다."

예언자와 함께 집으로 가겠다는 강한 의지였다. 엘리사는 하는 수 없이 여인과 함께 길을 떠났다. 먼저 간 게하시가 엘리사의 지시대로 지팡이를 아이의 얼굴에 올려놓았으나 아이는 요지부동이었다. 뒤따라 온 엘리사가 방으로 들어가 문을 잠그고 먼저 하나님께 기도한 후 죽은 아이 위에 엎드려 자기 입을 아이의 입에, 자기 눈을 아이의 눈에, 두 손을 아이의 손 위에 포개었다. 그러자 죽은 아이의 차가운 몸이 조금 따뜻해지기 시작했다.

엘리사는 잠시 방 안을 거닐다가 재차 아이 위로 올라가 엎드려서 먼저처럼 반복했다. 그러자 죽은 아이가 일곱 번 재채기를 하더니 눈을 떴다.

"게하시야, 부인을 올라오라고 하여라."

잠시 후 방으로 들어온 부인은 죽은 아들이 건강한 모습으로 침상에 누워 있는 것을 보았다. 여인은 엘리사의 발 앞에 엎드려 감사하고 다시 살아난 아들을 품에 안았다.

치유받은 나아만과 징벌받은 게하시

나병에서 치유된 아람의 총사령관 왕하 5:1-19

이스라엘 북동부 지역에 자리잡은 아람은 이스라엘을 여러 차례 공격해 왔었다. 아합 왕이 죽은 것도 아람과의 전쟁 중에 일어난 일이다. 아람의 총사령관인 나아만 장군은 혁혁한 무공으로 큰 승리를 거둔 적이 여러 번이어서 벤하닷 왕의 총애를 한몸에 받았다.

그런 나아만 장군에게 큰 불행이 닥쳤다. 종종 하늘이 내린 벌이라고 알려진 한센씨병, 곧 나병에 걸린 것이다. 시간이 흐를수록 피부가 문드러져 나가서 사랑하는 가족들조차 그를 은근히 기피하게 되자 그는 죽고 싶은 마음뿐이었다.

아람의 병사들이 떼를 지어 이스라엘의 국경지대 성읍을 약탈한 적이 있었다. 이런 비열한 약탈 행위가 국경 가까운 곳에서 심심찮게 일어났는데, 한 번은 이스라엘의 소녀 하나가 납치되어 왔다. 그는 나아만 장군의 부인을 시중드는 하녀가 되었다.

이스라엘 하녀는 주인의 몹쓸 병을 보면서 마음이 안타까웠다. 보다 못한 그는 어느 날 주모에게 지나가는 말로 가볍게 입을 열었다.

"주인님이 사마리아에 계신 하나님의 예언자를 만나시면 병을 고치실 텐데요."

계집종에 불과한 그녀의 가벼운 말은 그러나 엄청난 반향을 불러일으켰다.

아직 그 누구도 나병에 걸렸다가 치료된 사람이 있다는 말을 들어본 적 없는 데다가, 증세가 매우 심각해져 가는 주인 어른의 치료 문제라서 흘려들을 소리가 아니었다.

"하나님의 예언자가 누구냐?"

주모로부터 그 소식을 들은 마님이 하녀를 불러 꼬치꼬치 따져 물었고, 그 정보는 즉시 나아만 장군에게 보고되었다. 장군은 부푼 가슴으로 왕궁에 들어가 왕에게 보고했다. 왕궁이 들썩거릴 지경으로 엄청난 파장이 일어났다.

"장군, 지체할 것 없이 속히 사마리아로 가시오. 내가 이스라엘의 요람 왕에게 친서를 써 줄 테니 충분한 선물을 준비해서 떠나시오. 장군이 치료되기만 하면 이는 우리 나라의 경사요."

나아만은 왕의 친서를 들고 많은 군인들이 대오를 이루어 호위하는 가운데 사마리아를 향해 길을 떠났다. 그는 훌륭한 말들이 끄는 호화로운 수레에 올라탔고, 뒤에는 귀금속 등 고가품의 선물이 가득 실린 수레가 따랐다. 나아만 일행은 일단 사마리아의 왕궁으로 들어갔다. 엘리사가 있는 곳을 모를 뿐만 아니라 왕에게 전달할 아람 왕의 친서가 있기 때문이다.

북왕국의 요람 왕은 아람의 나아만 장군이 벤하닷 왕의 친서를 갖고 왔다는 보고에 가슴이 내려앉았다. 무슨 트집이라도 잡아서 침공할 빌미를 삼으려는 게 아닐까 하는 의구심이 생겼기 때문이다. 누구보다도 아람의 호전성을 잘 알고 있으니 그럴 만도 했다.

과연 친서 내용은 생트집을 잡기 위한 핑계거리처럼 보였다. 요지는 이렇다.

'내 신하 나아만을 요람 왕에게 보내니 그의 나병을 고쳐서 보내주기 바라오.'

요람은 엘리사에 대해 제대로 된 정보를 갖고 있지 않았다. 아합 왕 때부터 우상을 숭배해 오는 나라였으므로 하나님이나 그의 예언자에 대해서는 무관심을 넘어 지극히 배타적이었기 때문이다.

왕은 깊은 고민에 빠져 괴로워했다. 무슨 재주로 나병을 고쳐서 보낸단 말인가. 이는 분명 전쟁을 일으키려는 트집 잡기일 것이다.

왕의 고민은 나라 안에 퍼져 나갔다. 아람의 장군이 많은 군대를 거느리고 오더니 심각한 위기가 오는 모양이라고 백성들도 불안해졌다. 엘리사도 그 소식을 듣고 왕에게 사람을 보냈다.

'왕께서는 걱정하지 마시고 아람의 나아만 장군을 저에게 보내십시오. 그러면 그가 이스라엘에 하나님의 예언자가 있음을 알게 될 것입니다.'

왕은 구세주를 만난 기쁨으로 지체 없이 나아만을 엘리사에게 보냈다. 위엄 있고 웅장하고 멋진 나아만의 행렬이 드디어 엘리사의 집 앞에 이르렀다. 그러나 이런 무례가 어디 있단 말인가. 엘리사도 그 누구도 문 앞에 나와 영접하는 자가 없었다. 나아만은 모욕감으로 얼굴이 붉어졌고, 마음은 분노로 채워졌다. 잠시 후 집 안에서 심부름 나온 사람이 엘리사의 말을 전했다.

"장군께서는 요단 강에 들어가 일곱 번 몸을 씻으시랍니다. 그러면 몸이 전과 같이 깨끗하게 된다고 하십니다."

나아만은 참을 수가 없었다. 아람 왕국의 지체 높은 총사령관이며 일등공신이며 부유한 귀족인 그는 지금껏 이런 푸대접을 받은 적이 없었다. 그는 모욕감을 참을 수 없어 화를 벌컥 냈다.

"돌아가자. 예언자가 직접 나와서 나를 맞아서, 하나님의 이름을 부르며 병든 자리를 어루만져 고쳐 줄 거라 생각했는데 기껏 요단 강물에 들락거리라니…. 강물에 씻어서 낫는다면, 요단 강보다 훨씬 크고 깨끗한 우리 나라의 강물에 씻는 것이 더 나을 것 아닌가."

잠시도 지체하고 싶지 않은 나아만은 행렬을 돌리도록 명령했다. 오던 길로 돌아서는 모습에 나아만을 존경하고 사랑하는 부하들과 종들은 안타까운 마음을 금할 길이 없었다.

"장군님, 예언자께서 그보다 더한 일을 하라고 해도 하셔야 합니다. 요단 강물에 씻기만 하면 몸이 깨끗해진다는데 못할 게 뭐가 있습니까. 하라는 대로 하셔서 치료되기를 원합니다."

"예 주인님, 몸만 깨끗하게 된다면 그보다 더한 일도 하셔야 됩니다."

부하들과 종들이 이구동성으로 거듭 호소하자 나아만도 마음이 누그러졌다. 나아만은 마침내 요단 강으로 방향으로 돌리라고 명령하기에 이르렀다. 먼 타국까지 왔다가 화가 나서 그냥 돌아간다는 것은 어리석은 짓이었다. 그대로 두면 이 천형의 병으로 죽을 터이니, 굴욕이건 수치건 다 접어두고 몸을 위해 하라는 대로 해보는 게 현명하다는 판단이 섰기 때문이다.

행렬이 요단 강에 이르자 나아만은 작심하고 옷을 벗었다. 그는 부하들의 부축을 받으며 요단 강 물속으로 들어갔다. 깊지 않은 물속에 들어선 그는 예언자의 말대로 일곱 번을 물속으로 잠기면서 몸을 씻었다.

일곱 번의 어린아이 장난 같은 몸 씻기를 마치고 물에서 올라온 나아만과 그의 많은 부하들은 동시에 탄성을 터뜨렸다. 피부가 썩어 들어가면서 보기 흉하게 희끗거렸는데, 그 몸이 마치 어린아이의 깨끗한 피부처럼 변해 있는 것이 아닌가.

이스라엘에 오기까지 하나님에 대해 들어서 알고 있는 나아만은 비로소 주야말로 참된 하나님이심을 깨달았다. 그는 다시 엘리사의 집으로 행렬을 돌렸다.

"하나님의 예언자여, 저는 이 세상에 이스라엘의 하나님 외에는 다른 신이 없다는 것을 알았습니다. 청컨대 제가 드리는 선물을 받아 주십시오."

엘리사는 거절했다. 그의 병을 고친 것은 자기가 아니라 하나님이시기 때문이다. 나아만이 자기 병을 고치신 분이 하나님이라는 사실을 확실히 알면 그것으로 족하다는 생각이어서, 엘리사는 나아만의 호의를 끝내 고사했다.

"그렇다면 노새 두 마리에 실을 흙을 주십시오. 그것으로 단을 쌓고 이제부터 오직 주 하나님께만 제사를 올리겠습니다. 한 가지 용서를 바라는 것은, 우리 왕께서 림몬 신을 섬기기 때문에 저도 할 수 없이 림몬에게 절을 해야 한다는 것입니다. 이제부터는 림몬에게 절을 하더라도 제 마음속으로는 오직 주만이 하나님이심을 믿겠습니다."

그들은 긴 대화를 나누고 작별인사를 했다.

문둥이가 된 엘리사의 종 왕하 5:20–27

엘리사의 종 게하시는 주인이 귀한 선물을 거절하는 것이 마음 아팠다. 금이 6천 개에 은이 10달란트(약 340kg), 당시로서는 최고급 의복인 비단옷이 10벌이나 되지 않던가. 참으로 엄청난 거액이다. 그 일부만이라도 내 것으로 만들 수 있다면 나의 남은 생애를 걱정하지 않아도 될 것이다.

생각이 이에 미치자 게하시는 냉큼 일어나 나아만 장군의 행렬을 급히 뒤좇아갔다. 나아만은 행진을 멈추게 하고 그를 기다렸다. 분명 엘리사가 보냈다고 생각되어서였다. 나아만이 수레에서 내려 그를 기다렸다.

"어쩐 일이냐?"

"예언자께서 보내셔서 왔습니다."

"무엇이냐. 어서 말해 보아라."

게하시는 능청스럽게 거짓말을 시작했다.

"방금 에브라임 산지에서 예언자 수련생 두 명이 찾아왔습니다. 그들에게 필요한 은 한 달란트와 옷 두 벌을 주셨으면 합니다."

나아만이 기뻐서 말했다.

“두 사람이라면 두 달란트를 가져가라.”

나아만은 은 두 달란트와 비단옷 두 벌을 게하시에게 주었다. 그는 부하 두 명에게 은 두 달란트를 두 개의 자루에 나누어 담아서 메어다 주게 했다.

게하시는 언덕에 이르자 나아만의 부하들을 돌려보내고, 선물을 감추어 놓은 다음 태연하게 엘리사에게 돌아갔다.

“게하시야, 어딜 갔다 오느냐?”

게하시는 뜨끔했으나 뻔뻔스럽게 대답했다.

“아무데도 안 갔습니다.”

“나아만이 수레에서 내려 너를 맞을 때 너의 마음을 다 알아차리고 있었다. 어찌 은과 옷을 받았느냐? 나아만의 병이 너에게로 옮아 너의 자손 대대로 그 병을 앓을 것이다.”

준엄한 징계가 떨어졌다. 게하시는 놀랍고 두려워 밖으로 물러났다. 그 순간 그는 자기 몸이 나병으로 덮여 있는 사실을 확인할 수 있었다.

엘리사의 활약과 아람 군대의 패퇴

나라를 위기에서 구한 엘리사 왕하 6:8-23

아람의 벤하닷 왕이 이스라엘을 침공했다. 아합 왕 시절에 두 차례나 침공했다가 참패한 아람은 이스라엘의 선제공격으로 시작된 세 번째 전투에서 병사의 전투복으로 위장한 아합 왕을 죽임으로써 승리를 거두었다. 그 후 오랫동안 두 나라 사이에는 전쟁이 없었는데, 이제 또다시 침략해 온 것이다.

아람 왕 벤하닷은 이번 침공에서 이스라엘을 완전히 쓰러뜨려 지배하고자 치밀한 전략을 수립하고 전선으로 나갔다. 두 차례의 침공 중 한 번은 산에서, 다음에는 골짜기에서 싸우다가 패한 경험이 있기 때문에, 이번에는 주도면밀한 매복 작전을 펼쳐서 기선을 제압한다는 전략을 세웠다.

아람 군대는 이스라엘 군대가 이동하는 장소를 골라 은밀하게 병력을 매복시켰다. 그런데 어찌된 일인가. 이스라엘 군사들은 번번이 아람 군대가 매복한 길목을 피해 가는 것이었다.

"우리의 작전 정보를 미리 이스라엘 군에게 넘겨주는 첩자가 내부에 있음이 분명하지 않은가?"

벤하닷이 으르렁거렸다. 그는 신복들을 모아 놓고 방법을 모색키로 했다.

"우리 군대 안에 간첩이 있음이 분명하다. 그자를 색출해 내라."

그러나 간첩은 없었다. 작전은 실패를 거듭할 뿐이었다.

신복 중 하나가 왕에게 조심스럽게 말했다.

"폐하, 우리 중에는 반역자가 없습니다. 이스라엘에는 엘리사라는 예언자가 있는데, 그는 폐하께서 침실에서 속삭이는 말까지 다 알아서 이스라엘 왕에게 알려줍니다."

사실이라면 얼마나 심각한가. 왕은 잠시 생각에 잠겼다가 결심한 듯 명령했다.

"엘리사, 그자가 지금 어디에 있느냐? 당장 군사를 보내어 생포해 와라."

그가 도단에 있다는 사실이 알려지자 아람 왕은 즉시 병력을 그곳으로 보냈다. 엘리사를 제거하지 않고는 이길 수 없다는 판단 때문이었다.

야밤을 틈타 아람의 병력이 도단 성을 포위했다. 아침 일찍 일어나 밖으로 나간 엘리사의 시종은 이상한 분위기에 긴장하며 주변을 살펴보다가 성 위로 올라갔다. 그리고는 소스라치게 놀랐다. 적군의 기병과 전차와 많은 병력이 포위하고 있는 것을 보았기 때문이다.

"큰일났습니다. 이를 어찌하면 좋습니까?"

시종이 엘리사에게 뛰어들며 다급하게 포위상태를 알렸다.

"두려워할 것 없다. 적군보다 우리 편이 더 많다."

그러나 시종은 그 말뜻을 이해할 수 없었다. 엘리사는 즉시 기도를 시작했다.

"주여, 원컨대 저 시종의 눈을 열어서 보게 하소서."

그러자 시종의 눈이 뜨였다. 하늘에서 내려온 불전차와 불말이 산에 가득했다. 엘리사를 지켜주기 위한 천사 부대였다.

아람 군대가 엘리사의 집으로 접근해 오자 엘리사는 그들 모두의 눈을 멀게 만들어 달라고 하나님께 기도했다. 다음 순간 아람 군사들은 눈이 멀어 허둥거렸다. 엘리사가 그들에게 말했다.

"길을 잘못 들었구려. 여기는 당신들이 찾는 곳이 아니오. 나를 따라오면 당신들이 찾는 곳으로 데려다 주겠소."

엘리사의 친절한 말에 그들이 모두 따라나섰다. 엘리사는 사마리아 성 한복판으로 그들을 데리고 들어간 후 다시 기도했다.

"주여, 이제 그들의 눈을 다시 열어 주소서."

그러자 그들은 자신들이 사마리아 도성의 한가운데 와 있는 것을 알고는 놀라지 않을 수 없었다.

요람 왕은 화살 하나 쓰지 않고 많은 적군을 사로잡은 기쁨으로 날아갈 듯한 기분이었다.

"엘리사, 이들을 모두 죽여야겠지요? 우리를 침략한 자들이니…."

왕의 물음에 엘리사가 침착하게 대답했다.

"아닙니다. 죽이지 마십시오. 그들에게 음식과 물을 주어서 먹고 마시게 한 다음 그들의 왕에게 돌려보내십시오."

왕은 그 말에 순순히 따랐다.

사마리아의 참상 왕하 6:24–7:2

아람과 이스라엘 사이에는 그 후 한동안 전쟁이 없었다. 그러나 벤하닷 왕은 이스라엘을 완전 정복하겠다는 야심을 포기한 적이 없었다. 몇 년이 지난 후 벤하닷은 또다시 군대를 총동원하여 이스라엘 공격에 나섰다.

아람 군대는 기습적으로 이스라엘로 진격하여 사마리아 성을 전격 포위했다. 도성을 포위한 상태에서 버티기만 하면 피 흘리지 않고 이길 수 있다는 계산이었다. 외부와 완전 차단시키자 성읍 안의 식량난이 심각해졌다.

먹을 수 있는 가축은 모두 잡아 먹었고, 율법으로 금하고 있는 나귀 고기도 없어서 못 먹는 판이었다. 먹을 것도 별로 없는 나귀 머리 하나가 장정 한 사람이 320일을 쉬지 않고 일해야 벌 수 있는 은화 80세겔에 거래되었다. '비둘기 똥'이라 불리는 들콩 반 되 값이 은 5세겔이나 했다.

어느 날 요람 왕이 신하들과 함께 성벽 위를 순찰했다. 굶주림으로 죽어가는 백성들의 파리한 얼굴과 절망에 빠진 눈동자가 왕을 향해 두려움과 원망을 쏟아내고 있었다.

비탄에 젖은 왕 앞에 한 여인이 소리치며 달려왔다.

"억울합니다. 도와주십시오."

"무슨 일이냐?"

신하가 가로막으며 물었다. 여인은 다른 여인을 가리키며 말했다.

"이웃에 사는 저 여자가 오늘은 네 아들을 삶아 먹고 내일은 내 아들을 삶아 먹자고 해서 제 아들을 삶아 먹었습니다. 그런데 저 여자는 자기 아이를 삶아 먹자니까 숨겨두고 내주지를 않습니다. 제 아들은 이미 삶아서 같이 먹었습니다."

왕은 자기 옷을 찢으며 슬퍼했다. 왕은 누구보다 엘리사가 원망스러웠다. 아람의 침입을 번번이 이기도록 한 엘리사가 이번에는 꿈쩍도 안하고 있지 않은가. 지난 번 사마리아 성 안까지 들어온 아람 군대를 그냥 돌려보내자고 한 것도 새삼 괘씸하게 여겨졌다. 아람의 총사령관 나아만 장군의 나병을 고쳐 준 것도 엘리사가 아닌가. 그렇다면 그가 아람 편이란 말인가. 그렇지는 않더라도 이 지경에 빠졌는데도 그는 왜 이렇게 잠잠한가.

"엘리사를 죽여 없애라."

왕은 참다 못해 분노에 찬 소리로 명령했다.

왕이 보낸 사자가 엘리사의 집으로 향하고 있을 때, 엘리사는 장로들과 자기 집에 머물고 있었다.

"나를 잡으러 왕의 사자가 오고 있소. 문을 안으로 잠그고 열어 주지 마시오."

이내 왕의 사자가 도착했다. 그러나 문이 굳게 잠겨 있었다. 뒤이어 왕이 직접 엘리사의 집으로 왔다. 엘리사는 문을 열지 않을 채 왕에게 말했다.

"하나님께서 말씀하시기를, 내일 이맘때는 사마리아 성문에서 상등품 밀가루 한 말이 1세겔에, 보리 두 말이 1세겔에 거래될 거라고 하셨습니다."

지금 성 안이 기아로 절규하고 있는데 어떻게 하루 사이에 식량이 헐값에 거래될 만큼 풍족해질 수 있단 말인가. 왕은 엘리사가 죽음을 모면하기 위해 터무니없는 거짓말을 했다고 생각했다. 그 마음을 간파한 듯 왕의 경호대장이 비웃는 소리를 했다.

"엘리사, 어떻게 그런 일이 있을 수 있겠소. 설사 하나님께서 하늘 창고를 활짝 열어도 그런 일은 생기지 않을 것이오."

엘리사가 지체 없이 대꾸했다.

"당신 눈으로 그 광경을 목격할 것이오. 그러나 그것을 먹지는 못할 것이오."

네 명의 나병환자 왕하 7:3-20

바로 그날, 네 명의 나병환자가 주린 배를 움켜쥐고 성문 앞에 앉아 있었다. 천형으로 몸은 더할 나위 없이 괴로웠고, 사랑하는 가족과 강제 격리되어 마음까지 의지할 데 없는 신세였다. 아람 군대의 포위로 성문을 드나드는 사람마저 끊겼으니, 이젠 주려 죽을 형편이었다.

"우린 왜 이렇게 앉아서 죽어야 하지? 성 안에 들어간다 해도 모두 굶어 죽을 형편이니 희망이 없고, 이렇게 가만히 앉아 있어도 굶어 죽을 게 분명하잖은가. 이래도 죽고 저래도 죽을 바에야 차라리 아람 군대의 진지로 들어가 항복하자. 그들이 우리를 살려준다면 다행이고, 죽이면 죽는 거다."

그들은 황혼 무렵에 적군 진지를 향해 길을 떠났다. 그리 멀지 않은 거리여서 어둠이 덮이기 전에 적군 진지에 도착했다. 그런데 참으로 이상한 일이었다. 네 명이 접근하는데도 그들에게서는 아무런 반응도 나타나지 않는 것이었다. 침묵 이상의 적막이 진지를 덮고 있었다.

그들은 천천히 진지 안으로 들어갔다. 이게 어찌된 일인가. 진지가 텅 비어 있는 것이었다. 이 천막 저 천막을 들추어 보았지만 모두 비어 있었다. 적군이라고는 단 한 명도 남아 있지 않았다. 그러나 그들의 모든 물건은 고스란히 남아 있었다. 저녁을 먹다가 도망친 듯 음식이 풍성하게 남아 있었다.

황혼 무렵, 아람 군사들이 이제 막 저녁식사를 하려고 할 때였다. 갑작스럽게 들려오는 지축을 흔들어대는 말발굽 소리와 함께 큰 군대가 진격해 오는 소리가 들려왔다. 병사들의 창과 칼과 방패가 서로 부딪치는 소리가 요란스러웠다. 수많은 적군이 기습 공격해 오고 있는 것이 틀림없었다.

"이건 분명 대군이 공격해오는 소리다! 이스라엘이 몇 나라에서 원군을 지원 받아 대규모로 기습 공격을 해오는 거야! 꾸물대면 다 죽을지도 모른다. 모두들 일단 몸만 빠져 나가라."

24시간이면 회복된다고 엘리사에게 말씀하신 하나님께서, 네 명의 나병환자가 다가오는 소리를 증폭시켜 대군의 소리로 들리게 한 것이었다.

나병환자들은 좋은 음식으로 배가 터지도록 먹은 후 천막들을 뒤져 귀금속들을 잔뜩 챙겼다. 이제 부자가 된 나병환자들은 잠시 다음 행동을 생각했다. 그때 한 나병환자가 말했다.

"우리만 배부르면 되는 거야? 성 안에서는 굶어 죽어가고 있는데. 우리들의 가족도 거기 있지 않은가?"

"그 생각을 못했군. 우리 모두 속히 성으로 달려가서 이 사실을 왕에게 알려야 해. 적군이 도망했다는 걸."

이미 짙은 어둠이 덮여 있었다. 그러나 그들은 불편한 몸을 잽싸게 움직여 굳게 잠긴 사마리아 성문 앞에 이르렀다.

"우리가 방금 아람 진영에 갔다 왔습니다."

나병환자가 성 안의 병사에게 소리쳤다.

"적군이 다 도망치고 없습니다. 천막들이 다 비어 있습니다. 장비들을 그냥 둔 채 모두 가버렸습니다. 우리 넷이 똑똑히 보았습니다."

나병환자들을 잘 아는 병사는 이상히 여기면서도 사안의 중대성을 감안하여 직속 대장에게 보고했고, 대장은 왕궁으로 달려가 전했고, 이내 왕에게 보고되었다.

"아람군이 계략을 꾸민 것이리라. 그자들은 우리가 굶주리고 있는 실상을 알고 있어. 우리가 성 밖으로 나가면 우리를 사로잡고 성을 점령할 것이다."

왕은 나병환자들의 보고를 믿지 않았다. 한 신하가 말했다.

"사실 여부를 직접 가서 확인해 보는 것이 좋을 듯싶습니다."

그 말에 왕은 곧 군사를 보내 확인하도록 조치했다. 다녀온 군사들은 나병환자들의 말이 사실임을 확인해 주었다. 아람 군대가 어찌나 황망하게 도망쳤는지, 그들의 많은 군사 장비와 무기들과 음식물이 지천이고, 병사들의 군복과 소지품들이 그대로 방치되어 있다는 것이다.

소문은 빠르게 성 안에 번졌다. 그러나 누구 하나 선뜻 성 밖으로 나가려 하지 않았다. 아무래도 믿어지지 않아서 함정일 수 있다고 생각했기 때문이다. 하지만 그런 망설임은 오래 가지 않았다. 몇몇이 성 밖으로 나갔고, 아람 진영으로 달려갔다. 사람들은 그 뒤를 무리 지어 달려갔다. 순식간에 성난 밀물을 방불케 했다. 넘어지고 다치고 비명 지르며 달려갔다. 아무래도 큰 사고가 날 조짐이었다. 왕은 급히 경호대장에게 명령하여, 성문에서 질서를 지키도록 했다. 그러나 한꺼번에 너무 많은 사람이 그야말로 결사적으로 몰려 나가다 보니 넘어져 밟혀 죽는 사람도 생겼다.

발 빠르게 아람의 진영까지 갔다 오는 사람들은 배불리 먹었을 뿐만 아니라 밀가루와 보릿자루 등을 가져와서 성문 밖에서 값을 불러 댔다.

"자, 보리 두 말에 한 세겔입니다!"

"고운 밀가루 한 말에 한 세겔이오!"

경호대장은 엘리사에게 들은 말이 사실로 나타나고 있는 현상을 지켜보며 어안이 벙벙하여 어찌할 바를 몰랐다. 그러는 사이에 그는 파도처럼 밀려 나가는 사람들에 의해 넘어지고 말았다. 헤아릴 수 없이 많은 발이 그를 밟고 지나갔다. 엘리사의 말대로, 그는 그 흔해진 먹거리를 전혀 먹지 못한 채 세상을 떠났다.

하사엘의 등장과 예후의 거사

신하에게 죽는 아람 왕 벤하닷 왕하 8:7–15

여러 해가 지난 후 엘리사는 아람의 왕도 다마스커스로 갔다. 벤하닷 왕은 늙고 병들어 누워 지내는 형편이었다.

그는 하나님의 사람 엘리사가 왔다는 보고를 받자 눈빛이 달라졌다. 여러 차례 이스라엘을 침공했으나 번번이 패했는데, 그 원인이 엘리사 때문임을 너무나 잘 알고 있었다. 또 군사령관 나아만의 나병이 깨끗이 나은 것도 이스라엘의 엘리사 덕분이었음을 생생하게 기억하고 있었다. 왕은 이스라엘의 하나님이 신들 중 최고라는 것도 이미 알고 있었지만 선조들로부터 전해져 오는 우상 숭배에서 벗어나지 못하고 있었다. 그렇더라도 엘리사가 왔다면 그의 하나님에게 자신이 죽을 것인지 살 것인지를 확실하게 알아볼 수 있으며, 나아만을 치료해 준 것처럼 나도 치료할 수 있다는 기대감이 있었다.

"하사엘, 선물을 갖고 가서 엘리사를 맞이하고, 그의 하나님께 내 병이 나을 수 있을지 여쭈어 봐 달라고 하여라."

왕은 엄청난 선물을 내주었다. 다마스커스의 명품들과 값진 보화 등을 낙타 40마리에 실어 주었다. 하사엘은 왕명을 받들어 엘리사를 영접하고 선물을 전했다. 그는 엘리사 앞에 공손하게 절을 한 다음 말했다.

"당신을 존경하는 우리 벤하닷 왕께서 병이 나을지 당신의 하나님께 여쭈어 달라고 하셨습니다."

엘리사가 지체 없이 대답했다.

"당신 왕에게 가서 전하시오. 그 병으로 죽지는 않는다고요."

다음 말이 이어졌다.

"하지만 왕은 반드시 죽을 것이오."

하사엘은 무슨 뜻인지 잘 분별되지 않아 아무 말도 하지 못했다. 그러는 사이 엘리사는 하사엘을 민망할 만큼 쏘아보더니 굵은 눈물을 흘렸다.

"아니, 예언자께서 왜 갑자기 우십니까?"

영문을 모르는 하사엘에게 엘리사가 침울한 목소리로 말했다.

"하사엘이라고 했소? 당신이 장차 이스라엘 백성에게 행할 악행을 내가 알고 있소. 당신은 사마리아 성에 불을 지르고, 장정들을 칼로 죽이고, 어린아이를 메어치고, 임신한 여인의 배를 가를 것이오."

"엘리사여, 말도 안 됩니다. 나는 보잘것없는 사람에 지나지 않습니다. 내가 어떻게 그런 일을 저지를 수 있단 말입니까?"

엘리사의 대답은 하사엘을 한결 놀라게 하고도 남았다.

"당신이 아람의 왕이 될 것이오. 하나님께서 내게 알려주셨소."

왕궁으로 돌아가는 하사엘은 한동안 어리둥절했으나 마음이 점차 복잡미묘하게 변화되어 갔다. 벤하닷은 죽을 것이며, 신하에 불과한 자신이 그 뒤를 이어 대국 아람의 왕이 된다니! 그는 현기증이 났다. 그러면서도 왕관을 쓴 자신의 모습이 떠올라 황홀해졌다. 왕이 된다니, 내가 천하를 호령하는 왕이 된다니!

하지만 벤하닷 왕이 지금의 중병으로 죽지 않지만 죽는다는 게 도대체 무슨 뜻일까? 어떻게, 언제 죽는다는 것일까. 왕궁에 도착하자 벤하닷이

침상에 누운 채 물었다.

"엘리사가 무어라고 하더냐?"

"예, 폐하. 정녕 나으시리라 했나이다."

벤하닷은 그 순간 밝은 표정으로 변했다. 하사엘은 그러나 반드시 죽는다는 말은 들려주지 않았다.

하사엘은 집으로 돌아가면서, 집에 도착해서도, 식사 중에도, 잠자리에 누워서도, 골똘히 생각에 잠겼다. 왕이 된 자신을 그려 보고, 벤하닷이 과연 언제 어떻게 죽을 것인가에 대한 생각뿐이었다.

'언제, 어떻게, 언제 어떻게, 왕이 죽을까. 여하튼 한시 빨리 죽었으면 좋겠군.'

그는 문득 왕의 침상까지 출입할 수 있는 자신의 손으로 그 늙고 병들어 기동조차 못하는 왕의 숨통을 끊어버리면 되지 않겠느냐는 생각이 스쳤다. 순간 온몸에 소름이 끼쳤다. 그러나 다음 순간, 그 병들고 늙은 왕을 해치우기란 식은죽 먹기라는 생각이 들었다. 비명도, 몸부림도 없이 죽을 것이다. 그는 반드시 죽는다고 했고, 내가 그 뒤를 이어 왕이 된다고 했으니, 그렇다면 그를 죽이기에 성공할 것이며, 왕이 되는 것도 확실하지 않은가.

'기다릴 게 뭐람. 내가 왕이 되는 일인데…."

하룻밤 잠을 설치고 다음날 일찍 일어난 하사엘은 차라리 침착해졌다. 왕궁으로 들어가는 모습에는 마치 왕이 된 듯 오만한 모습조차 엿보였다. 그러나 하나님 외에 누가 그 마음을 헤아릴 수 있을까.

왕의 침소로 들어간 하사엘은 왕이 마시는 물병의 물로 수건을 적셔 주검처럼 누워 있는 왕의 코와 입을 힘껏 틀어막았다. 늙고 병든 왕은 이렇다 할 저항도 못한 채 이내 숨을 거두었다.

아람의 새 왕이 된 하사엘은 엘리사가 예언한 그대로 고약한 군주가 되었다.

예언자가 기름 부은 예후 왕하 9:1–16

하루는 엘리사가 예언자 학교 생도 중에서 젊은 제자 한 명을 은밀히 불렀다.

“너는 지체하지 말고 이 기름병을 갖고 길르앗 라못으로 가거라. 거기 이스라엘 군대가 주둔해 있는데, 장군들 중에서 예후를 찾아서 이 기름을 머리에 부어라. 골방으로 데리고 들어가서 은밀하게 해야 한다. 그리고는 뒤도 돌아보지 말고 속히 그곳을 빠져나와라. 그가 이스라엘의 왕이 되리라.”

예후는 북왕국 이스라엘의 왕 요람의 신하이다. 기운도 넘치고 용기도 있고 과단성이 있는 예후 장군은 전에 아람 왕국에게 빼앗긴 길르앗 라못을 탈환한 후 아직 그곳에 주둔하고 있었다. 일찍이 이세벨의 남편 아합 왕이 길르앗 라못을 공격했다가 전사했고, 그의 후계자인 요람 왕이 유다의 왕 아하시야와 함께 재차 공격하여 성공한 후였다.

아합 왕의 시체를 이스라엘로 운구했을 때, 그 피를 씻은 연못의 물을 개들이 핥아먹었다는 이야기를 독자 여러분은 기억할 것이다. 하나님은 일찍이 아합과 이세벨은 물론 그 가족들까지 심판하실 것임을 예언자를 통하여 일러주었지만, 그의 아내 이세벨은 아직 살아 있었다. 나봇을 죽이고 그의 포도밭을 빼앗은 그 악랄한 여인에 대한 심판이 아직 이루어지고 있었는데, 하나님은 예후를 그 심판자로 선택하셨다.

엘리사의 제자는 즉시 길을 떠나 길르앗 라못으로 갔다. 그가 진영으로 찾아가 안내된 곳에는, 여러 명의 장군들이 함께 앉아 환담을 나누고 있었다.

“저는 예언자 엘리사의 제자인데 선생님의 심부름으로 장군님께 드릴 말씀이 있어 왔습니다.”

예후가 물었다.

“우리 모두에게 말이오? 아니면 어떤 장군에게요?”

“예후 장군님께 전할 말씀입니다.”

은밀성을 눈치 챈 듯 예후가 앞장서서 집 안으로 예언자를 안내했다. 예언자는 기름병을 꺼내며 말했다.

“이스라엘의 하나님께서 말씀하십니다. ‘이스라엘의 하나님 주께서 말씀하십니다. ‘내가 네게 기름을 부어 내 백성 이스라엘의 왕으로 삼는다. 너는 네가 섬기는 아합의 가문을 멸망시켜라. 그가 나의 예언자들과 종들의 피를 흘렸기

때문이다. 이세벨에게도 원수를 갚아 주려고 한다. 이세벨의 시체는 개들에게 뜯어먹힐 것이고, 그녀의 시체를 묻어 줄 사람이 없을 것이다.'"

하나님의 말씀을 전한 젊은 예언자는 예후의 머리에 기름을 부은 후 도망치듯 달아났다. 예후는 장군들과 함께 있던 천막으로 돌아왔다.

"장군, 그 젊은이가 장군에게 무슨 말을 하던가요? 예언자 엘리사가 보낸 건 맞습니까?"

"별거 아니오. 다 알게 될 테니 가만히들 계시구려."

예후의 대답에 궁금증이 증폭된 장군들이 너도나도 지금 얘기해 달라고 채근했다.

"우리가 엿듣지 않았으니 무슨 재주로 은밀하게 나눈 이야기를 알 수 있겠습니까. 장군, 그러지 말고 들려주시구려. 예언자 엘리사의 심부름이라면 필경 특별한 전갈이었을 것입니다. 그 위대한 예언자가 직접 오지 않은 것은 은밀한, 그러니까 중요한 하나님의 뜻을 전하기 위함일 것이라는 짐작이 듭니다만…"

예후는 용기와 대범성과 추진력을 갖춘 사람이었다. 그는 이쯤 되었으니 비밀로 할 내용이 아니라는 생각이 들었다. 자기를 따르며 신뢰하는 동지들인데다가 그들 모두가 악랄한 아합과 그 후계자 요람 왕을 미워하고 있었기 때문이다. 더구나 예언자의 말이 사실이라면 자신이 이스라엘의 왕이 되는 데에는 누구보다도 동지들의 도움이 절실했다. 예후는 비장하게 상기된 얼굴로 자리에서 일어나 결의에 찬 목소리로 말했다.

"하나님께서 예언자를 통하여 내 머리에 기름을 부으시면서 내가 이스라엘의 왕이 된다고 하셨습니다."

장군들은 한동안 어안이 벙벙한 듯 서로의 얼굴을 바라보았다. 엄청난 소식이었기 때문이다. 그러나 이내 한 장군이 힘차게 입을 열어 그들의 의중을 대변하듯 소리쳤다.

"드디어 때가 왔습니다. 하나님께서 장군님을 왕으로 세우시려고 기름을 부으셨으니 이제야 나라가 바로 서지 않겠습니까. 예후 장군님이 이스라엘의 왕이 되시다니, 이런 경사가 어디 또 있겠습니까!"

"예후 장군 만세!"

"예후 왕 만세!"

장군들이 흥분하여 소리쳤다. 이어 그들은 자기들의 옷을 벗어 예후의 앞에 펼쳐 깔았다. 예후를 왕으로 예우하는 행동이었다. 장군 한 명은 나팔수를 급히 불러 왕의 행차를 알리는 나팔을 불게 했다.

“여러분, 조용히 하시오. 사마리아 왕궁에서 이 소식을 알면 무슨 일이 일어날지 여러분은 이미 알 것이오. 나팔소리를 멈추고, 목소리를 낮추시오. 성문을 모두 잠그고 한 사람도 출입하지 못하도록 엄히 단속하시오.”

아합이 사돈 사이인 유다 왕 여호사밧과 길르앗 라못을 탈환하러 갔다가 전사한 적이 있는데, 요람이 왕이 된 후 또다시 유다 왕 아하시야와 두 번째로 길르앗 라못을 공격하여 아람 군대와 싸우다가 부상을 당하여 이스르엘로 치료차 가 있는 상황이다. 그런데 요람 왕의 신하인 장군들이 전선에서 반역을 일으켰다는 정보가 흘러 나간다면 그 반역에 대한 보응은 죽음이 아니고 무엇이겠는가.

“여러분, 정보가 새기 전에 결행합시다. 지금 당장 군대를 지휘하여 요람 왕이 있는 이스르엘 성으로 진격합시다. 속전속결이 아니면 성공하기 어렵소.”

“그러나 장군님, 하나님께서 예언자를 통하여 장군님께서 이스라엘의 왕이 된다고 기름을 부으셨으니 왕이 되십니다. 실패란 있을 수 없지 않겠습니까.”

한 장군의 말에 다른 장군이 맞장구를 쳤다.

“그렇습니다. 하나님께서 세우신 왕인데 실패란 있을 수 없습니다. 꾸물거릴 이유가 없습니다. 가급적 빨리 행동에 옮깁시다.”

“좋소. 왕이 있는 이스르엘 평야의 성으로 지금 진격합시다.”

드디어 예후가 명령을 내렸다. 그는 앞장서서 말을 달렸다. 장군들과 부하들이 일제히 그 뒤를 따랐다.

그 시각, 이스르엘의 왕궁에서는 부상 당한 요람 왕이 침상에 누워 치료를 받고 있었다. 곁에는 그와 함께 길르앗 라못까지 갔다가 돌아온 남왕국 유다의 왕 아하시야가 있었다. 아하시야의 어머니가 아합의 딸이기에 그토록 가깝게 지내는 두 왕이었다.

아합 가문의 몰락과 예후의 숙청

예후 왕조의 탄생과 아합 가문의 비참한 최후 왕하 9:17-28 ; 대하 22:6-9

이스르엘 성벽 망대에는 밤낮을 가리지 않고 파수꾼이 서 있었다. 그날도 사방을 두루 살피던 파수꾼의 시야에 멀리서 먼지가 일고 있는 것이 보였다. 먼지의 움직임으로 보아 숫자가 적지 않은 것이 분명했다. 먼지를 일으키는 대열의 속도가 빠른 것으로 미루어 보아 말을 타고 오는 군대의 이동이 틀림없었다. 파수꾼은 즉시 성문 수비대장에게 보고했다. 대장은 망대로 올라가 사실을 확인한 후 왕궁에 보고했다.

"한 무리의 군사들이 달려오고 있습니다. 적군은 아닌 듯합니다."

"그렇다면 우리 병사들이란 말이냐? 어디서 오는 누구인지 알아보도록 하라. 전령을 보내서 무슨 일인지 자세히 알아 오라."

왕명에 따라 전령이 말을 달려 예후에게 달려 나갔다.

"장군님, 예고도 없이 갑작스레 오시니 무슨 일이십니까?"

예후가 대답했다.

"무슨 일이든 그게 너와 무슨 상관이냐? 너도 내 뒤를 따르라."

한편 망대에서 전령을 기다리던 수비대장은 전령이 돌아오지 않자 다시 왕에게 보고했고, 왕은 똑같은 명령을 내렸다. 다른 전령을 말을 태워 급히 보내라는 것이었다. 그 전령도 예후에게 똑같은 질문을 던졌다.

"임금님께서 말씀하시기를, 웬일로 오는 사람들이냐고 물으셨습니다."

예후가 대답했다.

“무슨 일이건 네가 알 바 아니다. 너도 내 뒤를 따르라.”

위엄 있는 장군의 명령에 전령은 다시 묻지 못하고 대열의 말미로 들어갔다. 두 번째 전령도 돌아오지 않자 망대에서는 긴장했다. 수비대장은 한 무리의 군사들이 누구인지 긴장하며 살피다가 그들이 갑자기 속력을 내어 달려오기 시작하자 황망히 왕궁으로 달려갔다.

“폐하, 전령들이 가기만 하면 돌아오지 않습니다. 아무래도 군사의 무리는 길르앗 라못에 주둔해 있는 예후 장군과 그 부하들인 것 같습니다. 그들이 맹렬한 기세로 달려오고 있습니다.”

부상으로 누워 있던 왕은 몸을 일으키며 말했다.

“예후? 그가 전선에서 달려온다면 매우 위급한 상황이 생긴 게 아니겠느냐?”

요람 왕은 불길한 예감이 스쳤다. 아람 군대의 거센 반격이 시작되었거나 다른 나라가 그들의 연합군으로 가세하여 공격해 오는 상황을 예상한 것이다.

“내가 나가겠다. 행차를 준비하라. 아하시야 왕의 전차도 준비하라.”

이스라엘의 요람 왕과 유다의 아하시야 왕은 곧 두 대의 전차를 타고 성 밖으로 달려 나갔다. 호위하는 군사들이 뒤를 따랐다. 그들이 성문을 벗어나 전에 아합의 아내 이세벨이 나봇을 죽이고 빼앗은 포도원에 이르렀을 때, 예후가 이끄는 군사들과 만났다.

“예후 장군, 무슨 일이오? 전선은 평안합니까?”

그러자 예후가 위풍당당하게 일갈했다.

“그대의 어머니 이세벨이 우상을 섬기며 온갖 사술에 빠져 있는데 어떻게 이 나라 일이 잘 되어 갈 수 있겠소?”

요람은 신하의 불손하기 그지없는 태도에서 즉각 반역이 일어났음을 깨달았다. 요람은 전차를 돌려 도망치면서 유다 왕 아하시야에게 외쳤다.

"아하시야 왕, 반란이 일어났소!"

그러나 요람은 도망칠 수가 없었다. 예후가 잽싸게 시위를 당겨 요람 왕을 쏘았다. 화살은 그의 염통을 꿰뚫었다. 요람은 자기의 전차에 피를 쏟으며 쓰러졌다.

"요람의 시체를 나봇의 포도밭에 던져라. 요람의 아비 아합이 왕으로 있을 때 하나님께서 억울하게 죽임 당한 나봇과 그 아들들의 피값을 반드시 그 밭에서 갚겠다고 하셨으니, 그 시체를 밭에 던지는 게 마땅하다."

아하시야 왕은 요람이 죽어 쓰러지는 것을 보자 겁을 먹고 도망치기 시작했다. 예후가 그 뒤를 따르며 포효했다.

"유다 왕을 죽여라."

장군들이 예후의 뒤를 따랐다. 아하시야는 도망가다가 비탈길에서 화살을 맞았으나 계속해서 전차가 달려가는 바람에 므깃도에 이르러서야 숨을 거두었다. 아하시야가 아합의 사위였으므로 그 일족으로 간주된 것이다. 아하시야의 신하들은 시신을 거두어 전차에 싣고 예루살렘으로 가서 다윗 왕가의 묘실에 장사 지냈다.

왕후 이세벨의 최후 왕하 9:30–37

아합의 왕비였고 예후에게 죽은 요람의 어머니인 이세벨은 왕궁에서 비극적인 정황을 보고받았다. 그러나 그녀는 겁을 내지 않고, 침착하게 거울 앞에 앉아 아름답게 화장을 하고 머리를 빗질했다. 마침내 예후와 그 군사들이 이스르엘 성으로 들어섰다.

왕궁 2층 창가에 앉아 예후 일행을 내려다보고 있던 이세벨이 외쳤다.

"왕을 죽인 역적 예후야, 네 뜻대로 잘 되어 가느냐?"

냉혹한 여인을 올려다보면서 예후가 외쳤다.

"거기 누구 없느냐? 내 편이 될 자가 거기 없느냐?"

그러자 신하 두어 명이 2층 창문에 얼굴을 내밀었다.

"그 여자를 집어 던져라."

예후가 그들을 향해 외쳤다. 그러자 그들은 기다렸다는 듯 이세벨을 번쩍 들어 창 밖으로 내던졌다. 이세벨의 몸이 곤두박질하여 돌바닥에 떨어지면서 피가 벽과 말들에게까지 튀어 올랐다. 예후는 말을 탄 채 그녀의 시체를 밟고 넘어갔다.

왕궁을 접수한 예후 일행은 잔치를 벌이고 축배를 들었다.

"그 저주받은 여자의 시신을 거두어다가 묻어 주어라. 어쨌든 그녀는 왕의 딸이었고, 왕비였다."

시신을 수습하기 위해 부하들이 현장으로 갔다. 그러나 현장에는 그녀의 머리와 발과 손바닥 일부만이 남아 있었다. 개들이 뜯어먹은 후였던 것이다. 일찍이 예언자 엘리야를 통하여 하나님께서 '이스르엘 토지에서 개들이 이세벨의 고기를 먹으리라'고 한 예언이 이루어진 것이다.

예후의 철저한 숙청 왕하 10장

아합 왕에게는 여러 명의 아내와 70명이나 되는 아들이 있었다. 그들은 사마리아 성에 살고 있었다. 일찍이 예언자 엘리야는 아합의 집안이 완전히 멸망한다고 예언했다. 지금 예후가 그 일을 하고 있었다. 그들은 하나님의 예언자들을 박해하여 죽였는가 하면, 하나님을 떠나 우상을 숭배하는 정책을 펴고, 탐욕을 채우기 위해 억울한 피를 흘리기를 주저하지 않았다.

예후는 사마리아의 고위직 관리들과 왕자들의 교육을 담당한 학자들에게 특사를 보내 왕자들을 모두 죽이라는 친서를 전달했다. 예후의 명령을 거부할 사람은 이제 아무도 없었다. 사마리아 성은 피비린내가 진동했다. 70명의 왕자들이 모두 죽임을 당했기 때문이다.

그들은 예후의 명령에 따라 70개의 머리를 광주리에 담아 예후에게 보냈다. 예후는 그 머리를 두 무더기로 쌓아 다음날 아침까지 성문 어귀에 전시하게 했다. 그리고는 아합에게 속한 모든 사람들, 그의 측근들조차 남김없이 죽였다.

사마리아의 왕자들은 물론 이스르엘의 아합 측근자들까지 모두 없애 버린 예후는 곧 이어 사마리아로 행차했다. 도중에 그는 낯선 귀인들을 만났다.

"당신들은 누구인가?"

그들 중 하나가 대답했다.

"우리는 유다 왕 아하시야의 형제들이오. 사마리아와 이스르엘에 있는 아합왕의 왕자들과 왕후를 뵈러 가는 길이오."

그렇다면 아하시야 왕이 아합의 딸에게서 낳은 아들들이며, 아합의 외손자들인 셈이다.

"저자들을 모두 잡아라."

예후가 지체 없이 명령했다. 그의 부하들이 달려들어 순식간에 왕자들과 호위병 등 42명을 사로잡았다.

"다 죽여라."

예후의 군사들은 그들 42명을 양털 깎는 집 웅덩이 곁에서 다 죽였다.

예후는 아합 집안의 남자들이라면 씨를 없앨 작정이었다. 그것이 하나님의 뜻임을 알고 있었기 때문이다. 그러나 여자들은 죽이지 않았다.

사마리아에 도착한 예후는 백성들을 모아놓고 말했다.

"아합은 바알을 섬기는 데 소극적이었소. 그러나 나 예후는 정성을 다해 바알을 섬기려고 하오. 그러므로 이제 바알의 모든 예언자들과 그를 섬기는 모든 이들과 그의 제사장들을 모두 불러 모으시오. 내가 바알을 위해 큰 제사를 드리고 축제를 열려고 하니 한 사람도 빠지지 않도록 하시오. 누구든지 빠지는 사람은 목숨을 부지하지 못할 것이오."

예후의 명령이 온 이스라엘에 전달되었다. 지정된 날짜와 장소로 바알 숭배자들과 그 예언자들, 제사장들이 모여들었다. 사마리아의 바알 신전에는 발 디딜 틈이 없을 지경이었다.

"바알을 섬기는 자들에게 예복을 내다 주어라."

예후의 명령으로 바알 숭배자들은 제사 때 입는 예복을 받았다.

"이 자리에 바알을 섬기지 않는 자들은 다 나가시오. 주를 섬기는 자는 모두 나가시오."

번제가 시작되었다. 예후는 밖으로 나가서 80명의 병사를 배치하며 명령했다.

"제복 입은 바알 숭배자들 중 한 명이라도 도망가게 한다면 자기 생명으로 그 생명을 대신할 줄 알아라."

예후는 바알을 섬기는 자들을 한 장소에서 한꺼번에 죽이기 위해 이런 계략을 꾸민 것이었다. 그날 바알 숭배자들은 바알 신전에서 모두 죽임을 당했다.

이어서 예후는 바알과 아세라 목상 등 우상과 거기에 관련된 물건들을 모두 파괴하고 불살라 버렸다. 바알 신전 터는 대중이 이용하는 화장실로 만들어져 똥오줌의 처리장이 되었다.

예후 장군은 용감하고 과감하고 민첩하여 하나님이 예언자들을 통해 예고하신 그대로 아합의 집안을 가혹하게 심판하셨고, 우상의 전을 헐었으며 우상 숭배자들을 죽였다. 하나님은 이를 기뻐하시어 예후에게 말씀하셨다.

"내가 보기에 네가 옳은 일을 행하고, 아합 가문에 내리기로 작정한 모든 형벌을 네가 그대로 다 집행했으니, 너의 4대 자손까지 이스라엘의 왕이 될 것이다."

그러나 예후는 율법을 가르치고 지키게 하는 일에는 소홀했다. 우상은 없앴으나 하나님 신앙으로 회복시키지는 못한 것이다. 예후는 훌륭한 군인이었지만 훌륭한 통치자는 아니었다.

이스라엘 백성은 우상 숭배에 익숙해져 있었다. 유다 왕국에서 분열하여 북왕국을 세운 첫 번째 왕 여로보암이 자기 백성으로 하여금 남왕국 유다의 예루살렘에 있는 하나님의 성전에 가서 예배 드리는 것을 금지하면서 그 대신 금송아지 우상을 두 개나 만들어 섬기게 했던 탓이 컸다. 금송아지 우상은 여전히 하나님을 대치하는 신으로 남아 있었다.

물론 이스라엘 사람들 전부가 우상을 숭배하지는 않았다. 하나님은 북왕국 이스라엘에도 지속적으로 예언자들을 세워 전능하신 창조주 하나님의 능력을 보이면서, 책망하고 예언했다. 따라서 하나님만 믿는 사람도 적지 않았다. 그러나 절대 다수가 우상 숭배에 빠져 있었으므로 하나님은 최악의 경고를 보내기에 이르렀다. 앞으로 동북쪽의 강대국들로부터 침략을 받아 멸망할 것과 그들에게 포로로 잡혀 갈 것이라고 예언한 것이다.

예후가 통치하는 시대에 그 비극은 시작되었다. 이스라엘의 북동부에 위치한 호전적인 나라 아람의 왕 하사엘이 대군을 이끌고 요단 강 동편의 갓, 르우벤, 므낫세 지파가 살고 있는 성읍들을 침공하여 점령했다.

예후는 28년 동안 이스라엘을 통치하고 죽었다.

태후 아달랴와 대제사장 여호야다

잔인무도한 아달랴 왕하 11:1–3 ; 대하 22:10–12

예후가 아직 이스라엘의 왕이던 시절, 남왕국 유다 왕궁에서는 잔인하기 그지없는 탐욕의 화신 아달랴가 피비린내를 풍겼다. 아달랴는 예후에 의해 죽은 유다의 왕 아하시야의 어머니이자, 아합과 이세벨의 딸이다. 즉 아하시야 왕은 아합의 외손자이다. 따라서 친 이스라엘 정책을 쓰면서 이스라엘의 길르앗 라못 전투에 따라 나가기도 했다. 아하시야는 예후가 반란을 일으켜 이스르엘 성으로 쳐들어갈 때 이스라엘 왕과 함께 예후를 맞이하러 나왔다가 죽었다.

아하시야의 통치 기간은 불과 1년 정도였다. 그 짧은 기간에도 그는 우상을 섬기던 북왕국 아합과 이세벨의 영향으로 하나님 앞에 죄를 지었다.

그의 어머니 아달랴는 아들이 예후에게 죽은 후 남편 여호람의 형제 여섯을 모두 죽였는가 하면, 아하시야의 아들들도 모두 죽였다. 그들이 자기의 손자인데도 왕이 되는 것을 막기 위해 모두 죽인 것이다. 오로지 자기가 직접 왕이 되려는 탐욕 때문이었다.

그러나 하나님은 다윗의 씨를 보호하셨다. 아하시야의 누이 여호세바는 대제사장 여호야다의 아내였다. 그는 왕자들이 다 죽어가는 참혹한 왕궁을 바라보면서 죽음을 각오하고 왕자 하나를 살려냈다. 아직 젖먹이에 불과한 어린 왕자 요아스가 그 주인공이다. 그는 젖먹이 왕자를 유모와 짜고 왕궁에서 훔쳐내어 성전에 은닉시켰다. 아무도 그 사실을 아는 이가 없었다. 고모가 왕자를 살려낸 것이다.

성전은 그를 숨기기에 안성맞춤이었다. 아합과 이세벨의 우상숭배에 익숙한 아달랴가 하나님의 성전에 접근하는 일이 없었기 때문이다. 구사일생으로 살아난 젖먹이 왕자 요아스가 성전에 숨어 지내는 동안에는, 이세벨의 딸 아달랴가 유다 왕국을 통치했다.

대제사장이 주도한 반역 왕하 11:4–8 ; 대하 23:1–7

유다 백성들은 하나님께서 다윗의 자손들로 왕위를 이어 간다고 하신 약속을 잊지 않았다. 하지만 다윗 자손의 대는 아달랴에 의해 끊겼고, 이방 여인이며 우상을 섬기는 그녀에 의해 나라가 통치되고 있었다. 이는 유다 왕국의 백성들에게 치명적인 상처를 주었다.

다윗 왕가의 혈통인 요아스 왕자가 일곱 살이 되었을 때였다. 그의 고모부인 대제사장 여호야다는 드디어 중대 결단을 내렸다. 어린 왕자를 더 이상 성전에 숨겨두지 않고 당당하게 세상에 알리기로 한 것이다. 그는 깊은 기도 끝에 몇 사람의 심부름꾼을 보내 은밀하게 군대의 지휘관들을 예루살렘 성전으로 초대했다.

"오늘 내가 여러분을 은밀하게 초대한 이유는…."

대제사장은 잠시 입을 다물었다가 말을 이었다.

"7년 전, 아달랴는 모든 왕손들을 죽이고 이 나라의 통치자가 되었소. 그는 북왕국 이스라엘의 악명 높은 아합과 이세벨의 딸로서, 우상숭배자입니다. 하나님께서 다윗을 왕으로 세우시고 그 자손이 계승하도록 약속하신 유다 왕국인데, 언제까지 아달랴가 이 나라를 통치하도록 방치해야 하겠습니까?"

"대제사장님, 우리는 물론 이 나라의 온 백성은 아달랴를 원치 않습니다. 그러나 대안이 없지 않습니까. 왕위 계승권자들은 다 죽고 말았으니 누구를 왕으로 세운단 말입니까?"

한 백부장이 울분을 토했다.

"그렇다면…."

대제사장 여호야다가 경직된 얼굴로 말을 이었다.

"내가 한 가지 묻겠소. 만일, 다윗의 혈통으로 왕위를 계승할 자격이 있는 사람이 남아 있다면, 아달랴를 대신하여 그분을 왕위에 오르게 할 마음이 그대들에게는 있소?"

지휘관들은 일제히 서로의 얼굴을 둘러보며 눈을 빛냈다.

"대제사장님, 빙빙 돌릴 것 없습니다. 우리에게 사실대로 말씀해 주십시오."

한 지휘관의 직설적인 요구에 대제사장은 잠시 눈을 감았다가 입을 열었다.

"여러분을 이렇게 오시라고 했으니 다 말하지요. 그러려고 초대한 것이니까요. 그런데 먼저 약속을 해야 되겠소. 워낙 중차대한 비밀이라서. 어떻소. 내가 원하는 약속을 해 주겠소? 여러분 모두 말이오."

"어떤 약속입니까?"

"두 가지요. 첫째 절대 비밀을 지킨다는 약속이오. 둘째는 왕위 계승의 정통성을 갖고 있는 왕자가 살아 있다면 그를 우리의 왕으로 세운다는 약속이오."

모두들 술렁거렸다. 왕자가 살아 있다니, 다 죽은 줄 알았는데 살아 있는 왕자가 있다니!

"그 말씀이 진실이라면 백 번이라도 맹세하겠습니다. 어서 진실을 말씀해 주십시오."

"그렇습니다. 맹세하고말고요. 살아 계신 왕자님이 계시다면 당연히 왕으로 추대해야지요. 우리가 목숨 걸고 나서겠습니다."

이구동성으로 동의했다.

"여러분을 믿겠소. 그럼 먼저 하나님 앞에서 모두들 맹세하시오."

"예, 맹세합니다!"

"여러분, 아달랴가 왕자들을 죽일 때 내 아내 여호세바가 젖먹이 어린 왕자 요아스를 그 유모와 함께 왕궁에서 탈출시켜 지난 7년 동안 이 성전에 숨겨 왔습니다. 내 아내가 요아스 왕자의 고모라는 것은 여러분도 모두 알고 있을 것입니다."

"그랬군요. 요아스 왕자 만세! 왕자님이 살아 계시다니, 하나님 감사합니다!"

지휘관들이 감격하여 소리쳤다.

"자, 진정하시고 일곱 살 된 요아스 왕자를 만나게 하리다."

기다렸다는 듯이 여호세바와 유모가 요아스를 데리고 들어왔다. 지휘관들이 일제히 일어나 어린 왕자를 바라보며 무릎을 꿇어 예를 갖추었다.

"자, 여러분은 왕자님 앞에서 왕자님께 충성을 다하겠다고 맹세할 수 있습니까?"

대제사장의 말에 그들은 약속이라도 한 듯 일제히 소리쳤다.

"왕자님께 충성을 맹세합니다!"

이방인의 통치를 받는다는 것은 그들에게 수치였다. 그들은 하루라도 속히 다윗 왕가의 혈통인 요아스 왕자가 왕위에 오르기를 간절히 원했다. 그리고 그들 자신이야말로 그 중요한 일을 해내야 할 운명이었다. 그것은 집권자 아달랴에 대한 반역으로, 자칫 죽음을 초래할 위험성이 내재되어 있었다. 그들은 이것을 너무나 알고 있었다.

"자, 이제 숨겨져 있던 왕자님이 노출되었으니 서둘러 왕위에 오르지 않으면 왕자님과 우리 모두의 생명이 위험에 빠질 것이오. 그러니 내 계획을 먼저 말하겠소. 듣고 나서 더 좋은 의견이 있으면 말해 주기 바라오."

대제사장은 자신의 계획을 발표했다.

"우선 왕자를 지켜 드려야 하오. 이번 안식일에 들어오는 근무자들 3분의 1은 왕자를 주의하여 지키고, 3분의 1은 성전 남동쪽 문을 지키면 왕자를 충분히 지킬 수 있을 것이오. 그날 근무를 끝내고 나가는 사람들의 3분의 2는 무장하고 왕자를 지키되 침범하는 자는 죽여야 할 것이오. 우선 왕자를 이렇게 완벽하게 경호하는 가운데 장로들을 초청하여 대관식을 거행토록 합시다. 지체하면 위험하니 서두르자는 것이오."

"좋으신 생각입니다. 지체하면 왕자님 신변이 위험하고, 왕자님 신상에 문제가 생기면 우리에게 희망이 없습니다. 대제사장님 계획대로 추진하는 것이 현재로서는 가장 적절할 것으로 생각됩니다."

"동의합니다. 그대로 하시지요."

"좋소. 그러면 지휘관 여러분들이 잘 지휘하여 차질이 없도록, 실수 없도록 하시오. 나는 대관식을 준비하겠소."

요아스의 등극과 타락

일곱 살의 어린 왕 왕하 11:9–21 ; 대하 23:8–21

지휘관들은 일사불란하게 움직였다. 대제사장은 왕관과 홀을 준비했다. 군인들의 삼엄한 경비 속에서 대제사장은 어린 왕자를 인도하여 성전 중앙에 세웠다. 좌우에는 호위병들이 둘러섰다. 초청 받은 장로들은 긴장했다. 대제사장은 어린 왕자의 머리에 왕관을 씌우고 율법책을 준 다음 머리에 기름을 부었다. 일곱 살의 어린 왕자가 정식으로 왕이 되는 순간이었다. 백성들과 군인들은 성전이 떠나가도록 박수를 쳐대며 '요아스 왕 만세!'를 외쳤다. 거대한 기쁨의 함성이 울려 퍼졌다. 예루살렘이 놀랄 지경이었다. 축하의 나팔소리가 한결 분위기를 고조시켰다.

스스로 여왕이라 칭하는 아달랴는 왕궁에서 그 소리를 들었다. "요아스 왕 만세!"라는 함성과 나팔소리를.

"성전에서 무슨 일이 생겼느냐? 이게 무슨 소리냐?"

아달랴는 흥분하여 성전으로 달려갔다. 호위병들이 그를 따랐다. 사람들이 잔뜩 들어선 성전의 단 위에 작은 아이 하나가 왕관을 쓰고 손에 홀을 잡은 모습으로 앉아 있고, 그 주변을 무장 군인들이 호위하고 있었다. 백성들은 경축의 나팔을 불어대며 큰 소리로 환호하고 있었다.

"반역이로다! 반역이로다!"

아달랴는 옷을 찢으며 소리쳤다. 그 모습을 본 대제사장 여호야다가 한 지휘관에게 큰 소리로 명령했다.

"저 이방 여자를 성전에서 몰아낸 다음 죽여라. 누구든지 아달랴를 따르는 자는 칼로 죽여라."

성전에서 피 흘리지 않기 위한 조치였다. 그러자 사람들이 아달랴가 도망갈 길을 터주었다. 아달랴는 다급하여 도망쳤다. 그러나 이미 대세를 파악한 호위병들은 따라붙지 않았다. 여인은 왕궁으로 가는 큰길로 달아났다. 그러나 뒤쫓아간 병사들이 그를 죽였다. 권력의 탐욕으로 남편의 형제들과 손자들까지 다 죽인 흡혈귀 같은 이방 여인의 참혹한 최후였다. 흥분한 백성들은 곧장 바알의 신전으로 몰려가 순식간에 신전을 파괴하고 그 제사장을 죽였다.

한편 왕관을 쓴 요아스는 백성과 함께 주 하나님만 섬기겠다고 약속하고 왕궁으로 행진하여 들어갔다. 거리에는 호위병들과 기쁨이 충만한 백성들로 미어터질 지경이었다.

요아스의 치적과 악행 왕하 12:1-16 ; 대하 24:1-22

요아스가 즉위한 것은 북왕국에서 반역을 일으켜 집권한 예후가 왕이 된 지 7년째였으며, 그 후 40년을 통치했다.

요아스 왕은 고모부인 대제사장 여호야다가 살아 있는 동안에는 하나님을 섬기는 정직한 왕이었다.

솔로몬이 지은 성전이 150여 년 세월이 흐르는 동안 부분적으로 퇴락한 곳이 드러나자, 왕은 제사장들에게 성전 보수를 지시했다. 그 비용은 제사장들

이 아는 사람들로부터 자원하여 내는 헌금으로 충당하도록 했다. 그러나 어찌된 일인지 요아스가 서른 살이 되도록 성전은 전혀 수리되지 않았다. 왕은 답답하여 대제사장과 제사장들을 불렀다. 그때의 대제사장 여호야다는 이미 113세였다. 요아스가 일곱 살에 즉위할 당시 여호야다는 90세였다.

"성전 보수를 명령한 지 꽤 오랜데 아직 한 군데도 보수하지 않았으니 이게 어찌 된 일이오?"

요아스는 답을 들으려 하지 않았다. 궁색한 변명을 듣고 싶지 않았기 때문이다.

"이제부터는 아는 사람에게서 헌금을 받지 마시오. 모든 백성이 성전 보수를 위해 자진해서 헌금하도록 하는 게 좋겠소."

제사장들은 묵묵히 수용했다. 대제사장 여호야다는 목수를 시켜 만든 나무상자에 돈이 들어갈 구멍을 낸 다음 성전 입구에 가져다놓았다. 사람들은 드나들면서 성전 수리에 사용할 돈을 자유롭게 헌금했다. 상자에 돈이 차면 대제사장과 왕궁의 서기가 함께 꺼내어 계수한 후 성전 보수를 책임 맡은 기관에 넘겼고, 그곳에서는 그 돈을 수리비로 사용했다. 성전이 아름답게 수리되는 모습을 본 백성들은 더 정성껏 많은 돈을 헌금했다. 이윽고 수리가 끝난 성전은 아름다운 옛 모습을 회복했다.

대제사장 여호야다가 살아 있는 동안 요아스는 그의 충고와 교훈에 따라 좋은 정치를 폈다. 그러나 대제사장이 130세로 세상을 떠나자 왕도 바뀌기 시작했다. 여호야다는 다윗 왕가에 큰 공을 세웠으므로 왕실 묘지에 장사되는 영광을 누렸다.

시간이 흐르자 여러 성읍의 고위 관리들과 장로들이 왕을 찾아와, 다른 신을 섬기도록 허락해 달라고 진언했다. 예전에 섬긴 적이 있는 아세라 목상과 바알 등을 섬기자는 것이었다. 어리석게도 요아스 왕은 이를 수락했다. 왕과 백성들은 다시 우상숭배에 빠져들었다.

하나님은 이런 상황을 방치하지 않으셨다. 먼저 예언자들을 보내어 경고했다. 그러나 요아스는 여전했다.

여호야다의 아들 스가랴에게 어느 날 하나님의 영이 내렸다. 그는 백성들 앞에 서서 외쳤다.

"여러분, 어찌하여 주의 명령을 거역하고 우상을 섬깁니까? 여러분이 하나님을 버렸으니 하나님도 여러분을 버리실 것입니다."

스가랴의 경고는 날이 갈수록 강경해졌고, 당연히 요아스 왕을 향해서도 경고를 마다하지 않았다. 그 소식을 들은 왕은 자기가 태어났을 때 악랄한 할머니의 손에 의해 죽을 위기에서 살려내고 왕으로 만들어 준 스가랴의 아버지 여호야다의 은혜를 생각하지 않고 그를 죽이라고 명령했다.

그의 명령은 성전 바깥뜰에서 집행되었다. 돌로 쳐 죽인 것이다. 그는 죽어가면서 기도했다.

"주여, 이 일을 살피시고 벌을 내려주소서."

요아스에 대한 하나님의 징계 왕하 12:17-21 ; 대하 24:23-27

그로부터 일 년 후, 하나님은 아람 왕 하사엘을 통해 우상숭배와 죄악에 빠진 북왕국 이스라엘과 남왕국 유다를 징계하셨다.

하사엘은 벤하닷 왕이 병들어 누워 있을 때 젖은 수건을 얼굴에 덮어 질식사시키고 왕관을 찬탈한 왕이다. 하사엘은 먼저 가까운 북왕국 이스라엘을 공격했다. 이스라엘 왕은 예후의 아들 여호아하스였다. 그는 평소 우상을 섬겼으나 다급해지자 하나님께 전심전력으로 기도했다. 하나님께서는 그의 기도에 응답하시어 하사엘의 군대를 물리치게 해주셨다. 하사엘은 이어 남왕국 유다를 공격했다. 그는 여러 성읍을 침공하여 방백들을 죽이고 약탈하면서 예루살렘으로 올라갔다. 요아스는 두려웠다. 하사엘의 군대가 많지 않은데도 유다의 군대는 여지없이 패하는 것이었다. 하나님께서 그를 징계의 도구를 사용하시기 때문이다.

다급해진 요아스는 성전 금고의 금과 은을 모두 꺼내어 하사엘에게 바쳤다. 이를 본 백성들은 분개했다.

47세의 요아스는 큰 시련으로 병들어 누웠다. 왕이 된 지 40년째였다. 그의 신하 사밧과 여호사밧이 모의하여 왕을 죽이기로 했다. 그들은 성전 뜰에서 대제사장이던 여호야다의 아들 스가랴를 돌로 쳐 죽이게 한 요아스 왕은 마땅히 죽여야 된다고 확신하고 있었다. 두 신하는 어느 날 밤 왕이 누워 있는 침실로 들어가 그를 죽였다.

백성들은 왕이 죽자 장사를 지내 주었으나 그가 하나님을 떠난 사람이므로 왕실 묘지에 장사하지는 않았다. 그는 아직 젊은 나이였다. 그가 하나님을 잘 섬겼더라면 더 오래 살면서 백성들의 존경과 하나님의 사랑을 받았을 것이다.

예후 왕조와 엘리사의 죽음

예후 왕조 3대 왕하 13:1–13

유다 왕 요아스가 자기를 키워 준 대제사장의 아들 스가랴를 죽인 배은망덕으로 신하들에 의해 살해된 것은 그의 나이 47세 때였다. 일곱 살에 왕이 되어 40년을 통치하는 동안 북왕국 이스라엘에서는 왕이 세 명이나 바뀌었다. 군사 쿠데타로 아합 왕을 제거하고 집권한 예후와 그의 아들 여호아하스, 예후의 손자 요아스가 그들이다.

하나님은 아합을 제거한 예후에게 4대에 걸쳐 이스라엘을 다스리게 하시겠다는 약속을 하셨고, 그대로 이루어 주셨다.

예후는 왕이 된 후 28년을 통치하면서 바알의 우상과 그 제사장들을 제거했다. 그러나 벧엘과 단에 있는 금송아지 우상은 그대로 두었다. 그러자 백성들은 하나님 대신 금송아지 우상을 숭배했다.

예후가 죽은 후 그의 아들 여호아하스가 왕이 되었는데, 그 역시 금송아지 우상

을 숭배했다. 하나님은 그 벌로 잔인하기로 소문난 수리아의 왕 하사엘로 하여금 이스라엘을 침공하게 하셨다.

위기에 몰린 이스라엘은 어찌나 급했던지 하나님을 찾았다. 전능한 신은 주 하나님뿐임을 상기했기 때문이다. 하나님께서는 그들의 기도에 응답하셔서 하사엘과 그 병사들을 수리아로 돌아가게 하셨다. 그때 이스라엘 병력은 고작 50명의 기병과 전차 10대, 병사 1만이 전부였다. 하나님이 도우시지 않았다면 단숨에 수리아의 밥이 되었을 것이다.

여호아하스 왕은 17년을 다스리고 죽었다. 그 뒤를 이어 그의 아들 요아스가 왕의 자리에 올랐다. 요아스는 그의 아버지처럼 금송아지를 숭배했다. 그렇다고 아합처럼 나쁜 왕은 아니었다.

엘리사의 최후 왕하 13:14-19

요아스가 통치하던 시절, 예언자 엘리사가 노환으로 침상에 누웠다. 왕은 그 소식을 듣고 몹시 가슴 아파했다. 엘리사는 요아스의 통치를 도와주었으며 좋은 충고도 해주던 예언자였기 때문이다.

'엘리사가 세상을 떠나면 큰일이 아닌가. 적군이 쳐들어오면 누가 나를 도운단 말인가. 그는 나라 일에도 많은 도움을 주었는데….'

요아스 왕은 걱정스러운 얼굴로 엘리사에게 문병을 갔다. 왕은 예언자의 파리하게 병든 얼굴을 보자 눈물이 쏟아졌다. 왕은 체면을 생각하지 않고 눈물로 뺨을 적시며 흐느껴 울었다.

"내 아버지여, 내 아버지여!"

엘리사가 힘없이 입을 열었다.

"활과 화살을 가져오십시오."

왕은 지체 없이 옆방에 가서 활과 화살을 가져왔다.

"화살을 메기십시오."

늙은 예언자의 힘없는 말을 따라 젊은 왕은 힘센 팔로 화살을 시위에 메겼다. 그러자 엘리사가 간신히 병상에서 몸을 일으키더니 여윈 손을 왕의 큼직한 손에 얹으며 말했다.

"동쪽 창문을 여십시오."

왕이 창문을 열자 다시 말했다.

"쏘십시오."

왕이 화살 하나를 창 밖으로 쏘았다.

"지금 쏜 그 화살이 하나님의 구원의 화살입니다. 이스라엘을 구하는 화살입니다. 왕이 아람 군대를 무찔러 이길 것입니다."

늙은 예언자는 힘겹게 말을 이었다.

"화살을 들고 땅을 치십시오."

왕이 세 번 땅을 쳤다.

그러자 엘리사가 화를 내다.

"다섯 번이고 여섯 번이고 쳤어야 합니다."

엘리사가 안타까운 듯 말을 이었다.

"세 번만 쳤으니 아람 군대를 세 번 이길 것입니다."

힘겹게 간신히 말을 마친 엘리사는 지쳐서 누웠고, 이내 숨을 거두었다.

죽은 사람이 살린 죽은 사람 왕하 13:20-25

이스라엘은 시체를 매장하지 않는다. 개인의 장사는 작은 굴을 파서 시체를 안에 넣고, 가족 무덤은 굴을 크게 파서 여러 구의 시신을 넣는다. 입구는 돌로 막는다. 엘리사의 시체도 굴 속에 넣어졌다.

엘리사를 장사한 지 얼마 후, 멀지 않은 곳에서 어떤 사람이 죽었다. 그의 친구들이 슬픔에 젖어 시체를 장사 지내러 가고 있었다. 마침 요단 강 건너에서 모압의 도둑들이 떼를 지어 오는 것이 그들의 시야에 들어왔다. 무자비하게 살상을 자행하고 약탈하는 도둑들인지라 죽은 자의 친구들은 무섭고 당황하여 어찌할 바를 모르다가 급한 김에 시체를 가까이 있는 다른 사람의 무덤에 던져 넣었다.

그 무덤은 얼마 전 장사를 지낸 엘리사의 무덤이었다. 굴 속에 던져진 그 시체는 엘리사의 시체에 닿자 즉시 되살아났다. 그는 혼자 걸어서 무덤 밖으로 나왔다.

그 후 이스라엘이 아람을 이긴다는 엘리사의 마지막 예언은 그대로 이루어졌다.

신하로서 왕을 죽이고 권좌를 찬탈했던 아람 왕 하사엘이 죽고 그 아들 벤하닷이 뒤를 이었다. 하사엘은 무슨 생각에서인지 자기가 죽인 왕의 이름을 따서 아들 이름을 지어 주어 하사엘 왕을 전후하여 벤하닷이라는 동명이인의 왕이 다시 등장하게 되었다. 북왕국 이스라엘의 요아스 왕은 하사엘의 아들 벤하닷 왕을 무찔렀으며, 하사엘이 이스라엘에서 빼앗은 여러 성읍들을 되찾았다.

유다 왕 아마샤의 승리와 패배

에돔을 이긴 아마샤 왕하 14:1-7 ; 대하 25:1-16

47세에 죽은 남왕국 유다의 왕 요아스의 뒤를 이어 25세 된 그의 아들 아마샤가 왕이 되었다. 그는 아버지처럼 초기에는 좋은 왕이었지만, 나중에는 나쁜 왕이 되었다. 그의 가장 중요한 정책은 견고한 국방이었다. 그가 강한 군대를 이루고자 20세 이상의 남자만 조사했더니 건장한 남자가 30만은 되었다. 왕은 그들 외에 북왕국 이스라엘에서 은 1백 달란트를 주고 10만이나 되는 용병을 고용했다. 가슴 뿌듯할 만큼의 대군을 거느렸으니, 이제는 그 어떤 이방의 나라들과 싸워도 이길 수 있다는 자신감이 들었다. 바로 그 무렵 예언자 한 사람이 왕을 찾아왔다.

"폐하, 이스라엘 용병들과 함께 전쟁터에 나가서는 안 됩니다. 왜냐하면 하나님께서 북왕국 이스라엘과 함께 하시지 않기 때문입니다. 그들은 이교도들처럼 우상을 섬깁니다. 하나님께서는 능히 이기게도 하시고 지게도 하시니 하나님의 뜻을 따르십시오."

왕은 난처하여 잠시 생각하다가 입을 열었다.

"그들에게 이미 은 1백 달란트를 주고 계약했으니 그냥 돌려보내면 손해가 크지 않소?"

"폐하, 하나님께서는 더 많은 것으로 폐하께 주실 수 있나이다."

왕은 마침내 예언자의 충고를 수용하여 이스라엘의 용병들을 돌려보내도록 조치했다. 용병들은 전투도 하지 않고 돌아가게 되어 좋아해야 할 텐데 그 반대로 펄펄 뛰며 분노했다. 그들은 귀국 길에 유다의 여러 성읍들을 습격하여 살인과 약탈을 자행했다. 희생자가 자그마치 3천 명에 달했다.

아마샤는 아직도 30만 대군을 거느리고 있었다. 그는 늘 에돔 족을 싹 쓸어버려야겠다는 야심을 갖고 있었다. 메소포타미아 문명권과 이집트의 나일 문명권을 연결하는 주요 교역로 가까이에 위치한 곳에서 약탈을 일삼으며 살아가는 에돔 족이 유다 왕국에 직접적으로 피해를 끼치는 것은 아니었다. 그러나 그들은 이삭의 쌍둥이 아들이며 야곱의 형인 에서의 후손이면서 이집트를 탈출하여 나올 때도 중간에서 심히 괴롭혔고, 아우 야곱의 후손인 이스라엘 백성을 부단히 괴롭혀 왔다. 앞으로도 그들은 기회만 오면 이스라엘 백성을 괴롭힐 것이 뻔했다.

아마샤는 30만 대군을 이끌고 에돔 족의 근거지인 세일 산으로 진격했다. 남동쪽으로 내려가서 사해 아래로 길게 뻗어 홍해의 아카바 만으로 이어지는 아라바 골짜기를 동쪽으로 가로지르면 해발 8백 미터가 넘는 세일 산이 우뚝 솟아 있다. 사냥과 전투에 용맹스러운 힘센 에돔 족과의 싸움은 예언자의 말대로 하나님이 이스라엘 용병을 돌려보내면 더 많은 것을 주신다고 약속한 대로 대승을 거두게 하셨다.

예언자의 말대로 10만의 용병을 되돌려 보내고도 강한 에돔 족을 공격하여 큰 승리를 얻었으니 이 얼마나 감사한 일인가. 그런데도 아마샤는 감사는커녕 어처구니없는 배신을 자행했다. 하나님의 큰 진노를 사기에 충분한 배신이었다. 에돔이 섬기는 신상을 예루살렘의 왕궁으로 옮겨간 것이다.

고대에는 그 나라의 신상을 노획해 가는 것이

하나의 전통이긴 했으나 유다 왕으로서는 하나님을 섬기므로 손대어서는 안 될 금지목록 1호였다. 우상을 만들지도 말고 우상에 절하지도 말라는 하나님의 엄격한 계명을 어긴다는 것은 하나님의 진노를 스스로 끌어들이는 어리석은 짓이었다. 더구나 아마샤는 왕궁에 둔 그 신상에게 분향하며 경배했다.

하나님이 한 예언자를 왕에게 다시 보냈다.

"하나님께서 폐하께 말씀하십니다. 에돔의 신들은 폐하의 군대로부터 자기 백성조차 구원하지 못했거늘 왕은 어찌하여 그런 우상을 숭배하십니까?"

아마샤는 화가 났다. 이름도 모를 백성 하나가 나타나서 예언자를 자칭하며 감히 왕을 책망하다니.

"나는 너를 내 참모로 삼은 적이 없다. 입 다물고 물러가라."

그러나 예언자는 할 말을 다했다.

"폐하께서 하나님의 경고를 듣지 아니하시니 하나님께서 폐하를 멸하시기로 작정하신 줄 아십시오."

하나님의 경고를 무시한 아마샤의 최후 왕하 14:8-22 ; 대하 25:17-28

아마샤는 에돔을 이기고 의기양양하여 북왕국 이스라엘의 요아스 왕에게 사자를 보내어 싸움을 걸었다. 요아스는 이스라엘과 비교하면 대국이라 할 수 있는 아람과 전투를 끝낸 뒤였다. 그 전투에서 승리하여 예전에 빼앗겼던 성읍들을 되찾았다. 그런데 또 동족끼리 전투를 벌여 백성을 죽게 하고 싶지 않은 게 요아스의 심정이었다. 요아스는 사자를 유다 왕국에 보냈다.

"아마샤 왕이여, 당신은 얼마 안 되는 에돔 족을 무찔렀다고 교만해져서 의기양양한 모양인데, 당신의 왕궁에서 편히 지내는 편이 좋을 것이오. 화를 스스로 끌어들여 당신과 당신 나라가 함께 망하게 해서야 되겠소."

그러나 아마샤는 어떻게든지 북왕국 이스라엘과 전쟁을 벌여 승패를 가르고 싶었다. 누구도 말릴 수 없었다.

드디어 남북의 두 형제 나라 사이에 전쟁이 벌어졌다. 요아스 왕이 많은 군대를 이끌고 예루살렘을 향해 공격해 왔다. 아마샤의 군대는 맥을 못 추고 도주했다. 아마샤 왕은 요아스 왕에게 사로잡히고 말았다.

요아스는 예루살렘까지 쳐들어가 견고한 성벽을 2백 미터 가까이 무너뜨렸으며, 성전으로 들어가 금과 은으로 만든 여러 기물들을 탈취했고, 왕궁으로 들어가 귀한 보물들과 많은 사람을 볼모로 잡아 사마리아로 돌아갔다. 이런 참담한 패배는 남왕국 유다의 역사상 보기 드문 사례였다.

그 후 북왕국의 요아스 왕이 죽었다. 아마샤는 남왕국으로 돌려보내졌다. 그러나 아마샤 왕은 백성들의 존경은커녕 원망의 대상으로 전락했다. 무모한 전쟁을 일으켜 엄청난 피해만 입혔기 때문이다.

백성들은 아마샤를 왕으로 인정하려 들지 않았다. 우상을 숭배하면서 무모한 전쟁을 일으켜 고통을 입혔기 때문에 저런 왕은 차라리 없느니만 못하다고 생각했다. 드디어 신하들이 모반을 도모했다. 아마샤는 그 정보를 알아차리고는 남쪽 해변에 있는 블레셋의 라기스로 달아났다. 그러나 군사들이 뒤쫓아가 그를 죽인 다음 시체를 예루살렘으로 옮겨 왔다. 하나님의 경고를 무시한 아마샤 왕의 비참한 최후였다.

아마샤는 자신의 아버지 요아스처럼 처음에는 하나님을 경외하며 백성을 다스렸으나 나중에는 교만해져서 전쟁을 일삼고 우상을 숭배했다. 그러다가 아버지처럼 자기 백성의 손에 죽고 말았다. 아마샤의 뒤를 이어 16세의 왕자 웃시야가 왕관을 썼다.

북왕국 이스라엘의 쇠락

악한 왕들 왕하 14:23-29, 15:8-31

북왕국의 왕들 중 연속적으로 등장한 악명 높은 여섯 왕들의 이야기는 이렇다.

여로보암 2세는 13번째 왕으로 41년을 통치했다. 북왕국을 건국한 왕이 같은 이름의 여로보암이기 때문에 13대 왕은 여로보암 2세로 불린다. 군사 쿠데타로 집권한 예후 왕조의 세 번째 왕인 그는, 예후 가문의 다른 왕들처럼 금송아지를 숭배했다.

그러나 그의 업적은 자랑할 만하다. 이웃의 숙적 아람과 몇 차례 전쟁을 하여 승리했다. 아람이 종종 이스라엘을 공격하여 인명과 재산을 빼앗아 갔기 때문에 하나님께서 그들을 물리치신 것이다. 아람에 대한 승리로 잃어버린 성읍들을 되찾아 영토를 회복한 그는 남왕국 유다와의 전쟁에서도 대승을 거두어 남부 지방으로 연결되는 통로를 확보했다. 과거 솔로몬이 통치하던 단일 왕국 시대처럼 북왕국 이스라엘은 거대한 영토를 확보하고 번영을 거듭하여 남북의 분열 이후 가장 살기 좋은 시대를 만들었다.

그러나 번영의 이면에는 사치와 방종이 따랐으며, 부유함이 한쪽으로 몰려 부자와 가난한 자들 간의 차별이 심해졌고, 하나님을 멀리하고 우상을 섬기는 등 종교적 타락이 극심해졌다. 하나님께서는 이 시대를 치유하기 위해 예언자 호세아와 아모스를 세워 경고하고 책망하며 바르게 돌이키려 했다.

호세아 예언자는 이렇게 외쳤다.

"이 땅에는 하나님의 말씀도 없고, 하나님을 아는 지식도 없고, 온갖 욕설과 거짓과 살인과 도둑질뿐이로구나. 너희가 회개하지 않으면 모두 멸망할 것이다."

아모스 예언자는 이렇게 외쳤다.

"하나님께서 이 죄 많은 왕국을 내려다보고 계신다. 하나님께서 이 나라를 없애 버릴 것이며, 백성 가운데 죄인은 칼에 맞아 죽을 것이다."

여로보암 2세는 국가적 번영과 영토의 확장을 이룬 업적이 컸지만, 그런데도 백성을 극도로 타락하도록 방치한 죄가 큰 왕이었다.

북왕국 이스라엘의 마지막 왕들 왕하 15:8-29

여로보암 2세의 뒤를 이은 그의 아들 스가랴는, 불과 반 년 만에 자기의 신하 살룸에 의해 살해되었다. 이로써 예후의 왕조는 하나님께서 약속하신 대로 4대에 끝났다.

살룸 왕은 스가랴를 죽이고 왕이 되었으나 불과 한 달 만에 므나헴이라는 사람에게 살해되었다. 그는 자기를 환영하지 않는다는 이유로 많은 백성을 잔인하게 공격했는데, 심지어 임신한 여인의 배를 칼로 가르는 잔인성을 보이기도 했다. 므나헴은 금송아지를 숭배하면서 10년 동안 이스라엘을 통치했다. 그는 야만적이고 잔인한 왕이었다.

이웃의 대국 앗시리아가 공격해 왔을 때도 하나님을 경외하는 왕이라면 당연히 하나님께 도움을 청했을 것이다. 그러나 므나헴은 1천 달란트의 은을 줄 테니 침공하지 말아 달라고 애원했다.

앗시리아가 므나헴의 후견인이 된 셈이다. 그는 그 많은 은을 충당하기 위해 백성들에게 막대한 세금을 부과했다.

이스라엘은 하나님을 잊고 살았다. 나라 안이 온통 방종으로 흘렀다. 우상 숭배가 어찌나 극심했던지 자기 자식을 몰록이라는 우상에게 서슴없이 바쳤다. 어린 자식을 우상 몰록의 팔에 안기고 불을 때면 그 아이가 타 죽는 것이다. 그들은 자식을 그렇게 바치면 우상이 기뻐한다고 믿었다. 이제 나라 안에서 착한 일은 찾아보기 힘들었고, 하나님은 잊혀졌고, 이교도들과 조금도 다름없이 우상숭배를 일삼았다.

므나헴이 죽자 그의 아들 브가히야가 즉위했다. 아버지와 조금도 다를 게 없을 만큼 악독했던 브가히야는 불과 2년 동안 통치하다가 신하에게 죽었다. 그를 죽인 베가 장군이 왕이 되어 20년을 통치했다.

반역과 살인 등 악랄한 방법으로 왕조가 뒤바뀌면서 계속적으로 6명의 악한 왕이 북왕국 이스라엘을 통치하는 동안, 남왕국 유다에서는 단 한 사람의 왕이 나라를 다스렸다. 웃시야 왕이다.

유다 왕 웃시야와 요담

나병환자가 된 왕 왕하 15:1–7 ; 대하 26장

이스라엘 왕들이 대를 이어가며 악행을 저지르고 우상을 숭배하다가 죽어가는 동안 남왕국 유다에서 16세에 제10대 왕이 된 웃시야는 착할 뿐만 아니라 하나님을 잘 섬겼다. 따라서 유다 왕국은 평화를 구가했다.

웃시야는 52년을 통치하는 동안 농업 개발로 농민 생활을 향상시켰다. 국방에도 역점을 두어 예루살렘 성벽의 문을 새로 만들고, 망대를 세우고, 부서진 성벽을 보수했다. 병기도 개발하여 그때까지 어느 나라에서도 본 적이 없는 새로운 무기를 만들어 성벽 위에 배치했다. 큰 돌이나 화살을 쏘는 병기였는데, 당시로서는 대단한 위력을 자랑하는 신병기였다.

이렇게 견고하게 방어에 힘쓰는 한편 군대를 강화하여 2,600명의 용사들을 근간으로 하여 30만 7,500명의 군대를 두었다. 나라도 크게 번영하여 살기 좋은 세상을 이루었다.

웃시야는 그 이름이 멀리 이집트에도 전해질 만큼 칭송이 자자했다. 그는 대군을 거느리고 남쪽으로 내려가 호전적인 블레셋을 공격하여 많은 성읍들을 빼앗고 그 성벽을 허물었다. 또 동쪽으로 진격하여 아라비아를 공격했으며, 요단 강 건너편의 암몬 족에게는 조공을 바치게 했다.

유다 왕국은 이제 누구도 넘보지 못할 만큼 부강해졌다. 이렇게 축복하신 하나님께 감사해야 할 웃시야는 점점 교만해져서 자기가 잘나고 위대해서 모든 일이 잘 되어 간다고 생각하기에 이르렀다. 욕심이 자라 탐욕이 되듯 교만도 자라나면 자기 위에 아무것도 없다고 생각하게 된다. 웃시야가 그랬다. 그는 자기도 제사장들처럼 성전에 들어가 금 향로에 향을 피워도 괜찮을 거라는 생각이 들었다. 하지만 그것은 제사장만의 고유 권한이며 임무였다.

어느 날 웃시야 왕은 드디어 일을 저지르고 말았다. 직접 금 향로를 들고 성전으로 들어간 것이다. 이를 목격한 몇몇 제사장들이 모든 제사장에게 이 끔찍한 일을 급히 알렸다. 제사장 아사랴가 즉시 제사장들 중 용맹스러운 80명을 데리고 왕을 뒤쫓아 성전으로 들어갔다.

아사랴가 큰 소리로 입을 열었다.

"폐하, 하나님께 향을 피워 올리는 것은 왕이 하실 일이 아닙니다. 아론의 자손 중에서 몸과 마음을 깨끗이 한 제사장들에게만 허락된 일입니다. 어서 성전에서 나가십시오. 폐하는 하나님께 범죄했으므로 하나님께 영광을 얻지 못할 것입니다."

웃시야 왕은 제사장을 향해 벼락같이 화를 냈다. 그 순간 향로를 잡고 분향하려던 왕의 이마에 희끗거리는 반점이 생겨났다. 나병이었다. 제사장들은 나병의 발병과 완치를 확인해 주는 일도 했으므로 누구보다 신속정확하게 그 증세를 알아볼 수 있었다.

나병은 율법상 가장 부정한 병이었다. 그 병에 걸리면 누구든 가족과 사회로부터 격리되어 성 밖으로 쫓겨나게 되어 있었다.

제사장 아사랴가 다시 입을 열었다. 강경한 어조였다.

"폐하, 속히 성전에서 나가셔야 합니다. 폐하의 이마에 나병이…."

이마를 만져본 왕은 어찌나 두렵고 떨리든지 지체 없이 도망치듯 성전에서 물러났다.

웃시야는 이제 왕이 아니었다. 그는 왕궁에서 격리되어 외롭게 별궁에 갇혀 지내야 했다. 정사를 돌볼 수도 없게 되었으므로, 25세 된 그의 아들 요담이 왕위에 올랐다.

유다의 제11대 왕, 요담 왕하 15:32-38 ; 대하 27장

요담은 아버지 웃시야처럼 좋은 왕이었다. 아버지의 뒤를 이어 예루살렘 방어를 위한 견고한 성곽 공사를 계속했고, 산에는 요새를 세웠다. 암몬 족이 바치던 조공을 멈추자 그들을 공격하여 승리함으로써, 3년 동안 해마다 1백 달란트의 은(약 3톤 반)과, 밀 일만 석, 보리 1만 석을 조공으로 받았다.

요담은 용맹스럽고 하나님을 경외하는 왕이었다. 그가 전쟁을 수행할 때마다 하나님이 그를 도우셔서 승리하게 하셨다. 이처럼 왕이 하나님을 공경하자 나라가 편안해졌고 부유해졌다. 요담은 16년 동안 나라를 다스리다가 죽었다.

유다 왕 아하스와 북왕국 이스라엘의 멸망

재앙을 부른 유다 왕 아하스 왕하 16:1-4 ; 대하 28:1-15

착한 왕 요담의 아들 아하스는 20세에 유다의 새 왕이 되었다. 그의 부친은 물론 조부였던 웃시야 왕도 착한 왕으로 기록되었다. 그런데 어찌된 일인지 웃시야의 손자이며 요담의 아들인 새 임금 아하스는 역대 왕들 가운데 가장 악랄한 왕이 되었다. 그는 조부와 부친의 훌륭한 업적들을 송두리째 뒤집어 엎었다.

그는 우상 섬기기에 열정을 쏟았다. 특히 북왕국에서 섬기는 바알 신상을 만들어 놓고 섬겼다. 북왕국 이스라엘과 수리아 왕이 연합하여 앗시리아를 대적하는 동맹을 권유했을 때는 이를 거부하고 예루살렘 방어 준비에 들어갔는데, 이때 바알 신상 앞에 자기의 아들을 희생제물로 바치기조차 했다. 전쟁을 면하게 해 달라는 기원을 그런 식으로 한 것이다.

우상숭배가 백성들에게 급속히 번져 갔다. 언덕 위나 나무 아래에서 이교도의 신을 섬기는 행위가 자행되었다. 하나님은 그 죄를 벌하시기 위해 수리아 왕 르신과 이스라엘 왕 베가의 연합군으로 유다를 침공케 했다.

전쟁은 유다의 완전한 패배였다. 수리아는 많은 유다 백성을 포로로 잡아갔다. 이스라엘 왕 베가도 유다의 군사 12만 명을 죽이며 완승을 거둔 후 여자와 어린이 등 20만 명을 사마리아로 잡아갔다. 죽거나 포로로 잡혀가 가족과 이별한 유다 백성들의 통곡소리가 천지를 뒤흔들었다.

그때 북왕국 이스라엘의 수도 사마리아에 오벳이라는 하나님의 예언자가 있었다. 그는 이스라엘 군사들이 형제의 나라인 유다의 여자들과 어린이들을 노예로 삼기 위해 잡아왔다는 소식을 듣자 어이없고 화가 났다. 그는 싸움터에서 돌아온 병사들에게 외쳤다.

"유다에 대한 하나님의 진노로 하나님께서는 그들을 이스라엘의 손에 붙이셔서 우리가 전쟁에 이겼소. 하지만 수많은 살육을 저지른 데다 이처럼 예루살렘 백성들을 노예로 잡아왔으니 이는 하나님 앞에 큰 죄요. 그러니 지금 당신들이 잡아온 포로들을 돌려보내시오. 그렇지 않으면 하나님의 진노가 당신들에게 내릴 것이오."

그러자 일부 이스라엘의 장로들이 나서서 병사들에게 호소했다.

"유다의 포로들을 사마리아 성에 들이지 마시오. 우리는 이미 하나님을 노하시게 했소. 우리의 죄와 허물을 하나님 앞에 더하지 맙시다."

오벳 예언자의 경고와 지도자급 장로들의 호소가 먹혀들어 이스라엘 병사들은 그들이 잡아온 포로들과 노획물들을 그들 앞에 내놓았다. 장로들은 포로들에게 옷을 입히고 먹을 것을 주면서 돌려보냈다. 부상자들은 나귀에 태워 보냈다. 그러나 이미 많은 백성들이 수리아의 수도 다마스커스로 끌려간 후였다. 비통한 유대 땅에서 아하스 왕과 유다의 백성들은 그래도 회개할 줄을 몰랐다.

미련한 왕 왕하 16:5–20 ; 대하 28:16–27

수리아와 이스라엘의 연합군이 쳐들어오기 전, 예언자 이사야는 아하스 왕을 찾아가 하나님의 뜻을 전달했었다. 적군이 승리하지 못한다는 점과 그 두 나라가 오래 지속하지 못한다고 통고했던 것이다. 그런데도 아하스는 하나님의 예언자가 전하는 말에 귀를 기울이지 않고 우상에게 자신의 아들을 제물로 드리는 악행을 저질렀다. 유다 왕국의 이 비극은 우상숭배에 대한 하나님의 진노였던 것이다.

그래도 아하스 왕은 깨닫지 못하고 또 다른 정치적 수단을 선택했다. 앗시리아 왕에게 성전의 보물들을 모두 꺼내어 공물로 보내며 도와달라고 요청한 것이다. 이를 수락한 앗시리아 왕은 군대를 이끌고 수리아의 다마스커스로 진격했다. 수리아가 중간에 가로막고 있어서 이스라엘이나 유다를 침공할 수 없었던 앗시리아로서는 여간 좋은 기회가 아닐 수 없었다.

앗시리아는 쉽게 수리아를 이겼다. 아하스는 앗시리아 왕에게 감사의 뜻을 전하기 위해 그가 점령하고 있는 다마스커스로 갔다. 거기서 수리아인들이 섬겼던 우상의 제단을 본 아하스는 그 제단의 구조와 모양을 상세하게 그려 예루살렘의 제사장 우리아에게 보냈다. 그 우상의 신전이 무척 마음에 들었기 때문이다. 제사장은 왕이 보낸 구조와 모양대로 제단을 만들었다. 왕이 제사장과 더불어 더 가증한 악을 도모한 것이다.

다마스커스에서 돌아온 왕은 제사장과 함께 새로 만든 우상의 단에 올라가 제사를 지냈다. 예루살렘에 있는 하나님의 성전은 이미 사실상 문을 닫은 상태였다. 왕은 계속해서 전국에 같은 모양의 제단을 만들게 했다.

아하스 왕이 앗시리아를 끌어들인 것은 결정적인 실수였다. 이제 이스라엘로 가는 길이 열린 앗시리아가 가만히 있을 리 없다. 앗시리아는 내친 김에 이스라엘을 정복하기 위해 만반의 준비를 갖추었다.

멸망하는 이스라엘 왕하 17장, 18:9-12

솔로몬 왕이 죽은 후 남북으로 갈라져 남쪽은 유다 지파가 전통적으로 왕위를 계승했으나 북왕국 이스라엘은 여러 차례의 정변과 군사 쿠데타로 왕조가 바뀌는 수난을 겪었다. 이스라엘은 유다보다 넓은 영토와 갑절의 백성이 있었으나 일찍이 우상숭배에 빠져 조상 대대로 섬겨오던 하나님을 철저하게 배교하는, 그야말로 하나님을 진노케 하는 죄를 저질러 왔다.

하나님은 그런 죄악의 나라 이스라엘을 지상에서 쓸어 버리시기로 작정하셨다. 그렇다면 그들만의 힘으로는 더 이상 버틸 재간이 없게 된다.

그동안 하나님께서는 여러 예언자들을 보내 경고하셨고 책망하셨지만, 그들은 귀를 기울이지 않았다.

베가 왕은 20년 동안 이스라엘을 다스리다가 호세아의 손에 죽었다. 호세아는 9년 동안 통치했다.

호세아의 통치 9년에 앗시리아 왕이 이스라엘을 공격해 왔다. 이미 수리아를 점령한 그들은 파죽지세로 이스라엘을 덮쳤다. 앗시리아 왕은 호세아 왕을 신하로 삼고 공물을 바치게 했다.

그러나 이미 이스라엘의 운명은 기울어지고 있었다. 호세아 왕은 한동안 공물을 바치다가 이를 거역했다. 그는 은밀하게 이집트의 힘을 빌려 앗시리아와 싸울 준비를 하고 있었다. 그러나 이를 안 앗시리아 왕은 즉시 대군을 보내어 사마리아 성을 포위했다. 자그마치 3년 동안이나 포위 공격 끝에 이스라엘 왕국은 무너지고 말았다. 호세아 왕은 포로로 잡혀 갔다.

기원전 930년에 여로보암에 의해 이스라엘의 10개 지파가 모여 세운 이스라엘은 기원전 722년 완전히 멸망했다.

앗시리아는 이스라엘 백성을 포로로 잡아가서 자신들의 여러 성읍에 흩어지게 했다. 그리하여 몇 년이 지나자 이스라엘 백성은 이교도들과 조금도 다름이 없게 되고 말았다. 사마리아에는 앗시리아 사람들이 대거 이주해 와서 현지인들과 결혼하여 살았다. 이러한 혼혈정책으로 12지파 중 남왕국에 속한 유다 지파와 베냐민 지파를 제외한 열 지파는 사실상 사라진 셈이다.

그 후부터 유다 지파와 베냐민 지파 사람들은 사마리아 사람들을 그들의 조상 아브라함으로부터 이어져 온 순수한 자기네 혈통으로 간주할 수 없어 이방인으로 취급하고 멸시하게 되었다.

유다 왕 히스기야의 신앙과 승리

하나님이 기뻐하시는 왕 왕하 18:1–8 ; 대하 29–31장

남왕국 유다에서 25세의 히스기야가 왕이 된 때는 북왕국 이스라엘이 앗시리아에 의해 패망하기 6년쯤 전이었다. 악한 왕 아하스의 아들인 히스기야는 아버지와 달리 다윗 왕을 연상시키는 좋은 왕이다. 그는 다윗처럼 하나님이 보시기에 정직했으며, 종교개혁을 단행하여 국내에 널려 있는 우상과 그 신전들을 가차없이 파괴했으며, 아버지에 의해 폐쇄되다시피 했던 하나님의 성전을 회복시켰다.

나아가 왕은 이집트 탈출을 기념하는 유월절을 회복시켜 전국의 백성들이 예루살렘에 와서 축제를 지키도록 조치했다. 그로 인해 전국에서 많은 인파가 몰려와 7일 동안의 유월절 축제에 참여했다. 뿐만 아니라 그는 하나님의 계명을 잘 지켜 유다의 전후 여러 왕들 중 보기 드물게 하나님만 섬기는 왕이 되었다. 그는 백성으로 하여금 모든 생산품의 십일조를 성전에 드리게 했다.

예루살렘의 위기 왕하 18:9–37 ; 대하 32:1–19

앗시리아가 사마리아를 포위한 것은 히스기야 재위 4년이었고, 그로부터 3년 후 성이 함락되어 북왕국 이스라엘은 지상에서 영원히 사라졌다. 잔인하기 그지없는 앗시리아는 정복지의 백성들을 거의 모두 포로로 잡아가서 노예로 만드는가 하면 잔인한 살상과 약탈의 만행을 저질렀다. 더구나 호시탐탐 주변국들을 공격하여 제압함으로써 그 당시 가장 두려운 군사대국으로 부상했다.

유다 왕국의 백성들도 앗시리아가 쳐들어오지나 않을까 늘 초조하고 불안했다. 이미 국경을 맞대고 있는 북왕국 이스라엘을 무참하게 짓밟지 않았던가.

두려움은 급기야 현실로 다가왔다. 히스기야가 왕이 된 지 14년 만에 앗시리아 왕 산헤립이 대군을 이끌고 유다를 침공해 온 것이다. 유다 백성들은 겁을 먹고 우왕좌왕했다. 그러나 어찌된 일인지 히스기야 왕은 두려워하지 않았다. 앗시리아 군대가 아무리 많은 병력으로 공격해 와도 하나님께서 도와주시면 이길 수 있다는 확고한 신념이 있었기 때문이다.

히스기야는 우선 신하들과 논의한 끝에 예루살렘 성 밖의 모든 샘들을 막고 훼손된 성벽을 보완하는 공사를 서둘렀다. 차제에 성벽을 조금 높였다. 뿐만 아니라 성벽 밖에 새로 성벽 하나를 더 쌓았다. 예루살렘 방어를 위해 사람이 할 수 있는 만반의 준비를 다한 것이다. 이어서 군대를 지휘할 대장들을 임명한 후 그들에게 훈시했다.

"앗시리아 왕과 그의 군사들을 두려워하지 말아라. 우리의 하나님께서 그들보다 위대하시다. 하나님께서 우리를 대신하여 싸워 주실 것이다."

세계 정복의 길에 나선 듯 의기양양한 앗시리아 왕 산헤립의 대군은 곧장 예루살렘으로 향하지 않고 유다의 여러 성읍을 탈취하면서 남부 해안 국가인 블레셋으로 향했다. 그리고는 전령을 예루살렘으로 보냈다. 전령은 성벽 밖에서 큰 소리로 외쳐댔다. 백성들이 성 위로 모여들었다. 왕궁에서도 히스기야의 신하들과 장군들이 성 위에서 백성들과 함께 그 전령이 외치는 소리를 들었다.

"예루살렘 백성들아, 너희 왕을 믿지 말아라. 너희 왕 히스기야가 우리 앗시리아의 왕 산헤립의 손에서 너희를 구원하지 못한다는 것쯤은 알아야 한다. 우리를 이길 나라는 지상에 없다. 어떤 신도, 너희가 믿는 하나님도, 앗시리아를 당해내지 못한다. 위대하신 산헤립 대왕의 말씀이시다."

히스기야 왕의 신하가 산헤립의 전령에게 소리쳤다.

"우리 말로 하지 말고 당신네 말로 하라. 우리 신하들은 당신네 말을 다 알아듣는다. 유다 말로 하면 성 위의 우리 백성들이 알아듣는다."

"쓸데없는 소리 말아라. 너희 백성들이 알아듣게 하려고 너희 말로 하는 것이다. 우리의 산헤립 왕께서 너희 백성들에게 말하라고 하셨다."

전령은 더욱 목청을 돋우어 소리쳤다.

"너희 왕 히스기야가 하나님이 도와주신다고 해도 믿지 말아라. 예루살렘 성은 앗시리아 왕 산헤립의 수중에 들어올 것이다."

천사가 없앤 18만5천의 적군 왕하 19장 ; 대하 32:20-33

앗시리아 전령은 그가 외친 내용을 글로 적어 히스기야 왕에게 보냈다. 이른바 산헤립 왕의 최후 통첩이었다. 히스기야 왕은 그 문서를 들고 성전으로 들어가 펼쳐 놓은 후 하나님께 기도했다.

"하나님께서는 하늘과 땅을 창조하셨으며, 이 땅의 모든 나라들 위에 유일한 신이십니다. 그런데 산헤립이 하나님의 백성을 치러 왔습니다. 주 하나님, 모든 나라들이 오직 주만이 하나님이신 줄 알 수 있도록 산헤립으로부터 이 나라와 백성을 구해 주소서."

히스기야는 믿었다. 다른 나라들이 산헤립에게 패배한 것은 그 나라들의 신이 모두 우상에 지나지 않기 때문이다. 그러나 유일하신 우리의 하나님은 우리를 반드시 지켜 주시리라. 기도를 마친 히스기야는 글을 써서 예언자 이사야에게 보냈다.

'앗시리아 왕 산헤립이 공개적으로 하나님을 모독하는 소리를 우리 하나님께서 들으셨을 것입니다. 따라서 우리 하나님께서 그를 꾸짖을 것입니다. 예언자께서는 하나님이 우리를 도우시도록 기도해 주십시오.'

왕의 사자는 산헤립의 전령이 성 밖에서 외친 소리를 모두 이사야에게 전했다.

"내가 편지를 써 줄 테니 왕께 전하시오."

이사야는 즉석에서 답신을 썼다.

'하나님께서 말씀하셨습니다. 나는 왕이 산헤립을 두고 기도하는 소리를 들었다. 앗시리아 왕이 나를 모욕하고 거역했으니 그 코에 쇠고리를 꿰고, 입에 자갈을 물려 그가 왔던 길로 돌려보낼 것이다. 그는 예루살렘 성으로 들어오지 못한다. 내가 이 성을 지키고 너희를 구원할 것이다.'

그날 밤, 참으로 놀라운 일이 예루살렘 성 밖에서 전개되었다. 자그마치 18만 5천이나 되는 대군으로 성을 포위하고 있던 앗시리아 군대가 모두 잠자다가 죽은 것이다. 이집트를 탈출하던 밤에 양의 피를 바르지 않은 모든 집을 하나님의 천사가 지나갔고, 그 집에서 장남과 가축의 첫 새끼가 다 죽은 것처럼, 예루살렘 성 밖에서도 하나님의 천사가 지나가며 그들을 모두 죽인 것이다.

다음 날 아침 성 밖은 적군의 시체로 뒤덮여 있었다. 군대를 잃은 왕 산헤립은 자기 나라로 도주했다. 그러나 그를 기다린 것은 죽음이었다. 왕은 그들의 신전에 들어가다가 아들이 찌른 칼을 맞고 죽었다.

히스기야 왕이 앗시리아의 예루살렘 공격에 대비하여 동북쪽 성 밖의 기혼 샘에서 성 안의 저수시설인 실로암까지 연결한 525m의 지하 수로공사는 기적의 터널로 평가되며, 지금까지 고스란히 남아 있다.

유다 왕 므낫세와 아몬

12세의 어린 왕 왕하 21:1-9 ; 대하 33:1-9

현대의 정치인은 물론 옛 군왕에게도 역사는 최고의 교과서다. 그런데 역사라는 거울을 통해 자신의 모습을 발견하지 못하는 경우가 비일비재하다. 히스기야 왕의 아들 므낫세도 그 부류에 속하는 왕이다.

열두 살의 어린 나이에 왕좌에 오른 므낫세는, 오직 하나님에 대한 신앙 하나로 앗시리아의 산헤립 왕이 이끌고 온 18만 5천 대군을 제거한 아버지의 신앙을 외면했다. 역대 유다 왕 중 히스기야 왕이 가장 모범적이었다면 그의 아들 므낫세는 가장 악한 왕으로 기록될 만큼 대조적이다. 그러면서도 남왕국과 북왕국의 역대 왕 중 가장 긴 55년 동안 왕의 자리에 있었다.

그는 아버지가 파괴하고 제거한 우상의 신전과 우상들을 다시 세웠다. 그에 관한 성경의 기록은 두 가지 내용으로 압축된다. 그는 바알과 아세라, 태양과 별 등을 숭배하는 다신교 신앙의 국가로 정책을 바꾸고, 이에 저항하는 예언자들과 하나님 신앙을 지키려는 사람들을 무차별 살해했다. 하지만 그는 하나님의 진노로 쇠사슬에 묶여 앗시리아에 포로로 잡혀가서 온갖 수모와 고난을 겪었고, 이 과정에서 비로소 우상숭배의 죄를 회개하고는 다시 예루살렘으로 돌아와 하나님 신앙의 회복을 위해 노력하게 된다.

므낫세의 악정과 심판의 재앙 왕하 21:10-18 ; 대하 33:10-20

그는 성전 마당에 우상과 그 제단을 세우고 백성들에게 숭배를 강요했다. 심지어는 어린 왕자를 이교도의 우상인 몰록의 제단에 희생제물로 바쳐 죽이기도 했다.

하나님은 그러한 므낫세에게 예언자를 보내어 경고하셨으나 그는 오히려 예언자에게 악행을 저질렀다. 므낫세가 무죄한 사람의 피를 얼마나 많이 흘렸던지, 예루살렘 이쪽 끝에서 저쪽 끝까지 피가 흘러 넘쳤다는 기록이 있을 정도이다.

하나님을 섬기던 아버지 세대의 사람들은 가고 없었다. 므낫세 세대의 사람들은 이제 하나님을 버렸고, 잊었다. 그들의 신은 바알이요 아세라요 태양과 달과 별이었다.

더 이상 간과할 수 없는 지경에 이르자 하나님께서는 예언자를 통해 왕과 그 백성에게 마지막으로 경고하셨다.

'므낫세가 이토록 악한 짓을 자행하니 내가 큰 재앙을 내리겠다. 예루살렘에 내린 재앙의 소식을 듣는 사람마다 놀라지 않을 수 없으리라. 사람이 접시를 뒤집어 안팎을 닦는 것처럼, 예루살렘 안팎을 쓸어버리리라.'

하나님의 자기 백성에 대한 사랑은 세상의 어떠한 사랑과도 비교할 수 없다. 하지만 사랑이 크면 증오도 크다. 그래서 사랑하는 백성이 잘못을 저지르면 하나님께서 심판하신다.

드디어 재앙이 밀려왔다. 북왕국을 무너뜨린, 그리고 히스기야 왕 당시에 예루살렘을 포위했다가 왕과 이사야 예언자의 기도로 18만 5천의 대군이 하룻밤 사이에 전멸당한 쓰라린 경험을 갖고 있는 강대국 앗시리아가 또다시 예루살렘을 침공한 것이다. 그들은 파죽지세로 예루살렘으로 밀려와 복수라도 하듯 살상과 강탈을 벌이고, 많은 백성을 포로로 잡아갔다. 므낫세 왕은 마치 짐승처럼 쇠사슬로 묶인 채 아라비아 사막을 통과하는 8백여 km의 험난한 길을 끌려갔다.

인간이 감당하기에는 한계를 벗어난 고통과 수모를 당한 므낫세 왕은 마침내 자신의 잘못을 깨닫고 회개하기에 이르렀다. 늦게나마 아버지가 믿던 하나님 신앙으로 돌아간 므낫세는 그 동안 자신이 저지른 주홍같이 붉은 죄를 회개하며 간절히 기도했다. 하나님께서는 그 기도를 들으시고 므낫세를 다시 예루살렘으로 돌아가도록 선처하셨다. 귀국한 왕은 그때부터 자신이 세운 모든 우상과 우상의 제단을 철거하여 잘못된 종교정책의 흔적들을 제거해 갔다. 아울러 성을 이중으로 쌓아 외침에 대비했으며, 변방의 성읍들에도 군대를 주둔시켰다.

므낫세의 아들 아몬 왕하 21:19–26 ; 대하 33:21–25

므낫세가 죽자 그의 아들 아몬이 즉위했다. 그러나 아몬은 아버지 시절에 세워진 우상의 제단들 중 아직 남아 있는 우상에게 제사를 드렸다. 마치 므낫세의 악정 시절을 연상시키는 우상숭배와 악행들을 보다 못한 신하들이 아몬을 궁중에서 암살했다. 즉위한 지 2년 만인 스물네 살 때의 일이었다. 백성들은 왕을 죽인 신하들을 제거하고 아몬의 아들 요시야를 새 왕으로 세웠다.

유다 왕 요시야의 신앙과 개혁

종교개혁의 현장을 지휘한 왕 왕하 22:1–2 ; 대하 34:1–7

아버지의 암살로 불과 여덟 살의 어린 왕이 탄생했다. 요시야 왕은 다윗의 혈통에 정당한 왕위 계승자인데다가 백성들이 그를 원했으므로 나이는 어려도 암살의 위험은 없었다. 선왕 아몬의 암살 사건이 이 어린 왕을 특별히 보호하게 하는 정서로 작용했다.

요시야는 어린 나이에도 다윗의 신앙을 본받아 좌로나 우로 치우치지 않고 바르게 나아갔다. 열여섯 살이 되자 오직 하나님만 의지하게 되었고, 스무 살 때부터는 우상의 잔해들을 제거시키면서 직접 그 현장에 나가 지휘하는 적극성을 보였다. 그는 우상숭배를 뿌리 뽑겠다는 의지로 남은 잔재를 가루처럼 부수게 한 후 그 가루를 우상을 섬기던 사람들의 무덤에 뿌리게 했다.

예루살렘에서 시작된 이런 우상 뿌리뽑기는 유대 전체와 옛 북왕국의 영토였던 이스라엘 땅으로까지 확대 실시했다. 왕은 직접 현장으로 순회할 때 무거운 도끼와 망치를 휴대한 목수들을 데리고 다녔다. 옛 북왕국은 우상숭배의 온상이었으므로 성읍마다 온통 바알과 아세라 신상과 그 제단이 설치되어 있는 실정이었다. 북왕국이야말로 우상숭배의 죄에 대해 하나님께서 심판하시어 멸망한 나라였던 것이다. 요시야 왕은 우상을 가루가 되도록 부수게 했다.

위대한 발견 왕하 22:3–9 ; 대하 34:8–17

예루살렘 성전의 보수 공사가 시작되었다. 대제사장 힐기야는 공사 현장을 두루 돌아보며 감독하고 지휘했다. 대제사장으로서는 성전의 모습을 회복시키는 작업이 큰 기쁨이 아닐 수 없었다.

작업 현장을 둘러보던 대제사장은 성전 구석에서 두루마리 문서 뭉치를 발견했다. 오래 묵은 두루마리였다. 그는 즉시 학자들을 불러 두루마리 문서의 내용을 알아보게 했다.

"이 문서는 분명 모세가 기록한 율법책의 사본임에 틀림없습니다!"

율법학자들이 흥분했다. 대제사장도 흥분하지 않을 수 없었다. 우상숭배 정책이 강화되면서 누군가가 성전 구석에 숨겨두었던 모세의 율법서가 빛을 본 것이다.

그 귀하고 소중한 문서는 즉시 왕에게 전달되었다. 8백여 년 전, 가나안 땅에 들어오기 전에 모세에 의해 기록된 율법 문서는 지성소의 법궤 안에 소장되었으며, 7년마다 한 번씩 대제사장이 꺼내어 백성들에게 읽어 주도록 되어 있었다. 그 오랜 세월에 수많은 필사본이 만들어졌겠지만, 이제 와서는 거의 찾아볼 수 없는 실정이었다. 우상숭배 정책에 밀려 사본들이 거의 사라졌으며, 아울러 연구되지 않고 가르쳐지지 않아, 하나님의 백성인 그들조차 하나님을 모르게 되었던 것이다. 그러므로 율법책의 발견은 그들의 신앙을 온전하게 회복시키는 계기가 될 수 있었다.

요시야 왕의 서약 왕하 23:1–3 ; 대하 34:18–33

왕은 율법책을 가져온 사람으로 하여금 낭독하게 했다.

'이 책에 기록된 율법을 따르지 않으면 하나님께서 이 백성의 괴로움을 더 하실 것이다. 이 백성이 나를 버리고 다른 신에게 분향하며 그 행위로 나를 분노케 하므로 내가 나의 분노를 이곳에 쏟으매 꺼지지 않을 것이다.'

율법책에 기록된 무시무시한 형벌이 두려워진 왕은 하나님의 예언자에게 사람을 보내어 알아보게 했다. 여자 예언자 훌다는 하나님의 뜻을 이렇게 전하게 했다.

'내가 이 도성과 주민에게 내리기로 작정한 재앙을 네가 알고, 옷을 찢고 울면서 나의 경고를 두려워했다. 그러니 내가 네 기도를 들어주겠다. 너는 이 도성의 멸망을 직접 보지 않을 것이다. 그런 일이 있기 전에 너는 네 조상들의 묘실에 안치될 것이다.'

예언자에게서 하나님의 뜻과 계획을 전해 들은 요시야 왕은 즉시 백성의 장로들과 제사장들은 물론 노인에서부터 젊은이에 이르기까지 모두 성전으로 모이게 했다. 왕은 성전에서 발견된 율법책을 끝까지 읽어준 후 유다 백성으로 하여금 주와 맺은 언약을 새롭게 다짐하게 했다. 주께 순종하고 마음과 정성을 다하여 주의 모든 계명과 가르침에 따를 것이며, 그 책에 기록된 언약의 말을 확언하게 했다. 그러자 온 백성이 동의하고 그 언약을 지키기로 맹세했다.

예언의 성취 왕하 23:4–25 ; 대하 35:1–19

요시야 왕 18년, 곧 그의 나이 26세에 예언자 사무엘 시절 이래 가장 대규모의 유월절 행사가 예루살렘에서 이루어졌다. 온 나라가 축제 분위기였다. 백성들과 지도

자들은 모처럼 하나님을 제대로 섬기는 기쁨을 누렸다.

그 후 요시야 왕은 온 나라 안의 모든 우상과 그 잔해들을 흔적조차 없이 씻어내기로 작정했다. 먼저 성전에 있는 우상을 섬기는 데에 사용된 그릇들을 모두 태워 그 재를 멀리 내다 버리게 하고, 점쟁이와 마술사의 집들도 부수었다. 그런 다음 몰록이라는 우상의 팔에 어린아이를 안겨 놓고 불에 태워 제물로 바치던 도벳 골짜기로 가서 다시는 몰록 숭배가 불가능하도록 아예 그 골짜기를 메워버리게 했다. 또 예루살렘 동쪽에 있는 올리브 산에 솔로몬이 이교도 아내들을 위해 만들었던, 4백여 년 동안 그 자리에 서 있는 낡은 우상을 제거하고 죽은 사람들의 뼈를 그 제단에서 태워서 다시는 그 제단에 제사 드리지 못하게 했다.

그 다음에는 북쪽으로 16km 떨어진 벧엘로 갔다. 거기에는 북왕국의 여로보암 왕이 3백여 년 전에 세운 금송아지 우상과 그 제단이 번듯하게 설치되어 있었다. 요시야 왕은 벧엘의 묘지에서 파낸 유골을 그 제단에서 불태웠다. 그렇게 하면 그 누구도 그 제단에서 제사를 지내지 않기 때문이다.

작업이 진행되고 있을 때 우연히 눈을 들어 바라본 주변의 언덕에 비명이 새겨진 작은 비석 하나가 시야에 들어왔다.

"저 비석이 무엇이냐?"

왕이 물었다.

"저건 유다 왕국에서 온 하나님의 종의 무덤입니다. 그는 이교의 제단이 다윗의 후손으로 태어날 요시야에 의해 이 제단에서 사람의 뼈가 불태워질 것을 왕의 이름까지 거명하며 예언한 바 있습니다. 오늘 그 예언의 말씀이 성취되었습니다."

요시야의 최후 왕하 23:26-30 ; 대하 35:20-27

하나님의 율법을 엄격하게 지키며 이교의 신상과 제단들을 파괴하고 불태우면서 온 백성이 하나가 되어 하나님을 섬기게 한 요시야의 시대는 외적의 침공도 없는 태평성대였다. 하나님께서 요시야를 위하여 그 나라와 백성에 내릴 재앙을 유예하셨기 때문이다.

요시야의 통치 31년이 되는 해였다. 이집트 왕 느고가 서북방 유프라테스 강가에 있는 갈그미스를 공격하기 위해 원정을 떠났다. 느고는 원정을 떠나며 요시야에게 사신을 보냈다.

'우리 이집트는 유다 왕국을 공격하지 않습니다. 앗시리아를 도와 갈그미스를 치기 위해 당신네 나라를 거쳐서 갈 뿐입니다. 나는 하나님의 명령을 받고 갈그미스를 공격하러 가는 길이니, 우리가 가는 길을 방해하지 말기 바랍니다.'

팔레스타인은 강대국의 틈바구니에 끼어 그들의 전쟁터가 된 적이 한두 번이 아니었다. 팔레스타인을 자기네 국토로 만들려고 쳐들어온 적도 여러 차례였다. 요시야는 이집트가 원정을 명분으로 내 나라를 삼키려는 술수를 부린다고 생각했다.

왕은 군대를 이끌고 북북서 해안에 인접한 므깃도로 갔다. 일찍이 솔로몬 왕이 500두의 전투마를 훈련시킨 므깃도는 아프리카와 유럽, 아시아가 만나는 요충지여서 전투가 빈발하는 곳이었다.

요시야 왕은 이집트 군대가 앗시리아로 가기 위해 경유하지 않을 수 없는 므깃도에서 이집트와 일전을 벌일 참이었다. 그는 이집트 왕 느고가 직접 사령관으로 출정한 사실을 중시하여 자신은 전투에 참여하지 않은 것처럼 꾸미기 위해 변장을 하고 방어선을 구축했다. 하지만 전투가 벌어진 지 얼마 안 되어 이집트 군인이 쏜 화살이 요시야 왕에게 명중했다. 왕은 치명상을 입고 전사했다.

요시야 왕의 시신은 예루살렘으로 운구되어 왕조의 묘지에 안장되었다. 어진 왕의 죽음은 전국을 슬픔으로 빠뜨렸다. 예언자 예레미야도 애도의 노래를 지어 불렀다.

요시야의 뒤를 이어 차남 여호아하스가 왕의 자리에 올랐다.

예레미야의 소명과 예언

하나님을 떠난 백성이여 왕하 23:31–35 ; 대하 36:1–4 ; 렘 1–35장

예루살렘 북동쪽 4.8km에 위치하는 아나돗에서 제사장의 아들로 태어난 예레미야는 요시야 왕 13년에 예언자로 소명을 받았다.

'나는 네가 태어나기 전에 너를 예언자로 선택했다.'

하나님의 계시에 어린 예레미야는 몹시 두려워했다.

"하나님, 저는 아직 너무 어려서 말할 줄을 모릅니다."

"너는 아이라고 하지 말아라. 내가 너를 누구에게 보내든, 너는 가서 내가 시키는 대로 전하라. 내가 너와 함께 할 것이니 두려워하지 말아라.'

요시야 왕이 이집트의 왕 느고와 싸우다가 죽은 후, 유다 왕국은 몰락의 길로 접어들고 있었다. 유다의 새 왕 여호아하스는 즉위하자마자 하나님을 떠나 우상을 숭배하는 등 악을 행하다가 불과 석 달 만에 이집트 왕 느고에 의해 폐위당했다. 느고는 여호아하스의 형제 엘리야김을 왕으로 세웠다. 그리고 이름을 '여호야김'이라 고치게 하고, 많은 조공을 바치라고 요구했다. 속국의 신세로 전락한 것이다. 여호아하스는 이집트에 인질로 잡혀갔다.

이집트는 앗시리아 원정에서 승리하여 사실상 패권국가로 부상했으므로 유다 왕국의 배신을 징계한 셈이었다. 예레미야는 이 무렵 본격적인 활동을 시작했다.

하나님께서는 충분한 경고 없이는 징계하지 않으신다. 언제나 오래 참으신다. 하나님께서는 예레미야를 통해 경고하셨다.

'이 백성이 하나님을 잊었다. 예루살렘 거리를 돌아다녀 보아도 하나님을 믿는 사람이 하나도 없다. 모두가 하나님이 가증하게 여기시는 우상숭배에 빠져 있다. 모두가 악해져서, 돌보아 주어야 할 고아와 과부를 오히려 압제한다. 나그네를 박해하고, 억울한 피를 흘리게 한다. 하나님께서 말씀하신다. 내 백성이여 다시 돌아오라. 내가 너희를 치료하고 복을 주리라.'

하지만 누구도 예레미야의 경고에 귀를 기울이지 않았다. 우상숭배에 빠져 버리면 하나님의 말씀을 듣는 귀가 닫혀지는 것인가? 모두가 냉담했지만, 예레미야는 계속하여 외쳤다.

'너희가 하나님을 버리고 다른 신들을 섬기는 것처럼, 너희가 이 나라를 떠나 다른 나라에 가서 그 나라를 섬기게 되리라. 예루살렘과 이 나라 땅은 황폐해지리라. 너희가 하나님의 말씀을 버렸고, 하나님의 경고도 듣지 않기 때문이다.'

무서운 저주였다. 나라는 완전히 망하고, 그 백성은 포로로 잡혀간다는 것이다. 정치 지도자는 물론 종교 지도자들도 어느덧 예레미야를 미워하기 시작했다. 늘 저주성 발언을 하나님의 말씀이라며 떠들어대는 그가 곱게 보일 리 없었다. 지도자들은 예레미야를 붙잡아서 차꼬를 채운 다음 협박했다. 차꼬란 앉은 채 두 발목을 묶는, 나무로 만든 형틀이다.

예레미야의 메시지에서 언급되는 이스라엘 백성이 잡혀가서 섬기게 된다는 나라는 앗시리아를 제압하고 일어난 신바빌로니아 제국이었다. 이집트는 앗시리아와의 전쟁에서 이긴 후 잠시 패권국가로 부상했으나 신바빌로니아가 등장하면서 이집트는 남으로 물러났다. 두 강대국 사이에 낀 유다 왕국은 우왕좌왕했다. 친 남부(이집트)와 친 북방(바빌로니아)으로 갈등이 야기되고 세력이 갈라졌다. 예레미야는 하나님이 주신 지혜와 계시로 장차 북방세력이 침입하여 이 나라를 초토화시킬 것을 알고 있었다. 그러나 회개하여 우상을 버리고 하나님께 돌아오기만 하면 재앙을 면케 하신다는 하나님의 계시가 있었기에 예레미야는 두려워하지 않고 경고의 메시지를 보낼 수 있었다.

불태워진 예언 두루마리 왕하 23:36–37 ; 대하 36:5 ; 렘 36장

이집트로 사로잡혀간 여호아하스 왕의 뒤를 이어 느고에 의해 새 왕이 된 여호아하스의 아우 여호야김은 11년을 통치하는 동안 악정을 서슴지 않았다. 그는 이집트에 보낼 조공을 마련하느라 백성들에게 과중한 세금을 징수했다. 예레미야는 왕에게 경고했다.

'하나님께서 말씀하셨습니다. 표범보다 빠르고 굶주린 늑대보다 사나운 갈대아인을 이 나라에 보내어 이 나라를 빼앗게 하실 것입니다. 머나먼 바빌로니아에서 기병들이 몰려올 것입니다.'

그 말에 화가 난 여호야김 왕은 예레미야를 감옥에 가두라고 명령했다. 예레미야는 늘 함께 있는 제자 바룩을 불러 하나님께서 주시는 예언을 기록하게 했다. 양피지 두루마리에 기록된 예언은 모두가 하나님의 경고였다.

'이 두루마리를 금식일에 성전으로 가지고 가서 백성들이 모인 자리에서 읽어 주어라. 듣는 자들이 회개하고 하나님께 돌아올지도 모른다.'

바룩은 금식일에 성전에 모인 백성들에게 구술된 예언을 읽어 주었다. 그 자리에는 레위인 미가야가 있었다. 그는 예레미야의 예언이 심상치 않다고 느껴 그 사실을 지도층인 장로들에게 알렸다.

"바룩을 불러 직접 들어보는 게 좋겠군요."

그들의 의견이 일치하자 바룩이 불려 왔다.

"전에서 백성들에게 읽어 준 그 두루마리를 우리에게도 읽어 주게."

장로들의 요청에 바룩은 두루마리를 읽어 내려갔다. 듣는 이들의 표정이 점점 긴장과 두려움으로 가득 찼다. 신바빌로니아 제국의 무서운 침공과 늑탈이 따를 것을 명백하게 경고하고 있었기 때문이다.

"이 사실을 왕께 보고하지 않으면 안 됩니다. 국가와 민족의 운명이 걸려 있습니다. 하나님이 주신 예언이라니 이대로 가면 반드시 그날이 현실로 다가올 게 아닙니까."

장로들은 두려움으로 수군거렸다.

"이렇게 합시다. 이 사실을 보고하면 왕께서 예레미야와 바룩을 죽일지도 모르니, 두 사람에게 몸을 숨기게 한 후 우리는 왕께 갑시다."

예레미야는 감옥에서 나와 있었으나 장로들의 뜻을 받아들여 바룩과 함께 은신했다.

장로들이 왕에게 나아가 모든 백성이 회개하지 않으면 무서운 재앙을 하나님께서 내리신다는 예레미야의 예언을 전했다.

"그걸 내 앞에서 읽도록 하라. 자세히 들어 보겠다."

장로들은 숨겨 두었던 두루마리를 가져왔다. 서기관이 왕 앞에서 읽어 내려갔다. 여호야김 왕은 따뜻한 난롯가에 앉아 경청했다. 그러나 끝까지 들을 필요를 느끼지 않았다. 못마땅해진 왕은 읽는 것을 중단시키고 그 두루마리를 가져오게 하더니 칼을 뽑아 잘라 버렸다. 그래도 성이 안 찼는지 그는 반으로 잘린 양피지 두루마리를 활활 타오르는 난롯불 속으로 던져 버렸다. 그의 아버지 요시야 왕은 성전에서 모세의 율법이 적힌 두루마리가 발견되자 두려움과 슬픔으로 자기 옷을 찢으며 회개했는데, 그의 아들인 여호야김 왕은 하나님의 예언이 담긴 말씀을 태워버린 것이다. 이제 유대 왕국에 희망이 사라져 버렸다.

"예레미야와 바룩을 체포하라."

여호야김이 분노하여 명령했다.

한편 하나님께서는 은신 중인 예레미야에게 말씀하셨다.

'왕이 불태워 버린 두루마리의 내용을 다시 기록하여라. 그리고 왕에게는 특별히 경고하는 내용을 덧붙여라. 하나님의 경고를 무시하고 예언의 두루마리를 불사른 여호야김, 네 나라가 끝나리라. 네 뒤를 이을 왕이 없게 되리라. 너는 죽어서 낮에는 작열하는 태양에 노출되고 밤에는 찬 이슬을 맞게 되리라.'

바빌로니아의 침공과 예루살렘의 함락

바빌로니아의 침공 왕하 24장 ; 대하 36:6–10 ; 렘 37–39장

앗시리아를 무너뜨린 후 남방의 이집트를 비롯, 주변의 여러 나라를 정복하여 대제국이 된 바빌로니아의 느부갓네살 왕은 의기양양했다. 세상에 두려운 적국이 없기 때문이다. 느부갓네살은 유프라테스 강에서 나일 강에 이르는 대제국의 황제였다. 유다의 여호야김도 3년 동안 바빌로니아의 속국 노릇을 했다.

여호야김이 바빌로니아에 등을 돌리고 다시 친親이집트로 기운 것은 한때 이집트가 바빌로니아를 이겼을 때였다. 그러나 그 기간은 참으로 일시적이었다. 느부갓네살은 강한 대군을 거느리고 배신한 여호야김을 징벌하기 위해 예루살렘으로 진격하여 무차별적으로 파괴하고, 많은 백성과 함께 여호야김을 붙잡아 쇠사슬로 묶은 채 바빌로니아로 끌고 갔다. 한 나라의 왕인데도 그의 무덤이 없게 된 것은, 예레미야의 예언대로 죽어서 들에 버려졌기 때문이다.

느부갓네살은 18세 된 여호야김의 아들 여호야긴을 유다의 왕으로 임명했다. 왕이 된 여호야긴은 아버지처럼 우

상을 섬기고 악행을 자행했다. 그러자 불과 석 달 만에 느부갓네살이 다시 군대를 거느리고 예루살렘으로 왔다. 이번에는 왕과 왕비, 태후와 신하 등 1만여 명을 포로로 붙잡아 바빌로니아로 끌고 갔다. 몇 년 전에는 예루살렘 성전에서 금은 그릇 등 보물을 노획하여 가져갔는데, 이번에는 왕궁과 성전에 남은 모든 금은보화를 남김없이 늑탈해 갔다.

느부갓네살은 쓸모없는 사람들만 남겨둔 채 기술자와 장정들과 궁녀 등 사용가치가 있는 모든 사람을 포로로 붙잡아 갔다. 아라비아 사막을 포함한 8백여km의 거리를 도보로 끌려가는 그들의 고통을 어찌 말로 표현할 수 있을까. 도중에 병들고 굶주리고 지쳐서 죽는 사람이 부지기수였다. 예레미야를 통해 경고성 예언을 하신 하나님께서 회개하지 않는 백성에게 재앙을 내리신 것이다.

느부갓네살은 남은 백성을 다스리도록 여호야긴의 숙부 시드기야를 왕으로 세우고, 바빌로니아를 배반하지 않겠다는 약속을 받았다. 그러나 시드기야는 악한 왕이었다. 예레미야는 시드기야에게 바빌로니아와의 약속을 지키라고 상기시켜 주었다. 그런데도 몇 년이 지나자 그는 바빌로니아에 등을 돌렸고, 느부갓네살이 그냥 넘어갈 리가 없다. 그는 분노하여 대군을 이끌고 쳐들어와 예루살렘 성을 포위했다.

이집트와 싸워서 진데다 바빌로니아에게 세 차례나 침공을 받으니, 예루살렘은 초토화되었다. 예루살렘 사람들은 모두가 예레미야를 미워했다. 바빌로니아에게 포로로 잡혀간다고 예언했는가 하면, 시드기야 왕에게는 바빌로니아에 등을 돌리지 말라고 충고하니, 예레미야를 바빌로니아와 내통하거나 친바빌로니아주의자임에 분명하다는 생각들을 하게 되었다. 그의 경고성 예언을 하나님의 말씀으로 듣지 않았기 때문이다.

바빌로니아 군대는 예루살렘을 완전 포위했다. 당시의 관리들은 시드기야의 친이집트 외교와 반바빌로니아 정책을 지지했다. 이집트는 바빌로니아 군대가 예루살렘을 포위하자 약속한 대로 군대를 예루살렘으로 보내어 시드기야를 도우려고 했다. 이에 느부갓네살은 양쪽을 경계하느라 서둘러 예루살렘을 공격하지 못하고 포위망만 유지하고 있었다. 예레미야는 친이집트주의자들에 의해 투옥되었다.

이집트 군대는 바빌로니아 군대와 본격적으로 전투할 의사가 없는지 싱겁게 퇴각하고 말았다. 그리하여 예루살렘은 기원전 588년 1월 중순부터 586년 7월 중순까지 포위 상태로 지내야 했다. 백성은 굶주림과 전염병과 포위의 공포 속에서 떨어야 했다.

어느 날 왕은 은밀하게 예레미야를 불러내어 물었다.

"혹시 하나님께서 말씀하신 것이 있소? 있으면 정직하게 말해 주시오."

예레미야가 시드기야에게 대답했다.

"있습니다. 왕은 바빌로니아 왕에게 붙잡힐 것입니다."

왕은 아무 대꾸도 하지 않았다. 갈등과 고민으로 묵묵히 고개를 숙이고 있었다. 예레미야는 왕에게 구덩이로 된 감옥에만은 다시 들어가지 않게 해달라고 청원했다. 왕은 그 부탁을 들어주어 예레미야를 시위대 뜰에 있게 하고 음식을 주라고 했다. 그러나 항복을 권유했다는 말을 들은 신하들은, 예레미야를 죽여 버리자고 했다. 그러나 그들은 예레미야를 죽이지는 못하고 다시 구덩이로 된 감옥에 처넣었다. 감옥의 밑바닥은 진흙수렁이어서 견디기에 너무 힘든 곳이었다.

진흙수렁에 빠져 기력이 쇠진해져 죽을 수밖에 없게 된 예레미야의 소식을 들은 흑인 내시 에벳멜렉이 왕 앞에 나아가 그 사실을 고했다.

"예레미야는 곧 죽을 것입니다. 거기서는 살아나올 수가

없습니다. 신하들이 거기다 넣었습니다."

왕은 자기가 명령한 대로 집행되지 않았음을 알고 즉시 명령을 내렸다.

"왕궁에서 30명을 데리고 가서 예레미야를 진흙수렁에서 꺼내 주도록 하시오."

환관은 서둘러 장정 서른 명을 데리고 감옥으로 달려갔다. 헌 옷가지와 천을 길게 줄로 만들어 컴컴한 구덩이로 내려 보내며 소리쳤다.

"자, 줄이 내려가니 겨드랑이 밑을 단단히 묶고 줄을 꼭 잡으세요. 끌어올리겠습니다."

예레미야는 일단 죽음을 모면했다. 왕은 여전히 항복하지 않고 버티었다. 예레미야는 시위대 뜰에서 감시를 받았다. 신선한 공기와 태양이 하나님의 손길처럼 그를 지켜주었다.

기원전 586년-예루살렘 함락의 비극 왕하 25:1-21 ; 대하 36:11-21 ; 렘 40:1-6

바빌로니아 군대는 예루살렘 성벽을 헐기 시작했다. 왕과 신하들은 한밤중에 허물어진 성벽을 넘어 동쪽 비탈길로 도망치기 시작했다. 그러나 날이 새자 도주 사실을 안 바빌로니아 군대가 말을 달려 추격해 왔다. 왕과 일행은 예루살렘에서 30여 km쯤 떨어진 요단 강 가까이의 여리고에서 체포되고 말았다. 예루살렘의 느부갓네살 왕 앞에 끌려간 그들 중 신하들과 아이들은 그 자리에서 잔인하게 죽임을 당했다. 왕자들도 아버지가 지켜보는 앞에서 처참하게 살해당했다. 시드기야 왕은 두 눈을 뽑히고 쇠사슬로 묶여 바빌로니아로 끌려갔다. 그는 바빌로니아의 감옥에 갇혀 지내다가 햇볕도 못 보고 죽었다.

기원전 1040년에 왕국이 시작되고, 1010년에 유다 지파의 다윗이 왕이 되어 유다 왕국이 출범한 이래 그의 후손들이 계승해 온 왕조는 424년 만에 비참하게 종막을 고했다.

이듬해, 바빌로니아는 다시 예루살렘에 군대를 보내 성전과 왕궁 등을 약탈한 후 대대적으로 파괴하고 불태웠다. 이제 예루살렘은 사람이 살 수 없을 지경으로 황폐해졌다. 예루살렘 주민들은 노인과 병자 들만 남고 모두 포로로 끌려갔다. 예레미야도 포로로 붙잡혀 갔다. 그러나 예루살렘 북쪽 8km쯤 떨어진 라마에 이르렀을 때 바빌로니아의 근위대장이 예레미야에게 말했다.

"이 모든 일은 그대의 백성이 이스라엘 신에게 죄를 짓고 그 신의 말씀을 따르지 않았기 때문에 생긴 일이오. 그러나 나는 지금 그대의 팔에 묶인 쇠사슬을 풀어 주겠소. 그대가 원한다면 나와 함께 바벨론으로 갑시다. 그대가 바라지 않는다면, 함께 가지 않아도 좋소. 유다 어느 곳이든지 그대가 원하는 곳으로 가서 살도록 하시오."

예레미야는 예루살렘을 선택했다. 초토화된 예루살렘에 돌아온 예레미야는 비탄의 노래를 지어 불렀다.

슬프도다, 예루살렘 성이여
사람들 복작거리던 이곳이 어찌 이리 적막한가
밤새우며 애곡하니 눈물이 뺨을 적신다
유다는 사로잡혀 갔도다
나의 탄식이 많고 나의 마음이 곤비하도다

한편 포로로 잡혀간 사람들은 그들대로 탄식의 노래를 불렀다.

우리가 바벨론의 강가에 앉아
시온을 기억하며 울었도다
우리를 사로잡은 자가 우리에게 시온의 노래를 부르라 한다
타국에 포로로 잡혀온 우리가 어찌 시온의 노래를 부를 수 있으랴

회복의 예언 렘 29:10-14, 51장

유다 왕국은 작지만 강한 나라였다. 그들이 하나님을 믿고 섬길 때는 번영과 평화를 누렸고, 우상숭배에 빠지면 심판의 재앙이 닥쳤다. 그런데도 유다는 하나님 중심으로 살지 못하다가 바빌로니아에 의해 완전히 멸망하고 말았다.

그러나 심판은 잘못에 대한 징계일 뿐이다. 하나님은 자기 백성을 포기하고 버린 것이 아니다. 하나님의 사랑은 변함이 없다. 예레미야는 이 사실을 전하면서 포로생활 70년이면 다시 돌아오게 된다고, 희망에 찬 회복의 메시지를 선포했다.

'하나님께서 말씀하신다. 그들은 나의 백성이 되고 나는 그들의 하나님이 되리라. 나는 그들을 쫓아버린 나라에서 다시 불러 모을 것이다.'

예레미야는 덧붙여 바빌로니아가 하나님의 심판을 받아 멸망할 것도 예언했다. 이러한 예언이 기록된 양피지 두루마리가 바빌로니아의 유다인 포로들에게 전달되었다. 그는 두루마리의 예언을 포로들에게 읽어 준 후 거기에 돌을 묶어서 유프라테스 강물에 던졌다.

"바빌로니아는 이렇게 가라앉습니다. 다시는 일어서지 못하게 됩니다."

하나님의 예언은 어김없이 이루어진다. 바빌로니아는 유다를 멸망시키고 한 세대가 지나기도 전에 페르시아에 의해 멸망당했다. 47년 만인 기원전 539년의 일이다.

다니엘의 신앙과 해몽

의지와 신념의 소년 단 1장

유다 왕국이 바빌로니아에 완전히 무너지기 19년 전인 기원전 605년, 그들은 예루살렘의 왕족과 귀족의 자제들 중 용모가 준수하고 학문에 밝은 지혜로운 아이들을 선별하여 포로로 붙잡아 갔다. 예루살렘 1차 침공에서 성전의 금과 은으로 만든 기물들을 노획물로 챙겨 바빌로니아로 돌아간 직후였다. 그때부터 유다 왕국은 바빌로니아에 종속되어 자주 독립국의 지위를 상실했다.

느부갓네살 황제의 특명으로 붙잡혀 간 유다의 탁월한 젊은이들은 훈련과 교육을 통해 인재로 등용될 계획이었다. 바빌로니아 왕궁으로 붙잡혀 간 소년들 중에서도 다니엘을 비롯한 하나냐, 미사엘, 아사랴 등 네 사람은 학문과 지혜가 명철하여 돋보였다. 왕은 그들의 유다식 이름을 바빌로니아식으로 개명했다. 다니엘은 벨드사살, 하나냐는 사드락, 미사엘은 메삭, 아사랴는 아벳느고로 바뀌었다.

왕은 그들에게 관심이 많았다. 왕은 그들의 건강을 위해 왕실에서 먹는 음식과 포도주를 똑같이 공급해 주었다. 하지만 다니엘 등 네 소년은 그러한 특혜에 감사하기는커녕 갈등과 고민에 빠졌다. 하나님을 경외하는 그들로서는 모세의 율법이 금하는 음식을 먹어서는 안 되기 때문이었다.

율법에 의하면, 고기는 아무것이나 먹을 수 없도록 제한되어 있었다. 피가 완전히 제거되지 않으면 먹을 수 없었고, 우상의 제단에 올렸던 음식도 먹지 못했다. 왕의 식탁에 오르는 산해진미를 그대로 먹었다가는 율법을 범하게 된다. 다니엘과 그의 세 친구는 왕의 특별한 호의를 거절하는 모험을 결심했다. 왕보다 하나님이 우선이라는 절대 신앙 때문이었다.

다니엘은 시종장에게 왕궁의 음식과 술을 먹지 않도록 해 달라고 부탁했다.

"그러다가 건강이 나빠지기라도 하면 그 책임을 내가 지게 된다. 잘못되면 내가 사형을 당할지도 몰라."

우리 때문에 시종장이 사형을 당하다니…. 얼마나 끔찍한 일인가. 잠시 갈등이 생긴 다니엘은 그러나 믿음으로 극복해 냈다.

"그런 일은 절대로 생기지 않습니다. 저희들에게 열흘 동안만 채식을 하도록 허락해 주십시오. 물론 물도 마시게 해 주시고요. 그런 다음 우리 얼굴빛을 왕실 음식을 먹은 다른 젊은이들과 비교해 보시기 바랍니다. 그 이후에는 감독관님 마음대로 처분하십시오."

감독관은 네 젊은이의 말대로 열흘 동안 시험해 보기로 했다.

그로부터 열흘 동안 네 소년은 채소와 물만 먹었다. 그런데도 어찌된 일인지 왕의 산해진미와 고급 포도주를 마시는 다른 소년들보다 다니엘과 그 친구 세 명은 얼굴에 윤기가 흐르고 더 건강해 보였다.

바빌로니아의 언어와 학문과 관습을 배우는 3년이 지났을 때 그들 네 사람은 준수한 지도자 청년으로 성장했다. 교육이 끝나자 그들 모두 왕 앞에 불려나갔다. 왕은 이런저런 질문을 하고 답변을 들었다. 한동안 담화를 나눈 왕은 그들 중에서 특히 지혜와 지식이 돋보이는 네 명을 선정하여 왕궁에 머물면서 왕을 돕는 관리로 임명했다.

생각나지 않는 꿈 단 2장

어느 날 아침, 왕은 지난 밤의 꿈을 아무래도 기억해 낼 수가 없었다. 뭔가 의미심장한 꿈을 꾼 것이 분명한데도 이상하게 꿈의 내용이 전혀 생각나지 않았다. 왕은 전국에서 유명하다는 마술사와 주술사, 점성가 들을 왕궁으로 불러들였다.

"내가 지난 밤에 꿈을 꾸었는데, 무슨 뜻인지 알 수가 없어 마음이 심란하오."

"꿈을 말씀해 주시면 저희들이 해몽하겠습니다."

모두가 입을 모아 말했다.

"무슨 꿈을 꾸었는지 도무지 생각나지 않으니 어떻게 말한단 말인가. 내가 꾼 꿈을 알아내고, 해몽까지 해야 한다."

기막힌 노릇이다. 아무리 왕이라지만 이런 억지가 어디 있을까.

"폐하, 지금까지 아무리 위대하고 막강한 임금님이라고 해도, 마술사나 주술사, 점성가에게 그 같은 것을 요구한 적은 없습니다. 폐하께서 물으신 것은 너무 어렵습니다. 신이 아니라면 그런 것을 알지 못할 것입니다. 사람으로서는 그런 것을 알아낼 길이 없을 것입니다."

왕은 화가 치밀었다. 이른바 유명한 마술사와 주술사, 점성가 들이 그런 것도 알아내지 못한다면 평범한 사람들과 무엇이 다르단 말인가.

"내 말을 똑똑히 들어라. 이건 왕의 명령이다. 너희는 내가 잊어버린 꿈의 내용을 알아내고 해석하라. 그렇게 못하면 너희들을 모조리 처형하리라. 그러나 꿈의 내용을 알아내고 해몽해 준다면, 많은 선물과 상을 내리리라."

하지만 신이 아니고서야 어찌 남이 꾼 꿈을 알아낸단 말인가.

"저자들을 모두 죽여라. 이 나라의 모든 마술사와 주술사, 점성가 들을 다 죽이라. 모두 엉터리들이다."

왕의 진노로 많은 생명이 죽게 되었다. 왕실 시위대장 아리옥이 왕의 명령대로 바빌론의 현인들을 처형하려

고 나갈 때, 다니엘이 그에게 다가가 물어 보았다.

"시위대장님, 폐하께서는 어떤 명령을 내리셨습니까?"

시위대장이 자초지종을 말해 주었다. 아리옥의 이야기를 들은 다니엘은 즉시 왕궁으로 들어갔다.

"폐하, 저에게 시간을 주시면 폐하께서 꾸신 꿈을 알아내고 해몽하겠습니다."

왕은 다니엘의 당돌한 제안을 받아들였다. 다니엘은 왕궁에서 나오자 즉시 세 친구를 집으로 불렀다.

"방법은 하나뿐이야. 그 꿈을 알게 하실 이는 하나님뿐이시지. 우리 같이 기도하세. 꿈을 알아내지 못하면 우리도 다 죽네."

그들은 그날 밤 하나님께 간절히 기도했다. 그러자 하나님께서는 왕의 꿈을 환상으로 보여주셨다. 다니엘은 하나님께 찬송과 영광을 돌리고, 다음날 시위대장 아리옥을 다시 찾아갔다.

"저를 폐하 앞으로 데려다 주십시오. 그러면 제가 폐하께서 꾸신 꿈을 해몽해 드릴 것입니다."

아리옥은 다니엘과 함께 즉시 왕궁으로 들어갔다.

"폐하시여! 유다의 포로들 중에서 폐하의 꿈을 알아내고 해몽할 사람을 찾았습니다."

다니엘이 왕 앞에 서자 느부갓네살이 호기심 어린 얼굴로 물었다.

"그래, 네가 정말 내가 꾼 꿈의 내용을 안단 말이냐?"

"예, 폐하. 폐하께서 물으신 것은 어떠한 마술사나 주술사, 점성가라도 답변할 수 있는 성질의 것이 아닙니다. 이렇게 비밀스런 일을 알려 주실 수 있는 분은 하늘에 계신 하나님뿐이십니다. 하나님께서는 임금님께 앞으로 어떤 일이 일어날 것인가를 보여 주셨습니다."

다니엘은 잠시 숨을 고른 다음 말을 이었다.

"폐하께서는 꿈에 큰 신상을 보셨습니다. 크고 빛나고 무섭게 생긴 그 신상의 머리는 순금으로 만들어져 있었고, 가슴과 두 팔은 은으로, 배와 엉덩이는 청동으로, 다리는 쇠로, 그리고 정강이의 일부는 쇠로, 일부는 흙으로 만들어져 있었습니다. 그런데 어디서 돌 하나가 날아오더니 그 신상의 발을 부수었습니다. 그 영향으로 신상이 전부 가루처럼 부서지더니 마치 타작마당의 겨같이 바람에 날아가 버렸습니다. 신상을 부순 돌이 큰 산처럼 커지더니 온 세상에 가득 찼습니다. 폐하께서 꾸신 꿈이 바로 이것입니다."

느부갓네살은 놀라지 않을 수 없었다. 그가 마음속으로 경탄을 거듭하고 있는데, 다니엘이 말을 이었다.

"폐하, 해몽은 이렇습니다. 폐하께서는 그 신상의 '금으로 된 머리'이십니다. 하나님께서는 임금님께 나라와 권세와 영광을 주시어 모든 것을 다스리게 하셨습니다. 폐하께서 세우신 이 나라보다 조금 못한 나라가 뒤를 이어 등장합니다. 은 같은 나라가 그것입니다. 그 다음에는 청동 같은 나라가 나타나서 세상을 다스립니다. 네 번째로 등장하는 나라는 마치 쇠같이 강해서 모든 나라를 정복할 것입니다. 쇠와 진흙으로 된 열 발가락은 강철 같은 그 나라가 갈라지는 것을 뜻합니다. 그 나라들 중 일부는 쇠같이 강하고 일부는 진흙같이 약할 것입니다. 마지막으로 돌 하나가 날아와 신상을 부수어 버린 것은 하나님께서 그 나라들을 다 쳐부수어 티끌같이 사라지게 하신다는 뜻입니다. 그 후 하나님의 영원한 나라가 세워지게 될 것입니다."

머리는 순금,
가슴과 두 팔은 은, 배와
엉덩이는 청동, 다리와 정강이
일부는 쇠로 된 이 신상이
무엇을 뜻하는 꿈인지, 독자
여러분도 맞혀 보세요.

느부갓네살은 경악하지 않을 수 없었다. 어찌 그 꿈을 알고, 어찌 이토록 명쾌하게 풀이한단 말인가. 이 세상에는 수많은 신이 있다지만 다니엘이 말하는 하나님이야말로 가장 위대한 신이며, 가히 신 중의 신이라고 하지 않을 수 없었다. 다니엘이 섬기는 히브리 신이 이토록 위대하단 말인가.

왕은 체면과 권위를 다 잊은 채 다니엘 앞에 엎드려 절했다.

"너희가 섬기는 하나님이야말로 모든 신들 가운데서도 뛰어나신 신이요, 모든 왕들의 주인이시다. 그러하시기에 그 비밀스런 일을 밝히 드러내신 것이 아닌가!"

느부갓네살은 다니엘을 바빌로니아의 총리로 삼고, 모든 학자들의 머리로 삼았으며, 고귀한 선물을 듬뿍 주었다. 다니엘은 세 친구를 왕에게 청하여 지방 관리가 되게 했다.

다니엘이 풀이한 꿈은 그 후 역사적인 사실로 나타났다. 바빌로니아 제국이 무너지자 페르시아가 등장했으며, 그 다음에는 헬라 제국이, 뒤를 이어 로마 제국이 등장하여 아프리카와 아시아와 유럽의 세 대륙을 정복했다. 로마 시대에 하나님이 이 땅에 오셨다. 임마누엘의 하나님, 예수 그리스도가 이 땅에 오셔서 하나님의 나라를 건설하신 것이다.

다니엘의 세 친구들

강요되는 우상숭배 단 3:1–7

바빌로니아 제국은 기원전 605년에 강대국 앗시리아를 정복하고 세워짐으로써 주변 국가를 두렵게 했고, 짧은 기간에 세력을 크게 확장했다. 바빌로니아에는 유대인뿐만 아니라 멀리 이집트와 아라비아를 포함한 중근동 지역과 아시아인 등 많은 사람들이 포로로 잡혀와서 정착하게 되었다. 신흥 강대국이 지닌 특유의 매력에 끌려 스스로 이주해 온 사람도 많았다.

참된 하나님을 모르기 때문에 나라마다 민족마다 나름대로 자신들의 신을 갖고 있었다. 느부갓네살은 다니엘의 신도 그런 신들 중의 하나로 생각했다. 그는 자기가 섬기는 신이 이렇게 강대한 나라를 만들어 이끌게 한 신이라고 믿었다. 그래서 그는 그 위대한 신을 모든 사람이 숭배하는 것이 좋겠다고 생각하여 거대한 신상으로 만들게 했다.

너비 3m에 높이가 30m나 되는, 참으로 거대한 신상이 세워졌다. 멀리서도 잘 보이도록 메소포타미아 평원지대에 세웠다. 왕은 자기가 통치하는 모든 나라의 고위 관리들에게 신상의 낙성식에 참석하라고 명령했다. 어마어마한 규모의 국가적 행사가 된 것이다.

"이제 악기가 연주되면 모든 사람이 인종이나 민족이나 신분에 관계없이 모두 느부갓네살 황제의 신상 앞에 엎드려 절하시오. 폐하의 엄하신 명령이오. 이행치 않는 자는 누구든지 타오르는 불가마 속에 던져 넣을 것이오."

불가마 속의 세 사람 단 3:8-30

포로로 잡혀와서 고위직에 오른 다니엘과 그의 친구들을 주변에서는 시기하고 질투했다. 다니엘의 세 친구들은 당연히 신상 앞에 절하지 않았고, 이를 지켜본 몇몇 신하들이 왕에게 보고했다.

"폐하, 폐하께서는 신상 제막식 때 풍악이 울리자마자 모두 엎드려 신상 앞에 절하라는 명을 내리셨습니다. 엎드려 절을 하지 않는 자는 불가마 속에 집어 던지겠다고 하셨습니다. 그런데 지방 관리들인 사드락과 메삭과 아벳느고는 폐하의 명을 어겼습니다. 이들은 폐하께서 섬기는 신들을 섬기지 않을 뿐만 아니라, 폐하께서 세우신 신상 앞에 절을 하지도 않았습니다."

"그들을 당장 불러들여라."

노기 찬 소리에 시위대 장교가 병사들을 이끌고 가 그들을 데려왔다.

"지금이라도 꿇어 엎드려 금신상 앞에 절을 하여라. 만약 너희가 내 말을 듣지 않는다면 당장 너희를 활활 타오르는 불가마에 집어던질 것이다. 그렇게 되면 어떤 신이 너희를 내 손에서 구해 줄 수 있겠느냐?"

세 사람은 조심스럽게, 그러나 분명한 어조로 대답했다.

"폐하. 우리를 불가마 속에 넣으신다면 우리 하나님께서 그 불 속에서 우리를 지키실 것이며, 폐하의 손에서도 건져내실 것입니다. 설령 그분이 우리를 건져 주시지 않더라도, 우리는 폐하께서 섬기는 신을 섬길 수 없습니다."

어찌 이리 당돌할 수 있을까. 용기인가 배짱인가. 결과적으로 왕을 더 분노케 할 뿐인 소리가 아닌가. 과연 느부갓네살은 분노를 참을 수 없게 되었다. 낯빛이 하얗게 변할 지경으로 화가 나서 벼락 같은 소리로 명령했다.

"저놈들을 즉시 불가마에 던져 넣어라. 불가마를 평소보다 일곱 배 뜨겁게 하라."

쇠를 녹이는 불이다. 일곱 갑절을 뜨겁게 한다면 사람을 넣자마자 뼈까지 녹아 버릴 것이다. 그러고는 가장 힘센 군인들을 골라, 그 세 사람을 꽁꽁 묶어 활활 타오르는 불가마에 집어던지라고 명했다.

무슨 일이 일어났을까? 과연 하나님은 그들을 그 불 속에서 지켜주실 수 있을까?

잠시 후 시위대에서 힘깨나 쓰는 젊고 건장한 몇 명의 병사들이 세 사람을 단단히 묶은 후 타오르는 불길 속으로 밀어 넣었다. 불가마가 너무 뜨거웠기 때문에, 사드락과 메삭과 아벳느고를 집어던졌던 군인들은 그 불에 타 죽고 말았다.

신하들과 함께 처형을 지켜보던 느부갓네살이 갑자기 자리에서 벌떡 일어서며 비명처럼 말했다.

"불 속에 던진 자가 셋이 아니더냐?"

"예, 셋입니다. 폐하."

"보아라. 넷이 보이지 않느냐? 결박되지 않은 한 사람은 누구냐?"

이런 일이 있을 수 있을까. 분명 또 한 사람이 결박된 세 사람과 함께 불 속에 있었다.

"네 번째 사람은 마치, 마치 사람 같지가 않구나. 신의 아들인 모양이다. 불 속에서 상하지도 않다니!"

왕은 어찌할 바를 모르다가 불가마에 다가가서 소리쳤다.

"지극히 높으신 하나님의 종 사드락과 메삭과 아벳느고야, 이리로 나오라!"

그러자 세 사람이 불 속에서 걸어나왔다. 모두들 입을 열지 못했다. 세 사람 모두 머리카락 하나 상하지 않고 입고 있던 옷자락조차 온전했다. 불에 그을린 냄새조차 없었다.

"사드락과 메삭과 아벳느고의 하나님을 찬송하리로다! 하나님께서 천사를 보내어 자기를 믿는 이들을 구원하셨도다."

왕은 감격하여 전국에 특별 조서를 내렸다. 누구든지 하나님을 비난하지 말며, 모두 섬겨야 한다고.

왕은 사드락, 메삭, 아벳느고에게 더 높은 벼슬을 주었다.

느부갓네살 왕의 꿈과 궁궐 벽의 글씨

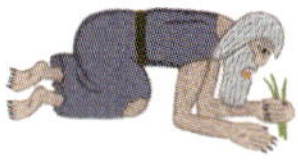

이상한 꿈 단 4:1–27

어느 날 밤, 느부갓네살 왕은 무서운 꿈을 꾸었다. 바빌론에 있는 현인들을 모두 불러모아 그 꿈을 해몽하라고 일렀지만, 누구도 해석하지 못했다. 그러던 중 다니엘이 왕 앞에 나타나자, 왕은 꿈 이야기를 들려준 다음 해몽을 부탁했다.

하늘까지 닿는 나무,
모든 사람들이
우러러보는 나무….
나는 느부갓네살 왕이
꾼 꿈 속의 나무야.

“땅 한가운데에 키가 크고 거대한 나무가 한 그루 서 있었다. 그 나무는 점점 더 커지더니, 급기야는 하늘까지 맞닿을 만큼 엄청나게 큰 나무가 되었다. 하늘 아래에서 사는 사람이라면 누구라도 그 나무를 볼 수 있었다. 나무 잎사귀는 너무나 아름다웠고, 세상 사람들이 모두 먹고도 남을 정도로 열매가 많이 열려 있었다. 들짐승이 그 나무 그늘 아래서 편히 쉬고, 하늘을 나는 새들도 가지에 깃들였다. 그런데 하늘에서 한 거룩한 사람이 내려오더니 이렇게 외쳤다. ‘그 나무를 베어 버려라. 가지를 자르고, 잎사귀를 훑어 버려라. 열매를 모두 다 흩어 버려라. 나무 아래에서 쉬고 있는 들짐승도 모두 쫓아 버려라. 나뭇가지에 둥지를 틀고 있는 날짐승도 모두 쫓아 버려라. 그러나

그루터기는 쇠줄과 청동 줄로 꽁꽁 묶어 그대로 두어라. 하늘 이슬에 젖게 그냥 두어라. 짐승과 어울려 지내도록 그냥 놔두어라. 짐승 같은 마음을 지니고 일곱 해가 지나도록 그렇게 지내게 하여라. 이는 천하 모든 나라가 한없이 높으신 하나님의 관할 아래 있다는 것, 그분은 자신이 원하는 사람에게는 아무리 보잘것없는 사람이라도 그에게 나라를 맡길 수 있다는 것을 보여주시려는 것이다.'"

다니엘은 놀라서 한동안 입을 열지 못했다. 왕이 그의 번민을 알아차릴 정도였다.

"나쁜 꿈인 모양이구나. 그러나 걱정 말고 해석해 보아라."

다니엘이 무겁게 입을 열었다.

"폐하, 놀라지 마십시오. 그 꿈은 폐하에 관한 것입니다. 그 꿈이 차라리 폐하의 원수들에 대한 것이었다면 나을 뻔했습니다. 그 큰 나무는 폐하를 가리킵니다. 폐하의 권세와 영광이 땅끝까지 미친다는 뜻입니다. 그러나 폐하께서는 들짐승처럼 들에서 7년을 지내시게 됩니다. 하나님이 이 세상과 인생을 다스리신다는 사실을 폐하가 깨우치시게 되면 폐하는 이 나라를 다시 통치하게 되실 것입니다."

1년 만에 성취된 끔찍한 예언 단 4:28-33

꿈을 꾼 지 일년이 지난 어느 날이었다. 왕은 왕궁 정원을 거닐며 자신이 이룩한 거대한 도성을 내려다보았다. 왕은 자기가 이룬 대제국의 업적이 매우 자랑스럽게 생각되었다. 그래서 독백하듯 중얼거렸다.

"보라, 얼마나 웅장한가! 내 힘과 권세로, 나의 영광과 위엄을 위해, 내가 이 위대한 바빌론을 건설하지 않았던가!"

왕의 독백이 끝나기가 무섭게 하늘에서 위엄이 넘치는 우람한 소리가 들려왔다.

"느부갓네살아, 내가 하는 말을 잘 들어라. 너의 왕권은 이제 네게서 떠났다. 너는 이제 사람들이 사는 곳에서 쫓겨나 들판에서 소처럼 풀을 뜯으며 살게 될 것이다."

대제국의 황제 느부갓네살은 미쳐 버렸다. 그는 자기가 짐승이라고 생각했다. 느부갓네살은 결국 신하들에게 쫓겨나서 들에서 소처럼 풀을 뜯어먹고 살게 되었다. 그의 머리카락은 독수리 깃털처럼 더부룩하게 자라났고, 손톱과 발톱도 새 발톱처럼 자라났다.

손가락이 벽에 쓴 이상한 글씨 단 5:1-29

7년이 지난 후에야 느부갓네살은 제정신을 차렸고, 곧 이어 다시 왕의 자리에 올랐다.

느부갓네살이 죽은 후 벨사살이 왕권을 행사하던 시절의 일이다. 어느 날 벨사살은 궁전의 대연회장에서 고위 관리 등 귀인 1천 명을 초청하여 초호화판 파티를 열었다.

벨사살 왕은 술을 마시다가 선왕 느부갓네살이 예루살렘 성전에서 가져온 금잔과 은잔 들을 내오게 했다. 왕은 그 잔으로 잔치에 참석한 귀족들과 왕비들, 후궁들에게 술을 마시게 하고 싶었다.

손님들은 술을 마시면서 금, 은, 쇠, 청동, 나무와 돌로 만든 신들을 찬양했다. 바로 그때, 경이와 경악을 금할 수 없는 일이 벌어졌다.

벨사살 왕은 경련하듯 손을 떨더니 술잔을 떨어뜨렸다. 바보처럼 입이 벌어졌고, 다리가 후들후들 떨렸다. 듣지도 보지도 못한 이변이 벌어졌기 때문이었다. 거대한 연회장의 높고 흰 벽에 거인의 팔뚝만큼 굵은 손가락 하나가 나타나더니, 천천히 움직이면서 글씨가 써졌다. 전혀 알 수 없는 이상한 글자였다.

겁먹은 얼굴들이 여기저기서 극도의 두려움으로 신음소리를 냈다. 저게 뭐지? 저게 무슨 뜻이야? 어느 나라 문자지?

손가락이 몇 개의 글자를 남기고 사라지자 연회장이 갑자기 웅성거렸다. 모두들 불길한 예감에 휩싸여 서로에게 이 놀라운 경험의 의미를 알아보려 했다.

왕은 주술사와 점쟁이와 점성가들을 불러오라고 소리 질렀다. 그들이 들어오자 왕이 말했다.

"그래, 너희들 중에 저 글자를 읽을 줄 아는 자가 있느냐? 누구든지 그 뜻을 알려주는 자에게는 자주색 옷을 입혀 주고, 금목걸이도 목에 걸어 주겠다. 또 이 나라에서 세 번째로 높은 자리에 앉혀 주겠다."

자주색 옷은 왕과 왕족이나 입을 수 있는 옷이었다. 서열 3위라면 왕과 왕세자 다음이니, 총리가 된다.

왕실의 현인들이 모두 그 자리에 들어왔으나, 아무도 그 글자를 알아보는 이가 없었다. 벨사살 왕은 어쩔 줄 몰라 얼굴빛이 더욱 창백해졌다. 귀족들도 안절부절못했다.

왕과 귀족들이 법석 떠는 소리를 왕의 모친, 곧 태후가 듣고는, 연회장으로 들어섰다. 태후가 왕에게 말했다.

"왕이시여! 만수무강하소서. 그렇게 허둥지둥하지 마소서. 근심을 떨쳐 버리소서. 이 나라에는 하나님의 거룩한 영을 받은 이가 있습니다. 지혜롭고 통찰력이 있어서 선왕께서도 그 사람을 바빌론 안에 있는 마술사와 점쟁이와 점성가 들을 관할하는 우두머리로 삼으셨습니다. 그의 이름은 다니엘입니다. 그는 저 글을 읽고 해석할 수 있을 것입니다."

다니엘이 불려 나오자 왕이 말했다.

"네가 나의 부왕이 유대에서 사로잡아 온 다니엘이냐? 거룩한 하나님의 영이 그대에게 있어서 그대는 어떤 어려운 문제도 다 풀 수 있다고 들었다. 그러니 이제 저 벽에 씌어 있는 글자를 읽어 보고, 무슨 뜻인지 말해 보아라. 그러면 내가 그대에게 자주색 옷을 입혀 주고, 금목걸이도 목에다 걸어 주겠다. 또, 이 제국에서 세 번째로 높은 자리에 앉혀 주겠다."

“폐하, 상과 선물은 거두시든지, 다른 사람에게나 주시도록 하십시오. 저는 그저 폐하를 위해서, 벽에 씌어 있는 글자를 읽고 그 뜻을 알려 드리겠습니다.”

다니엘은 잠시 숨을 고르고 말을 이었다.

“지극히 높으신 하나님께서 느부갓네살 황제에게 대제국을 주셨고, 권세와 영광과 존엄을 주셨습니다. 그러나 느부갓네살 황제는 마음이 교만해지고 자존심이 너무 커져서, 왕좌에서 쫓겨나시고, 모든 영광을 박탈당하셨습니다. 그분은 7년 동안이나 소처럼 풀이나 뜯어먹고, 하늘에서 내리는 이슬을 맞으면서 밤을 보내셨습니다. 그분은 결국 지극히 높으신 하나님께서 세상 나라를 다스리며, 당신 뜻대로 사람을 뽑아 세상 나라를 다스리게 하신다는 사실을 깨달으셨습니다. 하지만 그분의 아들이신 폐하께서는 이 사실을 분명히 알고 계시면서도, 겸손하게 살아오지 못하셨습니다. 오히려 하늘에 계신 주님을 거슬러 그분의 성전에서 쓰던 잔들을 내오게 하셔서, 폐하와 폐하께서 초대하신 귀족들, 왕비들, 후궁들이 그것으로 술을 마시게 하셨습니다. 폐하께서는 또 보지도 듣지도 이해하지도 못하는 은과 금, 청동, 쇠, 나무와 돌로 만든 신들을 찬양하십니다. 그러면서도 폐하께서는 폐하의 살고 죽는 문제를 결정하시는 하나님, 폐하께서 하시고자 하는 모든 일을 결정하시는 하나님께는 영광을 돌리시지 않았습니다. 바로 그렇기 때문에 하나님께서 그 손을 나타나게 하시어 이런 글을 쓰게 하신 것입니다. 저 벽에 씌어진 글자는 메네, 메네, 데겔, 바르신입니다. ‘메네’는 하나님께서 임금님의 나라가 지속될 햇수를 헤아리고 계신다는 것입니다. ‘데겔’은 ‘폐하를 하나님이 가지고 계신 저울에 달아보니 너무 가볍다’는 뜻입니다. ‘베레스’는 ‘폐하께서 다스리고 계시는 이 제국이 두 동강이 나서 메대와 페르시아 사람들에게 넘어갈 것’이라는 뜻입니다.”

나라가 망한다는 기막힌 해석이다. 아무도 입을 열지 못하는 무거운 침묵이 한동안 흘렀다.

잠시 후 왕이 입을 열었다. 침통한 목소리였다.

“나의 약속을 집행하겠다. 다니엘에게 자색 옷을 입히고 금 목걸이를 걸어주어라. 그를 이 나라의 셋째 지위에 명하노라.”

페르시아 제국과 사자굴 속의 다니엘

페르시아 제국의 출현 단 5:30-31

바로 그날 밤, 기원전 539년 10월 10일, 메대와 페르시아 연합군이 바빌로니아 성에 진입했다. 바빌로니아의 동쪽에 위치한 페르시아의 왕 키루스는 정복욕에 불타는 야심가였다. 그는 이웃의 큰 나라 메대 왕국을 정복하고 그 군대까지 이끌고 바빌로니아 정복에 나섰다. 그러나 바빌론 성은 난공불락이었다. 높고 두꺼운 성벽, 잘 훈련된 강한 군대, 성 안에 20년은 먹을 수 있는 식량이 비축되어 있는데다 유프라테스 강물이 성벽 밑으로 흘러 들어가니 물 부족 사태도 생기지 않는, 다시 말해 성을 장기간 포위하고 있어도 흔들리지 않을 나라였다. 성을 넘어보려 시도해도 피해만 컸지 헛수고였다.

성 안에서는 밖에 페르시아 군대가 있어도 전혀 동요되지 않았다. 몇 번 공격을 시도하다가 결국은 되돌아갈 게 뻔했기 때문이다. 따라서 왕궁에서는 그토록 고관대작들이 다 모이는 호화판 잔치를 열 수 있었다.

바로 그날 밤, 페르시아 병사들은 강물 줄기를 돌리는 작업을 완료했다. 성벽 밑으로 흘러 성 안으로 들어가던 물줄기가 다른 데로 흐르게 된 것이다. 페르시아 군대는 물이 없어진 통로로 조용히 입성에 성공했다.

한편 왕궁에서는 다니엘의 해석을 듣고 한편으로는 두려워하면서도, 성 밖에 진을 치고 있는 적들이 성벽을 넘어올 수는 없을 것이라고 믿고 별다른 위기감을 느끼지 않는 사람들이 많았다.

그 시각, 바빌론 성 안에 들어온 페르시아 병사들은 바빌로니아 병사들과의 접전도 없이 왕궁을 포위했다. 다니엘의 해석이 끝나고 자색 옷과 금 목걸이와 서열 3위의 벼슬이 주어진 그 시각, 페르시아 군대의 작전 상황은 종료 직전이었다.

페르시아 군대가 왕궁 안으로 진입했다. 왕과 신하 등 귀인들이 경악할 사태에 놀라 허겁지겁 도망치려 했으나 이미 때가 늦었다.

그날 밤, 벨사살 왕이 죽었다. 대제국 바빌로니아는 그로써 불과 66년 만에 대단원의 막을 내렸다. 이로써 키루스가 다스리는 거대한 제국 페르시아의 깃발이 높이 올랐다.

사자 굴에 넣어라 단 6:1-9

페르시아의 바빌로니아 점령은 60여 년간 바빌로니아에 종속되어 있던 여러 나라들의 지배자가 바뀌었음을 뜻했다. 서남쪽으로는 옛 앗시리아와 아라비아 지역의 주변국들, 팔레스타인과 이집트의 일부, 동으로는 멀리 인도에 이르기까지, 광대한 영토와 여러 민족 및 나라의 지배자로 페르시아가 새롭게 떠오른 것이다.

페르시아의 왕 키루스는 새로 점령한 바빌로니아에 62세의 다리우스를 왕으로 세워 통치하게 했다. 다리우스는 바빌로니아가 점령한 넓은 영토를 다스리기 위해 행정구역을 120개로 나누고 120명의 지방장관을 임명했다. 그들 위에 총리 3인을 세워 120도를 총괄케 했다. 그 3인의 총리 중 한 사람이 다니엘이었다.

다니엘은 지혜롭고 명철하여 직무 수행에 빈틈이 없었고, 늘 국가에 유익을 끼쳤다. 다리우스 왕은 다니엘을 3인의 총리 중에서도 머리로 세워 전국을 총괄하는 유일한 국무총리로 우뚝 세우려 했다.

하지만 다른 두 총리와 신하들은 다리우스 왕의 계획을 알아차리고는 어떻게든 다니엘의 허물을 찾아내기에 골몰했다.

"다니엘의 일거수일투족을 면밀히 감시하여 약점을 잡아야 됩니다. 흠없는 인간이 세상에 있을라구요."

두 총리와 뜻을 같이하는 여러 신하들은 눈에 불을 켜고 다니엘에게서 결함이나 실수를 찾아내려고 했지만 허사였다.

"어떻든 다니엘이 전국을 총괄하는 국무총리가 되어서는 절대 안 됩니다. 우리가 다 그 수하에 들어가는 것이니 말이오."

"방법은 오직 한 가지뿐입니다."

어떤 신하의 말에 모두들 귀가 쫑긋해졌다.

"그게 뭔지 어서 말하시오."

그가 천천히 말을 이었다.

"다니엘은 유대인 포로가 아닙니까. 바빌로니아 시절 느부갓네살 왕 때 신상에 절하지 않았던 그의 동료들처럼 완고한 신앙을 갖고 있습니다. 눈에 보이지도 않는 하나님을 믿기 때문에 어떠한 신상이든 그 앞에서는 절을 하지 않습니다. 그러니 다니엘을 걸고 넘어지려면 그가 믿는 하나님의 법을 문제 삼아야 합니다."

다른 신하들이 모두 고개를 끄덕였다. 신하들은 한동안 논의한 끝에 다니엘을 빠뜨릴 함정 하나를 고안해 냈다.

그들은 다리우스 왕을 찾아가 말했다.

"폐하, 총리들과 행정장관들과 중앙의 모든 신하들이 폐하의 권세와 권위를 더 높이기 위하여 한 가지 법을 제정하기를 청원하나이다. 폐하께서는 이 나라와 120도를 다스리시는 왕이십니다. 그러므로 이 나라의 총리들과 지방장관들과 모든 신하들은 오직 폐하만 우러러보며 폐하만을 믿고 따라야 백성들도 본 받을 것입니다. 따라서 시한을 30일로 정하여 그 기간에는 폐하의 모든 고위관직에 있는 신하들이 폐하 외에는 그 어떤 신이나 사람에게도 기도하지 못하도록 하는 법령을 만들어 전국에 공포하기를 원하나이다. 만약 이 법령을 범하는 자가 있으면 즉각 사자 굴에 던져넣도록 해야 할 것입니다."

다리우스는 신하들의 충성심이 갸륵하여 쾌히 허락했다.

다리우스 왕은 이 금지령에 도장을 찍어 어명으로 공포하였다.

입을 다문 사자들 단 6:10-28

다니엘은 바빌로니아에 포로로 잡혀온 이후 특별한 대우와 지위를 누리며 67년을 살아 왔다. 바빌로니아 말기에는 은퇴한 몸이었으나 페르시아가 성 밑 물줄기 통로로 침입하여 벨사살 왕을 죽이기 직전에 벨사살에 의해 다시 총리로 임명된 극적인 사건 이후, 페르시아의 다리우스 왕도 다니엘의 지혜와 총명과 명성을 익히 아는 터여서 국무총리로 기용했다.

소년 시절 바빌로니아로 잡혀와서 노인이 된 지금까지 다니엘은 한 번도 하나님께 기도를 쉬지 않았다. 그 기도, 그 신앙이 다니엘을 살아가게 하는 원동력이었다. 왕을 제외한 어떤 신이나 사람에게도 기도하지 못하게 한 법령이 공표된 사실을 알았지만, 다니엘은 기도를 멈출 수가 없었다.

다니엘은 그 법령이 공표된 후에도 매일 하루에 세 번씩 서쪽 예루살렘을 향한 창문을 열어 놓고 하나님께 기도했다. 오전 9시, 정오, 하오 3시의 기도는 유대인에게는 관습처럼 되어 있었다. 그는 이날까지 함께 하시면서 보호하고 인도하시는 하나님께 감사하고, 예레미야의 예언이 이루어져 아브라함의 후손들이 다시 자유를 얻어 본국으로 돌아가서 성전을 재건하고 하나님의 율법을 따르며 살아가게 해 달라고 기도했다.

다니엘을 모함하려던 자들은 다니엘이 하나님께 기도하며 간구한다는 것을 알아냈다. 그들은 왕에게 몰려가, 그가 금지령을 어겼다고 고발했다.

"폐하시여! 폐하께서는 금지령을 내리셔서 삼십 일 동안 임금님 외에는 그 누구에게도, 그 어떤 신에게도 무엇이든 간구해서는 안 된다고 금지령을 공포하셨습니다. 그 금지령을 어기는 자가 있으면 사자 굴에 던져넣기로 하시지 않았습니까?"

왕이 대답했다.

"그 법령은 메대와 페르시아의 법에 따라 고칠 수 없도록 확정된 것이다. 설마 내 신하 중에서 그 법을 위반한 자가 있다는 소리는 아니겠지?"

믿어지지 않는다는 표정이었다.

"폐하, 절대로 그래서는 안 될 총리 다니엘이 폐하의 법을 범했습니다. 그것도 하루에 세 번씩 서쪽 창문을 열어 놓고 그가 믿는 하나님이라는 히브리 신에게 기도를 합니다."

다리우스 왕은 소름 끼치게 놀랐다. 그토록 신임하는 총리, 그토록 지혜롭고 명철한 사람이 없는데, 그를 120도를 전부 다스리는 유일한 총리로 세우려 하는데, 그를 사자 굴에 넣어야 하다니!

"그게 사실인가?"

"허다한 증인이 있습니다, 폐하."

왕은 번민했다. 다니엘을 어떻게든 구해 낼 방도가 없을까 궁리했지만 별 뾰족한 수가 없었다. 해가 다 지도록 왕이 아무런 명도 내리지 않자 다니엘을 고소했던 무리들이 다시 왕을 찾아갔다.

"폐하시여, 우리 메대와 페르시아에서 선포된 법령은 절대로 바뀔 수 없다는 것을 기억해 주십시오."

이제 더 이상 다니엘을 구할 방법이 없었다. 왕의 법을 왕이 지키지 않으면 누가 지킨단 말인가. 마침내 왕의 명령이 떨어졌다. 다니엘을 사자굴에 집어넣으라는.

왕의 명령이 떨어지자 무리들은 기다렸다는 듯이 다니엘을 잡아다가 사자굴에 집어던졌다. 왕이 다니엘에게 말했다.

"네가 늘 섬기는 하나님께서 너를 구해 주시기를 빈다."

사람들은 돌을 굴려다가 굴 입구를 막고, 왕과 귀족들은 반지 도장을 찍어서 그곳을 봉하였다. 아무도 다니엘을 굴에서 구해 내지 못하도록 그렇게 한 것이다.

다리우스 왕은 슬픈 마음으로 왕궁으로 돌아왔다. 왕은 자신을 위해 차려진 산해진미의 식탁을 거들떠보지 않은 채 뜬 눈으로 밤을 지냈다.

다음날 새벽, 왕은 급히 사자굴로 갔다. 궁금해서 견딜 수가 없었다. 사자굴 입구에 서자 왕은 큰 소리로 외쳤다.

"하나님의 종 다니엘아, 그대가 늘 섬겨 오던 하나님께서 그대를 사자들에게서 구해 주셨느냐?"

안타까운, 그러나 이미 상황이 종료되었을 것이 뻔해서 그 목소리는 점점 작아졌다.

"폐하, 만수무강하소서."

왕은 기절할 지경으로 놀랐다. 분명히 다니엘의 목소리였다. 그것도 사자 굴 안에서 들려오는 소리였다.

"폐하, 나의 하나님께서 천사들을 보내서 사자들의 입을 막으셨습니다."

놀랍고 기뻐서 왕이 소리쳤다.

"즉시 돌을 치우고 다니엘을 끌어올려라."

병사들이 달려들어 막았던 돌을 들어내고 다니엘을 끌어올렸다. 그는 어디 한 군데 상한 곳이 없이 멀쩡했다.

왕은 즉시 명령을 내렸다.

"지금 당장 다니엘을 고소한 자들을 모두 잡아들여라. 그 아내와 자식들까지 모두 잡아들여서 다니엘을 넣었던 그 사자 굴에 던져넣어라."

여러 명의 신하가 그날 사자 굴에 던져졌다. 그들의 발이 바닥에 닿기도 전에 사자들이 길길이 뛰어오르며 그들을 물어뜯기 시작했다.

왕은 그가 통치하는 모든 지역에 조서를 내렸다. 모든 백성은 다니엘을 구원하신 살아 계시는 하나님을 두려워하며 섬기라는 내용이었다. 다니엘은 다시 총리직에 올랐다.

키루스 황제의 칙령과 성전 재건

황제의 경이로운 칙령 대하 36:22–23 ; 스 1:1–4

예언자 예레미야는 바빌로니아에 의해 유다가 멸망하고 유다인들이 포로로 잡혀간 후 메소포타미아에 붙잡혀 사는 유다인들에게 희망의 메시지를 전한 적이 있다. 70년이 지나면 다시 예루살렘으로 돌아오게 된다는 광복의 메시지였다.

다니엘은 소년 시절에 잡혀와 어느덧 70년의 세월을 바빌로니아에서 살아왔다. 그동안 바빌로니아와 페르시아에서 극한적인 위기도 겪었지만, 하나님의 도우심으로 국무총리를 하는 등 고위직을 지낸 다니엘이었다.

기원전 539년에 바빌로니아를 점령하고 페르시아가 역사의 전면에 등장한 지 3년이 되었을 때, 황제 키루스가 전체 페르시아를 통치하기 시작했다. 키루스는 바빌로니아나 앗시리아와는 달리 그들이 통치하는 모든 국가와 민족에게 신앙의 자유를 주었다. 나아가 유다인에게는 특별한 은혜를 베풀었다. 그가 전국에 내린 칙령은 가히 경이로운 내용이었다.

'하늘의 하나님께서 세상의 모든 나라들을 내 손에 맡기셨다. 하나님께서는 또, 유다의 예루살렘에 자신의 성전을 짓도록 나에게 분부를 내리셨다. 여러분 중에서 하나님을 섬기는 백성은 누구든지 이제 유다 땅에 있는 예루살렘으로 올라가서 이스라엘의 하나님이신 주님의 성전을 짓도록 하라. 이 나라 백성들은 금과 은 등 물자로 예루살렘 성전의 건축을 돕도록 하라!"

파격적인 칙령이었다. 나아가 키루스 왕은 바빌로니아의 느부갓네살 왕이 예루살렘 성전에서 노획해 온 궁정 창고에 보관중인 금은 그릇 등도 다시 가져가라고 했다.

페르시아 황제가 어떤 이유로 어떻게 이런 파격적인 조치를 취할 수 있었을까.

이런 일이 생기기 200여 년 전, 이스라엘에는 이사야라는 예언자가 있었다. 그는 하나님의 아들 메시아가 어떻게 출생하며 어떻게 죽을지에 대해 마치 눈으로 목격한 듯 리얼하게 묘사하여 예언했다. 그의 예언 가운데는 키루스라는 황제가 유다인 포로를 돌려보내 예루살렘을 재건하게 한다는 내용도 있었다. 키루스가 태어나기도 전에 그 이름까지 거론되었다. 하나님께서는 이사야에게 말씀하셨다.

'키루스는 나의 목자이다. 그가 예루살렘을 중건하고, 성전의 기초를 세운다. 나 주는 나의 기름받은 키루스의 오른손을 잡고 많은 나라들로 그 앞에 항복하게 하며, 성문을 열어서 닫지 못하게 하겠다.'

키루스 황제의 유다인에 대한 파격적인 은혜는 그가 다니엘로 인해, 혹은 다른 정보에 의해 하나님을 알게 되었는지는 알 수 없으나, 분명한 것은 하나님께서 예언하신 내용이 역사적으로 이루어졌다는 점이다.

감격과 희망의 행진 스 1:5–2:70

포로로 잡혀가던 때와 비교하면 자유롭게 귀환하는 길은 축복의 길이다. 800km나 되는 멀고 험한 길이지만 5만여 명에 달하는 1차 귀환자들은 발걸음에 힘이 넘쳤다. 대부분이 포로 2세의 젊은이들이다. 폐허가 된 예루살렘의 재건이라는 고달픈 과업을 이루어야 할 그들은 건조한 사막을 지날 때도, 가파른 언덕길을 오를 때도, 강을 건너고 들판을 지날 때도, 부푼 희망과 감격으로 지칠 줄을 몰랐다.

수개월의 긴 여행 끝에 그들 1진 행렬이 예루살렘에 도착했다. 무너져 내린 성벽, 황폐한 도시는 들짐승들이 우리를 틀었고, 거대하던 성전은 몇 개의 기둥과 잔해로 보는 이의 가슴을 찢었다. 먼 여로를 지나온 그들은 엄습해 오는 피로감으로 폐허 위에 주저앉았다.

방해 받는 성전 재건 스 3-4장

70년 만에 돌아와 성전을 재건하는 감격적인 일에 착수했지만, 북쪽 지방의 사마리아 사람들이 방해를 일삼았다. 그들은 모두 아브라함의 후손들로 한 핏줄이었지만, 기원전 722년 이후, 그러니까 약 180여 년 전부터는 앗시리아의 혼혈 정책으로 인해 피가 많이 흐려져 있었다. 앗시리아는 수많은 이스라엘 남자들을 포로로 잡아간 대신 앗시리아인 남자들을 북왕국의 수도인 사마리아에 보내 그곳 여인들과 결혼시켜 정착시켰다. 그 결과 남왕국 유다 사람들은 사마리아에서 태어난 사람들을 순수한 아브라함의 혈통으로 인정할 수 없게 된 것이다.

예루살렘으로 돌아온 유다인들이 성전을 재건한다는 소문을 듣자 사마리아인들은 지도자인 스룹바벨과 대제사장 예수아를 찾아왔다.

"우리도 하나님을 섬깁니다. 그러니 성전 재건에 우리도 합세하게 해주십시오."

스룹바벨과 예수아와 이스라엘 가문의 어른들은 사마리아인들을 의심하지 않을 수 없었다. 우상숭배를 하고 있으면서도 하나님을 섬긴다고 하니 자신들의 순수한 신앙이 훼손될 염려가 있었기 때문이다.

"여러분은 하나님의 성전을 건축하는 것과는 상관이 없습니다. 페르시아 왕 키루스가 명령한 대로, 이스라엘의 하나님께 성전을 짓는 일은 우리만이 해야 할 일이오."

거절당한 사마리아인들은 화가 났다. 그들은 어떻게든 성전 재건을 방해하기로 결정하고 여러 각도로 궁리했다. 그들은 일단 페르시아 황제의 참모들에게 은밀하게 뇌물을 보내어 유다인들이 뜻을 이루지 못하도록 로비 활동을 전개했다.

유다인의 은인이라 할 수 있는 키루스는 얼마 못 가서 죽었다. 기원전 529년에 중앙아시아와 코카시아 지방 사이의 카스피 해 유목민 원정 때 전사했다. 그 뒤를 이은 황제들에게도 사마리아인들의 방해공작은 그치지 않았다. 그러다가 아닥사스다가 황제로 즉위했다.

사마리아인들은 그들 땅을 주관하는 페르시아의 총독 등 실력자들을 동원하여 아닥사스다 황제에게 상소문을 올렸다.

'유다인들이 예루살렘 성벽을 다시 쌓고 있습니다. 그 일이 완성되면 그들이 황제 폐하를 배반할 것은 뻔합니다. 예루살렘에 관한 역사 기록을 찾아보시면 그들이 상습적으로 배신을 일삼아 왔음을 확인할 수 있습니다. 바빌로니아의 느부갓네살 왕이 예루살렘을 초토화시킨 것도 그런 배신에 대한 보복이었습니다. 이제 예루살렘 성벽이 완공되면 그들은 황제 폐하를 배신할 것이며, 그로 인해 폐하는 유프라테스 강 서편의 모든 땅을 잃게 될 위험성이 높습니다. 그들은 조공을 거부하고 그들의 국가를 재건할 것입니다. 그러니 그들의 모든 재건 공사를 중단시켜야 합니다.'

아닥사스다 황제는 그들의 주장을 받아들여 다음과 같이 답장을 보냈다.

'예루살렘은 과연 배반의 도시였다. 내가 다시 명령을 내릴 때까지 예루살렘의 모든 재건 공사를 중단할 것을 명한다.'

이로써 예루살렘 성벽 재건과 성전 재건은 완전히 중단되었다.

제 2성전 스 5-6장 ; 학 1-2장 ; 슥 1-14장

예루살렘 성벽과 성전 재건이 중단된 지 16년이라는 긴 세월이 흘러갔다. 그 기간 내내 예루살렘 사람들은 자기들이 살 집을 짓고 먹고 사는 일에만 열중했다. 성전이 없으니 하나님께 제사가 없고, 신앙은 게으르고 약해졌다.

재건을 중단시킨 아닥사스다가 죽고 다리우스가 뒤를 이어 황제가 된 지 2년, 예루살렘에서는 예언자 학개와 스가랴가 분연히 일어서서 백성들의 안일과 나태를 질책했다.

"하나님의 성전은 황폐해졌는데도 당신들은 제대로 된 집을 짓고 산단 말이오? 과연 옳은 일이오? 파종해도 수확이 적고, 먹어도 배부르지 않고, 입어도 따뜻하지 않고, 품삯을 받아 지갑에 넣어도 새어나가는 이유가 무엇인지 모르시오? 하나님께서 말씀하십니다. 산에 올라가 나무를 베어다가 성전을 지으라고. 그리하면 하나님께서 그로 인해 기뻐하시며 영광을 얻는다고 하셨소. 성전을 지읍시다. 이것이 가장 중요하고 급한 일이오."

성전 공사에 앞장선 사람은 페르시아가 유다인을 돌려보낼 때 인솔자요 지도자의 한 사람으로 보낸 스룹바벨이었다. 유다 왕가의 후손인 그는 포로 시절에도 포로들에게 존경을 받았고, 귀국 때에는 아예 예루살렘의 총독으로 임명되었다.

예언자들의 예언에 따라 총독 스룹바벨이 재건 작업에 앞장서자 온 백성이 그 뒤를 따랐다. 분위기가 쇄신되었다. 나태와 안일이 근면과 열정으로 바뀌었다. 성전을 완공하면 하나님께서 복을 주시겠다고 약속하셨다는 예언자들의 예언도 그들의 사기를 돋우었다. 그러나 이번에는 유프라테스 강 서편 지역을 총괄하는 페르시아의 총독이 훼방꾼으로 등장했다. 예상 밖이었다. 그러나 예언자

들의 예언에 따라 재개된 공사였으므로 아무도 주저하거나 공사를 중단하지 않았다.

강 서편 총독 닷드내가 주축이 된 훼방자들은 황제에게 상소문을 올렸다.

'다리우스 폐하, 예루살렘에 견고하고 웅장한 성전 건축공사가 한창 진행중입니다. 누구의 지시로 하느냐고 물었더니 키루스 황제께서 칙령을 내려 성전을 재건하고, 바빌로니아가 노획한 성전의 금은 보물들까지 돌려주었다고 하는 바, 이는 반드시 진상을 조사할 필요가 있다고 사료됩니다.'

다리우스 황제도 정말 그런 일이 있었는지 의아하게 여겨졌다. 더구나 보물을 되돌려주었다니!

황제의 명령으로 즉각 국가 문서에 대한 조사가 이루어졌다. 키루스의 칙령은 사실이었다. 거기에는 성전 재건 비용을 페르시아가 부담한다는 내용도 들어 있었다. 다리우스 황제는 강 서편 총독에게 명령서를 보냈다.

'누구든지 성전 건축 공사를 막지 말라. 강 서편 지역에서 거두어들이는 세금에서 건축 비용을 충당할 것이며, 그들이 하나님께 드릴 가축 제물을 요구하는 대로 공급하라.'

황제의 파격적인 명령에 강 서편 총독은 복종할 수밖에 없었다. 그리하여 16년 동안 공사가 중단되었던 성전 공사는 공사 재개 4년 만에 완공되었다. 다리우스 황제 즉위 6년의 일이었고, 총 20년의 세월이 걸린 셈이었다. 바빌로니아의 느부갓네살 황제에 의해 파괴된 지 70년 만의 완전한 회복이었다.

아하수에로 왕과 에스더

왕궁 잔치와 왕비의 폐위 에 1장

이야기는 아하수에로 황제 재위 3년(기원전 483년)으로 거슬러 올라간다. 키루스에 의해 5만에 달하는 유다인들의 1차 포로귀환이 있은 후의 일이다. 아직도 페르시아 전역에는 허다한 유다인들이 흩어져 살고 있었다.

아하수에로는 동쪽으로 인도에서부터 서쪽으로 팔레스타인과 아프리카 북북동 지역 및 유럽의 동쪽 일부를 포함한 127개의 행정구역을 통치하고 있었다. 이 대제국의 황제가 어느 날 제국의 신하들을 위해 궁중잔치를 베풀었다. 127도에서 총독을 비롯한 요직의 신하들과 장군들, 귀족들이 초대되었다. 줄잡아 1만 5천여 명이 참석한 연회였다. 초호화판 수산의 왕궁이 엄청난 규모의 잔치를 한꺼번에 치를 수 없었으므로 먼 거리에서 오고 가며 참석자들이 교체되면서 이어지는 잔치가 자그마치 180여 일에 달했으니, 과연 페르시아 제국의 영광과 권세는 대단했다.

수산은 페르시아의 3대 도시의 하나로, 왕궁은 겨울궁으로 쓰였다. 호사스럽고 엄청난 규모의 잔치가 끝나자 황제는 마지막으로 수산에 살고 있는 주민들을 왕궁 뜰로 초청하여 7일 동안 잔치를 베풀었다. 수산의 모든 남자들이 왕궁에 들어가서 구경도 못해 본 희귀한 음식을 먹고 왕궁의 술을 마시니 그야말로 현기증이 날 지경으로 어리벙벙해졌다. 왕비 와스디는 따로 수산의 여인들을 초청하여 후원 뜰에서 잔치를 베풀었다.

잔치의 마지막 날, 황제가 기분 좋게 취했다. 그는 문득 빼어난 미인 와스디 왕비를 백성들에게 자랑하고 싶었다. 그래서 왕궁에서 요직에 있는 내시 7명을 후원으로 보냈다.

"왕비 와스디를 불러오시오. 왕비의 관을 쓰고 어전으로 나오게 하시오."

하지만 왕비 와스디는 황제의 뜻을 따르지 않았다. 그 시대의 관습상 여자가 남자들만 모인 곳에 얼굴을 드러내고 간다는 것은 상상도 못할 금기사항이었다. 황제가 취하지만 않았어도 그런 엉뚱한 명령을 내리지는 않았을 것이다.

"감히 내 명령을 거역한단 말인가?"

내시들의 보고를 받은 황제는 화가 치밀어 올랐다. 내시들은 부들부들 떨었다. 황제가 애당초 그릇된 명령을 내렸고, 왕비가 거절하는 것은 당연한 일이었다. 내시들은 왕궁 법도를 그 누구보다 환히 알고 있는 사람들이다. 문제는 황제의 절대권한이다. 마음대로 사람을 죽일 수 있는 권력자, 더구나 술에 취했고 화가 많이 났으니 그들에게 무슨 날벼락이 떨어질지 예측불허였다.

잔치는 끝나도 황제의 분노는 끝나지 않았다. 황제는 법과 전례에 박식한 일곱 명의 박사들을 불러 잔치 마지막 날의 일을 말해 주고 자문을 구했다.

"이런 경우 법대로 하려면 어떻게 처리해야 하는가?"

황제의 표정과 말투로 미루어 왕비에 대한 분노가 대단하여, 처벌을 마음으로 정한 것이 분명했다. 이런 경우 황제가 먼저 법을 어겼다고 지적할 만한 용기를 지닌 자는 없었다.

"폐하, 왕비께서는 황제 폐하뿐만 아니라 이 나라의 신하들과 백성들에게 잘못을 저질렀습니다. 왕비께서 폐하의 명령을 따르지 않았다는 사실이 이 나라에 알려지면 모든 신하들과 백성들의 아내들이 왕비처럼 남편을 무시할 것입니다. 그러니 임금님께서 좋으시다면, 와스디 왕후가 다시는 임금님 앞에 나타나지 못하도록 어명을 내리시고, 그러한 어명을 바꿀 수 없도록 기록된 법률로 만들어 놓으십시오. 그런 다음에는 임금님께서 더 훌륭한 여인을 택하여 왕후로 삼으셔야 옳을 것입니다."

황제는 이 제안을 좋게 여기고 전국에 칙령을 내리도록 했다. '남편은 자기

집안을 다스려야 하며, 남편이 쓰는 말이 그 가정에서 쓰는 일상 언어가 되어야 한다.'

미모의 새 왕비 에 2:1–18

그로부터 4년쯤 지난 어느 날, 황제 아하수에로는 문득 폐위시킨 빼어난 미모의 왕비 와스디가 그리워졌다. 그러나 칙령으로 전국에 공표했으니 번복은 불가능했다. 폐위는 지나친 조치였다는 후회가 들었다. 이런 눈치를 챈 신하들이 나섰다.

"폐하, 새 왕비를 간택하셔야 될 때입니다."

"새 왕비라고?"

황제의 눈치를 살피던 신하가 자신감을 얻어 말을 이었다.

"전국에 명을 내리시어 모든 고을에서 가장 아름다운 처녀들을 뽑아 올리게 하시고, 그 중에서 마음에 드는 처녀를 택하여 왕비를 삼으소서."

그리하여 아하수에로 황제의 명에 따라 아름다운 미모의 처녀들이 심사를 거쳐 왕궁으로 보내졌다.

수도 수산 성에서도 미인을 가려냈다. 에스더라는 처녀도 선발되었다. 그녀는 예루살렘에서 포로로 잡혀온 부모에게서 태어난 유다인으로, 부모를 잃고 사촌 모르드개의 양녀가 되어 그의 집에서 살고 있었다.

전국에서 뽑혀 온 처녀들이 왕비 후보로 왕궁에 모여들었다. 왕궁에서는 온갖 향유로 목욕을 시키는 등 아름답게 치장시키고, 왕궁의 법도와 예절교육도 시켰다. 아하수에로 황제는 그 많은 미인들을 한 사람씩 면접하면서 이모저모를 살펴보았다. 미모뿐만 아니라 왕비가 갖추어야 할 덕망을 지녔는지도 중요했다. 미인은 많았지만, 마음에 쏙 드는 처녀는 눈에 띄지 않았다.

하지만 황제는 에스더를 보자마자 마음에 들어했다. 황제가 보기에도 에스더는 다른 처녀들보다 훨씬 더 우아하고 아름다웠다. 황제는 마침내 에스더의 머리에 관을 씌우고, 와스디를 대신하여 왕후로 삼았다.

모르드개의 신앙과 하만의 무서운 음모

황제 암살 음모 에 2:19–23

모르드개는 왕궁 경비대의 고위직 신분이었다. 대궐 문지기가 아니라 왕궁의 안전을 위해 정보를 수집하는 등 책임 있는 지위였다.

그는 에스더가 왕비 후보로 후궁 안에 머무는 동안 그 뜰 앞을 서성거리기 일쑤였다. 소식이 궁금해서였다.

에스더가 왕비로 발탁되고 난 후에도 모르드개는 자신의 근무처인 왕궁 정문의 집무실에 앉아 바쁜 나날을 보냈다. 왕비가 된 에스더를 만날 길은 없었지만, 왕비의 시녀들을 통해 연락은 주고받을 수 있어서 그나마 다행이었다.

그러던 어느 날, 모르드개는 자신의 경비대에 소속된 두 내시가 황제를 살해하려는 음모를 꾸민다는 정보를 입수하게 되었다. 그들은 황제의 침소를 출입하며 시중드는, 그야말로 황제의 신임을 받는 최측근이었다. 그런 그들의 음모가 이미 실현단계에 이르러 있었다.

모르드개는 그들을 체포해서 조사할까 생각하다가, 왕

비 에스더를 떠올렸다. 황제가 위기에 처한 이런 극비사항을 에스더를 통해 황제에게 직접 전달하면 처리가 빠르고 정확할 것이며, 아울러 에스더의 왕비 지위도 한결 강화될 것이다.

모르드개는 에스더의 시녀를 통해 그 사실을 알렸다. 놀란 에스더가 황제에게 알렸다.

"이 끔찍한 음모를 왕궁 문을 지키는 경비대의 모르드개가 적발했습니다."

황제는 즉각 두 내시를 체포하도록 했고, 그들의 배반과 암살 음모를 직접 심문했다. 그 음모는 사실로 입증되어, 두 내시는 교수형에 처해졌다.

국무총리 하만의 증오 에 3:1–6

이스라엘 민족이 430년의 이집트 생활을 마감하고 모세의 인도로 홍해를 건너 약속의 땅 팔레스타인으로 향했을 때 아말렉 족속은 지친 그들을 기습 공격하여 많은 피를 흘리게 한 적이 있었다. 이들은 혈통을 거슬러 올라가면 야곱의 쌍둥이 형 에서의 후손들이었다.

야곱의 후손과 에서의 후손은 숙명적으로 숙적이고 앙숙이었다. 페르시아 제국은 영토가 넓고 여러 민족이 포함되어 있었다. 유다인 다니엘이 총리를 지냈는가 하면, 역시 유다인인 에스더는 왕비가 되었고, 유다인 모르드개는 왕궁 경비대에 소속되어 있었다. 아하수에로 재위 12년 1월에는 아말렉 족속인 하만이 황제 다음가는 지위인 총리로 있었다.

황제의 신임을 얻어 최고위직에 임명된 하만의 권세는 하늘을 찌를 것 같았다. 황제는 왕궁의 문에서 일하는 신하들은 하만이 드나들 때 무릎을 꿇고 절을 하라고 명령했다. 왕궁 정문의 경비실에 있는 모르드개는 그에게 절을 한 적이 없었다. 수레를 타고 출입하는 하만은 그 사실을 몰랐다.

"모르드개, 당신은 하만에게 절하지 않는 유일한 관리요. 이유가 무엇이오?"

그의 동료가 이상해서 물었으나 모르드개는 아무런 대답이 없었다.

"높은 직분에 있는 사람들도 하만이 지나갈 때마다 엎드려 절을 하는 건 황제의 명령이기 때문이오. 하만이 당신의 태도를 알면 가만 두지 않을 것이오. 그러니 남들처럼 절을 하도록 하시오."

모르드개는 동료의 충고를 듣지 않았다. 왕비가 그의 사촌이며 양녀이기 때문은 아니었다. 자신이 황제의 암살음모를 적발한 공로를 세웠기 때문도 아니었다. 그는 모세의 율법에 따라 누구에게든 숭배를 할 수가 없었다. 더구나 하만은 조상 대대로 내려오는 숙적인 아말렉 족속이었다.

어디에나 좋아하는 사람이 있으면 싫어하는 사람도 있게 마련이다. 모르드개를 염려하는 사람 곁에는 모르드개를 미워하는 사람도 있었다.

"모르드개는 총리대신께서 왕궁을 출입하실 때 단 한 번도 절을 한 적이 없습니다."

그 소리를 들은 하만은 화가 치솟았다. 나에게 절을 하지 않는 인간이 이 나라에 있다니….

"그 자가 어느 종족인가?"

"예루살렘에서 잡혀온 유다인입니다."

"유다인?"

'그럼 그렇지. 내가 아말렉 족이라는 걸 아는 모양이로군.'

하만은 고개를 끄떡였다. 그는 한동안 생각에 잠기더니 회심의 미소를 입가에 띄웠다.

'모르드개쯤이야 당장 내 힘으로 처치할 수 있지만, 서두를 것은 없어. 페르시아 제국 안에서 모든 유다인의 씨를 말려 버려야 해. 그것이 더 큰 문제야. 그래, 단 하루 동안에, 제국 안의 모든 유다인들을 노인에서 젖먹이까지 다 제거하는 거야. 우리 민족의 원수를 갚는 거지. 모르드개, 두고 보아라. 내게 엎드려 절하지 않은 죗값이 얼마인가를 알 날이 오리라.'

유다인 말살 정책 에 3:7–15

20세기에 히틀러의 유대인 말살정책은 650만의 희생자를 냈다. 그보다 2,500

년 전인 기원전 5세기에도 유대인 말살정책이 수립된 적이 있었다. 기원전 474년 1월, 페르시아의 수도 수산에서 총리인 아말렉 사람 하만에 의해.

유대인을 전멸시킬 대학살은 하만의 치밀한 계획과 정책수립 과정에 참여한 측근 세력들에 의해 제비뽑기로 11개월 후인 12월 13일이 거사일로 확정되었다. 이제 방법만 남아 있었다. 하만은 신중했다. 모르드개 때문에 그 종족을 다 죽이자고 하면 황제는 자기를 먼저 죽일지도 모른다. 그러니 무엇보다, 설득력 있는 대의명분이 있어야 한다. 이런 엄청난 일은 황제의 허락과 포고가 있어야만 가능하다. 하만은 측근들과 숙의를 거듭한 끝에 황제 앞으로 나아갔다.

"폐하, 만수무강하소서."

그는 잠시 입술을 적시고 말을 이었다.

"폐하의 제국은 거대한 영토와 다민족으로 구성되어 있습니다. 일찍이 지상에 이런 대제국이 존재한 바 없으니 페르시아는 위대한 제국이며 이 위대한 제국을 통치하시는 폐하께서는 천하에 으뜸가는 명예와 권세를 지니고 계십니다. 이 나라 백성은 어느 민족이든 이 나라의 법을 준수해야 하고, 그래야만 평화와 번영이 지속될 수 있습니다. 그러한데도 우리 나라에 유별난 민족이 있습니다. 그들의 전통적인 법은 우리의 법과 상치되는 부분이 많은데, 그 종족은 자신들의 이상한 법을 준수하느라 대제국 페르시아의 법을 지키지 않습니다. 그들이 다른 종족까지 오염시켜 폐하의 법을 무시하고 자기들이 지키던 법을 따르게 되면, 이 나라는 불화와 갈등이 야기되어 분열이 일어날 위험성이 있습니다. 그러므로 하루속히 그들을 완전히 제거하는 것이 페르시아 제국과 폐하께 유익합니다. 이는 매우 중요한 일이며, 또 그 민족의 저항이 우려되므로 폐하의 이름으로 조서를 전국에 보내어 황제의 명으로 시행하지 않으면 안 됩니다. 이를 위하여 신 하만이 은 1만 달란트를 왕실 금고에 바치겠습니다."

그는 목적을 이루기 위하여 대의명분과 함께 은 34만kg을 황제에게 뇌물로 바쳤다.

“나라를 걱정하는 그대의 충정이 고맙군. 도대체 어떤 민족인가?”

“바빌로니아에 의해 예루살렘에서 잡혀온 유다인들입니다.”

“오, 그들이라면 독특한 데가 있지. 보이지도 않는 주를 하나님으로 섬긴다지?”

“그들은 천 년 전에 모세가 만든 율법을 따릅니다. 그 법은 우리 페르시아의 법에 많이 위배됩니다.”

아하수에로 황제도 유다인에 대한 상식은 갖고 있었다. 그러나 편견도 많았다. 아무튼 황제는 나라의 평안과 번영을 위해 하만의 제안을 거절할 이유가 없다고 생각했다.

“총리는 그 일을 집행하라. 예산은 유다인들을 없애고 몰수하는 재산으로 충당하라. 총리의 손에 이 일을 위임하노라.”

황제는 어인御印이 새겨진 반지까지 빼주며 기꺼이 허락했다.

하만은 뛸 듯이 기뻤다. 자기 마음대로 황제의 문서를 작성하여 전국에 보내게 되었으며, 1만 달란트의 은을 뇌물로 주었으나 유다인들을 다 죽이고 재산을 몰수한다면 모든 비용을 제하고도 많은 이득이 생길 것이다. 황제의 어인을 찍어 반포하면 결코 취소되거나 변경될 수 없는 엄격한 법이 있으므로, 그는 황제의 마음이 바뀌기 전에 모든 일을 끝내고자 서둘렀다.

그는 서기관들을 불러 그 나라의 여러 민족이 쓰는 언어별로 문서를 작성시켰다.

‘올해 12월 13일 하루 동안에 페르시아 제국의 영토에 살고 있는 모든 유다인은 남녀노소 전부를 죽인다. 그들의 재산은 몰수한다. 이를 위하여 각 도의 총독과 관리들은 준비에 만전을 기하라.’

1월 1일에 이미 제비를 뽑아 때를 정한 하만은 1월 13일에 서기관들을 동원하여 공문을 작성하고 황제의 이름으로 옥새를 찍어 127도에 전령을 통해 발송했다. 유다인의 운명은 결정되었다.

에스더의 용기와 하만의 몰락, 그리고 부림절

희생을 각오한 용감한 왕비 에 4-5장

엄청난 파장이 페르시아 전 지역을 강도 높게 뒤흔들었다. 특히 유다인들의 두려움과 눈물이 강물처럼 흘렀다. 그들은 베옷을 입고 잿더미에 뒹굴며 통곡했다. 왕궁 경비대의 모르드개도 그 소식을 듣고 부들부들 떨었다. 하만의 소행임을 알았기에 더욱 치가 떨렸다. 이렇게 분하고 허망한 일이 있을 수 있단 말인가. 하나님께서 택하신 백성의 운명은 어떻게 될 것인가. 나는, 우리는, 어떻게 해야 하는가. 가만히 앉아서 그날을 기다린단 말인가. 어떤 조치를, 인간이 할 수 있는 모든 수단과 방법을 강구해서 민족을 구원하는 것이 옳지 않을까.

모르드개는 잠을 이룰 수 없었다. 그는 옷을 찢었고, 굵은 베옷과 재를 뒤집어 쓴 채 울부짖으며 통곡했다.

아침이 오자 모르드개는 베옷을 입은 그대로 왕궁 문 앞으로 가서 통곡했다. 그런 복장으로는 왕궁에 출입할 수 없으므로 그는 울고 또 울었다. 왕비 에스더의 시녀와 내시가 그 소식을 듣고 나가 보니 참으로 가관이었다. 그들은 즉시 에스더에게 사실을 알렸다. 에스더는 걱정스러웠으나 어찌된 영문을 몰라 우선 새 옷을 내시와 시녀에게 주면서 모르드개에게 전하라고 했다. 그러나 모르드개는 그 옷을 거들떠보지도 않고 여전히 울어댔다. 필시 깊은 곡절이 있으리라.

에스더는 가까이 시중 드는 내시 하닥에게 이유를 소상히 알아오라고 보냈다.

"엄청난 음모가 진행되고 있소. 왕비 에스더를 포함한 모든 유다인이 12월 13일에 죽임을 당하오. 하만이 은 1만 달란트를 황제께 드리고 유다인을 모함하여 다 죽이라는 칙령을 내려 이미 전국 127도에 전령을 급파했소. 이것이 전국에 보낸 공문의 초본이오. 왕비에게 증거로 주시오. 그리고 잊지 말고 이 말을 꼭 전해주시오. 왕비가 친히 황제께 가서 내 민족을 구해 달라고 간청하라고 일러주시오."

내시 하닥을 통해 사정을 알게 된 에스더는 놀라움과 두려움으로 한동안 말을 잊었다. 에스더는 하닥을 다시 모르드개에게 보냈다.

"왕비께서 전하시랍니다. 왕비도 폐하의 부르심이 없이는 폐하 어전에 드시지 못하는 법이 있습니다. 만약 부르심이 없었는데 폐하께 갔다가 폐하께서 받아들인다는 뜻으로 금홀을 내밀면 살고, 그렇지 않으면 죽습니다. 에스더 왕비께서는 한 달 동안이나 폐하의 부르심을 받지 못하셨습니다."

왕비가 나서지 않는다면 방법이 없지 않은가.

"하닥, 내 말을 왕비에게 그대로 전해 주시오. 유다인이 몰살당하는 그날 왕궁에 있는 에스더 왕비 또한 홀로 살아남지는 못할 것이오. 만약 왕비가 나서주지 않는다면 하나님께서 다른 방법으로 우리 민족을 구원하실 것입니다. 그러나 내 생각에는, 이 위기에서 민족을 구하시려고 하나님께서 유다인 에스더를 왕비로 삼았을 것입니다."

하닥이 그 말을 전하자 에스더가 말했다.

"하닥, 모르드개에게 전하거라. 모르드개는 수산의 모든 유다인을 모아서 나를 위해 밤낮 사흘을 금식하며 기도하라고 일러라. 나도 나의 시녀와 함께 사흘을 금식한 후에 규례를 어기고 폐하께 나아갈 것이다. 규례를 어겼다고 나를 죽이면, 기꺼이 죽을 각오가 되어 있다고 하여라."

모르드개는 지체 없이 에스더의 말대로 시행했다.

사흘 후, 에스더는 약속한 대로 황제의 어전 뜰로 나아갔다. 보좌에 높이 앉은 황제가 시야에 들어왔다. 죽고 사는 것이 결정되는 순간이었다. 황제가 자기에게 금홀을 내밀지 않으면 에스더는 죽는다. 극도로 긴장한 에스더는 그러나 황제를 보자 편안한 마음이 되면서 미소를 지었다. 알 수 없는 평안과 여유가 느껴졌다.

황제는 오랜만에 왕비 에스더의 아름다운 모습을 보고는 반가웠다. 저토록 사랑스러운 왕비를 내가 왜 이토록 무관심하게 지냈는가 후회되었다. 그는 금홀을 에스더에게 내밀었다. 에스더가 가까이 다가가서 금홀 끝을 만졌다.

"사랑하는 왕비 에스더여, 무슨 일이오? 내게 무슨 소청이 있으시오? 무엇이든 들어 드리리다. 나라의 절반이라도 드리리다."

"폐하시여! 제가 오늘 폐하를 위하여 잔치를 마련해 놓았으니, 임금님께서 기쁘게 여기신다면, 오늘 하만과 함께 제가 차린 잔치에 와 주소서."

"그거 반가운 소식이오. 그럽시다."

황제는 즉각 신하들에게 명령했다.

"어서 하만을 궁궐에 들어오라고 하라."

그리하여 황제는 하만을 대동하고, 에스더가 베푼 잔치에 참석했다.

황제는 술을 마시다가 에스더에게 물었다.

"그대의 소원은 무엇이오? 그대가 요청한다면, 이 나라의 절반이라도 떼어 주겠소."

"폐하, 허락하신다면 내일도 이렇게 폐하와 총리대신을 위하여 잔치를 열겠습니다. 제 간청은 내일 말씀 드리겠습니다."

"하하하, 말하기 힘들어하는걸 보니 정말 이 제국의 절반이라도 달라고 할 것 같구려. 서슴지 말고 말하시오. 다 주리다."

하만은 날아갈 듯 기뻤다. 그는 집으로 돌아가자 사람을 보내어 친구들을 초청했다. 자랑이 하고 싶어서였다.

"여보게들, 폐하께서 나를 신하들 가운데 가장 높은 지위를 주셨는데, 오늘은 왕비께서 친히 후원에 잔치를 준비하시고 폐하와 나만 초청하셨지 뭐요. 이런 영광이 어디 있소? 폐하만 나를 끔찍이 생각해 주신다 했더니 왕비께서도 나를 이토록 높여 주시니 내 참으로 기분이 좋고 행복하구려. 그뿐인 줄 아시오? 내일도 왕비께서 폐하와 나만을 위해 또 잔치를 준비하신답니다. 하하하!"

하만은 그러나 다음 순간 약간 침울한 표정으로 바뀌었다.

"아니? 갑자기 어디가 아프시기라도 하시오?"

한 친구가 물었다.

"아니오. 불쾌한 일이 하나 있다오. 폐하와 왕비께서 나 하만을 이토록 높여 주시는데 딱 한 사람, 왕궁 문의 모르드개라는 작자만 나를 거들떠보지도 않소. 건방진 인간이지. 지가 감히 나 하만에게 절을 안해?"

곁에 있던 그의 아내 세레스가 놀란 눈을 치켜뜨며 말했다.

"아니 그런 몰상식하고 무례한 위인을 왜 그냥 두십니까? 내일 폐하께 말씀하셔서 그 인간을 장대에 매달아 처형하도록 하세요. 미리 장대를 세우시고 그 자를 매달게 한 후 왕비의 잔치에 가시는 게 나을 것 같습니다. 존귀하신 총리대신께서 그 작자 때문에 마음이 상하시면 안 되니까요."

하만의 수모와 모르드개의 영광 에 6장

그날 밤, 황제는 이상하게 잠이 오지 않아 뒤척이다가 시종을 불러 왕궁실록을 가져다가 읽으라고 명했다.

"궁정 문을 지키는 모르드개가 폐하의 암살 음모를 적발하여…."

수년 전 자신의 암살 음모를 다룬 내용에 이르자 황제가 몸을 일으켰다.

"나를 살린 모르드개에게 무슨 관직이나 상을 내렸더냐?"

"그런 기록이 없는 것으로 보아 아무 상도 없었던 것 같습니다, 폐하."

"그럴 수가…. 여봐라. 밖에 누구 없느냐?"

마침 하만이 뜰에 들어서고 있었다. 그는 집에서 들은 대로 이미 20m가 넘는 장대를 자기 집 뜰에 세우고 모르드개의 처형을 허락 받으려는 참이었다.

"하만 총리대신께서 뜰에 있습니다."

밖에 대기하던 시종의 보고였다. 황제는 하만을 가까이로 불러 이렇게 물었다.

"내가 특별히 영화롭게 해주고 싶은 사람이 있는데 어떻게 하는 것이 좋겠는가?"

하만은 내심 자기를 가리킨다고 생각했다.

"폐하께서 친히 영화롭게 해 주시기로 작정한 사람이 있으시다면, 폐하께서 입으시는 옷과 폐하께서 타시는 말을 내오게 하시고, 그의 머리에 관을 씌운 다음 대신들 중에서 가장 높은 사람에게 그 옷과 말을 맡기시어 폐하께서 영화롭게 하시려는 그 사람에게 폐하의 옷을 입히게 하고, 그를 폐하의 말에 태워 이 수산 성을 다니게 하소서. 모든 주민들이 보는 앞에서 그가 말을 끌고 가면서, '폐하께서 특별히 영화롭게 하기를 원하시는 사람에게는 이렇게 상을 베풀어 주십니다!' 하고 선포하게 하소서."

"그거 좋겠다. 하만, 자네는 지금 즉시 왕궁 문으로 가서 모르드개에게 지금

말한 대로 시행하라. 자네가 말한 그대로. 그리고 자네가 가장 높은 신하이니 그 앞에 서서 외치며 성 안을 돌라."

누구 명령인데 거역하랴. 하만은 자신이 죽이려고 했던 모르드개를 황제처럼 말에 태우고 성 안을 돌며 외쳐야만 했다. 이 수모와 분노를 어찌하랴. 성 안을 다 돌고 나자 모르드개는 자신의 근무처인 대궐 문으로 가고, 하만은 씩씩거리며 급히 집으로 돌아갔다.

"아니, 어떻게 나에게 이런 일이 있을 수 있을까…."

그는 화가 나서 아내와 친구들에게 자기에게 일어난 일을 빠짐없이 이야기했다. 다 듣고 난 친구들과 아내는 수심에 찼다.

"큰일이군요."

아내가 크게 한숨을 내쉬며 말했다.

"당신이 유다 사람 모르드개 앞에 무릎을 꿇었으니, 이제는 그를 당해낼 수가 없을 것입니다. 계속 맞서다가는 당신이 망할 것이 틀림없습니다."

아내의 눈에는 모르드개를 처형하기 위해 마당 저쪽에 세워둔 장대가 들어왔다. 그녀의 말이 끝날 즈음, 내시들이 하만을 데려가기 위해 왕궁에서 찾아왔다. 왕비의 잔치에 참석하도록 하기 위해서였다.

하만이 받는 보응과 모르드개의 출세 에 7–8장

왕비의 잔치에 참석한 하만은 마음이 편치 않았다. 어제의 하만은 왕비의 잔치가 비길 데 없는 즐거움이었는데, 오늘의 하만은 불편하기 짝이 없었다.

기분 좋을 만큼 취기가 오른 황제가 아름다운 에스더를 빤히 바라보며 말했다.

"그렇게 말하기 힘든 부탁이 무언지 어디 들어 봅시다. 당신의 소원이라면 나라의 절반이라도 주겠소."

"폐하시여! 제가 만일 폐하께 은총을 입었고, 또 폐하께서 이 몸을 어여삐 여기신다면, 제 목숨을 살려 달라는 것이 제 소원입니다. 저의 동족을 살려 주십시오. 이것이 저의 간청입니다. 지금 저와 제 동족은 다 죽어 멸절될 위기에 처해 있습니다. 저와 제 동족이 노예로만 팔려도 저는 아예 침묵을 지키고, 그 문제로 폐하를 괴롭히지 않았을 것입니다."

황제는 놀란 얼굴로 에스더에게 물었다.

"그게 무슨 소리요? 당신과 당신 민족을 다 죽이다니, 도대체 어떤 자가 그런 짓을 한단 말이오?"

"폐하, 저 사람 하만입니다."

황제는 어이없는 시선으로 하만을 노려보다가 몸을 돌려 후원 뜰로 급히 걸어갔다. 왕은 대단히 분노하고 있었다. 하만은 너무나 두려웠다. 황제의 분노로 보아 틀림없이 자기를 죽일 것 같았다. 그는 얼른 에스더가 앉아 있는 긴 의자의 한쪽에 무릎을 꿇고 엎드려서 애걸하듯 호소했다.

"제발, 제발 이 생명만이라도 살아 남게 해주십시오."

그때 성난 황제가 다시 급한 걸음으로 돌아왔다. 황제는 하만이 왕비의 의자에 엎드린 모습을 보자 더욱 화가 났다.

"내가 왕궁에 있는데도 이놈이 감히 왕후를 겁탈하려 하는구나!"

황제가 보는 각도에서는 마치 하만이 왕비의 옷자락을 잡고 있는 것처럼 보였는지도 모른다. 바로 그때 황제의 경호대가 달려들어 수건으로 하만의 얼굴을 감싸 버렸다. 죽을 목숨이라는 뜻이었다.

왕을 모시는 내시들 중 한 명이 말했다.

"폐하, 하만은 폐하를 해치려는 음모를 알려 준 모르드개를 매달아 죽이려고 장대까지 세워 놓았습니다. 그 장대가 지금도 하만의 집 뜰에 서 있는데, 높이가 50자나 됩니다."

"그렇다면 그 장대에 하만을 매달아 죽여라."

황제의 명령은 즉각 시행되었다. 하만이 자신이 모르드개를 죽이려고 세운 장대에 매달려 죽었다. 그를 처형한 다음에야 황제의 진노가 풀렸다.

에스더는 황제에게 모르드개와의 관계를 다 말하고, 하만이 꾸민 유다인 학살 음모를 소상히 털어놓은 후 민족의 구원을 눈물로 호소했다. 황제는 하만을 대신하여 모르드개로 총리를 삼고 하만에게 주었던 자신의 인장반지를 모르드개에게 맡겼다.

"왕비와 모르드개는 뜻대로 조서를 쓰고 어인을 찍어 전국에 알려라."

두어 달 만에 세상이 뒤바뀌었다. 3월 23일, 황제의 서기관들이 소집되고, 모르드개가 시키는 대로 그 나라에 살고 있는 모든 민족의 언어로 조서를 썼다. 준마를 탄 전령이 인도에서 아프리카에 이르는 127도의 총독과 관원들에게 급파되어 황제의 조서를 전달했다.

'이 나라의 모든 마을과 성읍에 사는 유다인들에게 자신의 생명을 보호하기 위해 정당 방위의 특권을 부여한다. 유다인들은 어느 지역, 어느 족속이든 유다인을 상대로 무장하고 나서는 이들이 있으면, 그들만이 아니라 그들의 처자식들까지 모조리 살해하고 그들의 집과 재산을 약탈하고 차지할 수 있다. 이 일은 모든 지역에서 12월 13일 하루 동안에 이루어져야 한다."

하만에 의해 보내진 조서가 완전히 뒤바뀌었다. 이제는 유다인들을 죽이려고 했던 자들이 오히려 유다인들을 두려워하게 된 것이다.

새로운 경축일 부림절 에 9장

드디어 그날이 왔다. 하만이 그의 측근들과 제비를 뽑아 전국의 유다인 죽이기를 실행에 옮기기로 정해진 12월 13일이 밝아 왔다. 전국의 모든 성과 마을에서는 유다인이 아닌 자들이 자칭 유다인 행세를 하는가 하면, 많은 사람들이 유다인으로 귀화했다. 대다수가 유다인들에게 호의적이 되어 유다인들을 도와주려고 했다. 각 도의 총독을 비롯한 관리들 역시 유다인을 적극 지원했다.

모르드개는 몇 달 사이에 모르는 사람이 없을 정도로 유명해졌다. 유다인들은 수효가 많지 않았지만 이제 페르시아 전역에서 가장 우월한 민족으로 부상했고, 부러움을 샀다. 그런 분위기에서 거사일인 12월 13일을 맞이한 유다인들은 황제의 조서에 따라 마을과 성읍에 모여서 하만에게 동조하여 유다인을 죽이려고 했던 사람들과 반反유다주의자들, 유다인을 괴롭혀온 자들을 가차없이 도륙했다. 유다인 거주자가 있는 곳에서는 크고 작은 모든 성과 마을에서 피비린내가 진동하며 비명과 절규가 메아리쳤다.

왕궁이 있는 대도시 수산에서는 그날 하루 동안 하만의 아들 열 명을 비롯하여 5백 명이 유다인의 손에 죽었다.

보고를 받은 황제가 왕후에게 말했다.

"유다인들이 이 수산 성에서만 500명을 죽이고, 하만의 아들 열 명까지 모조리 죽였으니, 이 나라의 모든 지역과 마을에서는 어떠했겠소? 이래도 그대에게 남은 소원이 있으면 말해 보시오. 내가 그대로 이루어 주겠소."

에스더가 대답했다.

"임금님께서 이 일을 옳게 여기신다면, 오늘 수산 도성에서 유다인들이 한 일을 내일도 계속하도록 허락해 주소서. 그리고 하만의 아들 열 명의 시체는 장대에 매달아 주소서!"

왕은 즉각 에스더의 소원대로 시행하도록 명령을 내렸다. 수산에는 왕의 조서가 새로이 공고되었고, 하만의 열 아들의 주검은 장대에 매달렸다.

12월 14일, 수산 성의 유다인들이 다시 집결하여 성중의 원수 300명을 더 죽였다. 그러나 원수들의 재산은 역시 약탈하지 않았다. 수산 성을 제외한 전국에서 13일 하루 동안에 죽은 사람들은 7만 5천 명이었다.

모르드개는 황제의 허락을 얻어 또다시 전국에 조서를 내렸다.

'해마다 12월 14일과 15일을 명절로 지켜라. 이날은 슬픔이 변하여 기쁨이 되고 애통이 변하여 좋은 날이 되었으니 잔치를 베풀고 즐기며 서로 예물을 주며 가난한 자를 구제하라.'

유다인들에게 새로 생긴 이 명절은 부림절이라 불린다. 하만이 '제비'를 뽑아 정한 날이라고 하여 붙여진 이름이다. 부림절은 3천여 년이 흐른 지금까지도 유다인의 명절로 지켜지고 있다.

학사 에스라와 총독 느헤미야

에스라와 2차 포로 귀환 스 7-8장

포로로 잡혀간 유다인들 중에는 뛰어난 자들이 많았다. 다니엘과 그의 세 친구는 오직 하나님만 섬기다가 사자굴에 던져지기도 하고 타오르는 불가마 속에 던져지기도 했다. 그러나 그때마다 하나님께서 그들을 보호하시어서 머리카락 하나 상하지 않았다. 다니엘은 황제가 꿈을 꾸고 잊어버린 내용을 알아내고 해석했으며, 벽에 하나님이 손가락으로 쓰신 문장을 홀로 읽고 해석했다. 다니엘은 바빌로니아 제국과 페르시아 제국에서 총리를 역임했다. 이런 일련의 기적적 사건들은 바빌로니아와 바빌로니아의 뒤를 이어 등장한 페르시아 제국의 몇몇 황제들과 신하 및 그 백성들에게 유다인의 하나님에 대한 인식을 심어 주었다. 따라서 유다인에게 호의를 베푼 황제도 여럿이었다.

키루스 황제는 유다인을 예루살렘으로 돌려보내 성전을 재건하도록 은혜를 베풀었는가 하면, 다리우스 황제는 성전 재건의 비용을 제공했고, 아하수에로 황제는 죽을 운명에 처한 유다인들을 구원했다.

하나님을 배신하고 우상을 숭배하다가 나라가 망하여 포로 신세가 된 유다인의 비극적 재앙은, 그들을 포로로 잡아간 강대한 제국에 하나님을 알리는 효과를 거두었다. 포로기 이후의 유다인들은 예레미야의 예언대로 다시 하나님을 찾고 율법을 배우고 준수하려는 노력을 기울였다.

에스라는 이집트에서 모세와 함께 그들의 백성을 인도하여 낸 모세의 형

아론의 16대손으로, 수산 성에 살고 있었다. 그의 인격과 신앙과 명성은 유다인뿐만 아니라 페르시아인들에게도 널리 알려져 있었다. 에스라는 모세의 율법을 연구한 학자로서, 스스로 그 율법을 준수하며 가르칠 뿐만 아니라 제사장이었다. 그의 말이라면 황제도 마다하지 않았다.

에스라의 요청으로 아닥사스다 황제가 칙령을 내렸다. 나라 안에 있는 유다인 중에 예루살렘으로 돌아가고 싶은 사람은 누구든지 에스라와 함께 돌아가라는 내용이었다. 왕은 또한 자신의 참모들과 함께 이스라엘의 하나님께 바치도록 은과 금을 내주었고, 바빌로니아의 온 지방에서도 하나님의 성전을 위해 헌금을 바치게 했다.

에스라는 1,754명의 동족과 함께 1월 1일 수산을 출발하여 긴 여정 끝에 4월 1일 예루살렘으로 돌아왔다. 그는 군대의 호위를 요청하지 않았다. 하나님께서 함께 하시며 인도하신다는 믿음으로 금식기도 후 길을 떠났다. 과연 하나님은 그들의 긴 여로에 함께 하시어서 인명과 재물의 손실 없이 무사히 도착하게 하셨다.

순수한 신앙의 보존을 위하여 스 9–10장

예루살렘은 이미 회복되었다. 성전 제사도 정상적으로 이루어지고 있었다.

에스라는 제사장이며 율법학자요 유력한 지도자로서 개혁에 착수했다. 예루살렘은 이미 상당한 다민족 사회가 되어 있었다. 타민족 속에 섞여 오랜 세월 살아오다 보니 불가피했을 것이다.

하지만 또다시 배교로 인한 하나님의 심판이 반복되지 않게 하려면, 나아가 하나님의 율법을 준수하고 순수한 신앙으로 살아가게 하려면 율법에 기초한 개혁이 이루어져야 했다. 그것은 일단 이방인과의 결혼을 금지하는 것이었고, 이미 결혼했더라도 이혼하여 이방인의 문화와 종교를 차단하는 것이었다.

회복된 예루살렘에서 하나님의 새 역사를 창조하려면 율법적 엄벌주의를 견지하지 않을 수 없었다. 비타협이야말로 그들 종교의 순수성을 유지하는 토대가 될 수 있었기 때문이다.

에스라는 성전 앞에서 기도했다. 속옷과 겉옷을 찢은 채 무릎을 꿇고 손을 들어 기도했다.

"하나님, 낯이 뜨거워 얼굴을 들지 못하겠습니다. 우리의 죄악과 허물이 하늘에 미쳐서, 나라가 망했고 백성들은 포로로 잡혀가 고난을 겪었습니다. 하나님의 은혜로 이처럼 회복되었건만 이 백성이 아직도 더럽고 가증한 죄악에서 벗어나지 못하고 있습니다."

통곡하며 회개하는 에스라를 보고 사람들이 모여들었다. 그들도 에스라처럼 눈물로 기도하기 시작했다. 예루살렘의 분위기는 타민족 여인을 이미 아내로 맞았더라도 헤어져야 된다는 쪽으로 흘러갔다. 몇몇 지도자들은 에스라를 찾아와 우리가 적극 도울 테니 개혁을 실시하라고 격려하고 응원했다.

개혁은 순조롭게 진행되었다. 에스라는 타민족 여인과의 결혼 실태를 두 달간에 걸쳐 조사한 후 이혼 명령을 내렸다. 일부 반대 세력이 없지 않았지만, 거의 대부분이 자발적으로 이혼했다. 배교를 원천적으로 봉쇄하고 오직 하나님 앞에 바로 서기 위한 신앙 회복 운동이었다.

예루살렘 총독 느헤미야 느 1–6장, 8장

많은 이들이 고국으로 돌아갔지만, 수산을 비롯한 페르시아 전역에 흩어져 사는 유대인이 아직도 적지 않았다. 수산에 사는 느헤미야도 그 중의 한 사람이었다. 그는 아닥사스다 황제의 신뢰를 받는 고위직으로 일하고 있었다.

그는 예루살렘에서 온 사람으로부터 슬픈 소식을 들었다.

"비극입니다. 성벽은 무너진 그대로 있고, 성문은 불탄 그대로 흉물스럽습니다. 더구나 포로를 면하고 잔류했던 사람들의 생활은 비참하기 그지없습니다."

동족이 겪는 비극과 재건되지 못한 채 방치되어 있는 성벽을 떠올리니 잠이 오지 않았다. 그는 금식하며 기도했다. 황제 앞에 있을 때도 수심을 감출 길이 없었다. 황제가 느헤미야에게 물었다.

"그대의 안색이 왜 그리 좋지 않소? 병이라도 난 것이 아니오? 틀림없이 마음에 무슨 큰 걱정이 있는 것 같소."

"폐하시여, 만수무강하소서! 우리 조상들이 묻혀 있는 성읍이 황폐하게 되었고, 성문들이 불에 타 없어졌으니 어찌 제 얼굴에 슬픈 기색이 없을 수 있겠습니까?"

황제가 다시 느헤미야에게 물었다.

"그대가 바라는 것이 있으면 말해 보시오."

느헤미야가 대답했다.

"폐하시여, 폐하께서 제 소원을 기쁘게 들어주실 수 있다면, 저를 유다로 돌아가게 해주십시오. 제 조상들이 묻혀 있는 성읍을 재건하도록 해 주소서."

황제는 기꺼이 허락했다. 조건은 다시 돌아오라는 것이었다.

때는 에스라가 예루살렘으로 간 지 13년, 아닥사스다 황제 즉위 20년 1월이었다. 황제는 느헤미야를 예루살렘 총독으로 임명하고 군대 지휘관들과 기마병을 따로 보내 주었다. 이때도 상당수의 유다인들이 그 대열에 합류하여 고국으로 돌아갔다.

예루살렘에 도착한 느헤미야는 사흘 동안을 푹 쉰 후 밤중에 성벽을 둘러보았다. 소문대로 황폐하고 흉물스럽고 초라했다. 그는 지도자들을 불러 성벽의 재건과 성문 복원을 의논하고 지시했다.

공사는 순조롭게 진행되었다. 사마리아 사람들과 주변 세력들이 가끔씩 방해를 하며 빈정거렸다.

"너희들이 쌓는 허술한 성벽은 여우가 올라가도 무너질 것이다."

느헤미야는 화가 났으나 참고 기도했다.

"우리에게 이토록 수모를 주는 저들을 기억하소서. 그들의 조롱이 그들에게 돌아가게 하소서."

모두들 얼마나 열심히 일했던지 무너진 부분이 속속 복원되고 불타 버린 성문이 세워져 갔다. 그러자 주변의 훼방자들이 이대로 두어서는 안 되겠다고 생각했는지 힘을 합하여 무력 공격을 시도했다. 역사적으로 유다인과 반목해 온 동부의 암몬 족, 남부의 호전적인 아스돗 족, 감정적으로 대립관계인 북부의 사마리아인들이 연합하여 국가 건설을 막으려 한 것이다. 성벽이 재건되면 그 자체만으로 방위 능력이 강화되고, 사실상 유다 왕국이 재건될 것이라고 생각했기 때문이다.

느헤미야 총독은 굽히지 않았다. 성벽 안쪽에 무기를 든 젊은이들을 배치하여 수비하는 한편 중단 없이 공사를 진행했다. 밤이면 백성들도 옷을 입은 채 손에 무기를 들고 잠을 잤다.

적들은 느헤미야에게 성 밖에서 만나자고 여러 차례 요청했지만, 느헤미야는 응하지 않았다. 그러자 편지를 보내 왔다.

'느헤미야, 당신은 페르시아 황제가 보낸 총독인데 성벽을 재건하고 스스로 왕이 되려는 모반을 획책하고 있다. 이미 소문이 자자하다. 당신이 성벽 공사를 중단하지 않으면 이 사실을 페르시아의 아닥사스다 황제 폐하에게 보고할 수밖에 없다.'

느헤미야는 그런 모함에도 전혀 위축되지 않고 하나님께 기도하면서 공사를 계속했다.

내부적으로도 문제가 발생했다. 예루살렘 주민들이 거세게 항의하고 나왔다. 기근과 세금 때문에 살아갈 수 없다는 불평이었다. 안팎의 시련에도 불구하고 총독 느헤미야는 열심히 기도하면서 자신의 할 일을 계속하여 공사를 시작한 지 52일 만에 숙원의 예루살렘 성벽 재건 공사를 끝마쳤다. 그러자 적들도 더 이상 넘보지 않았다.

제사장이며 율법학자인 에스라는 백성을 성전으로 모으고 모세의 율법책을 읽어 주었다. 모두들 숙연해졌다. 그들은 새롭게 하나님의 율법을 배우고 깨달아 갔다. 비로소 하나님의 특별한 사랑을 받는 선민의식으로 무장되어 가고 있었다. 외형적인 예루살렘 회복에 이어 종교적 회복이 이루어진 것이다.

마지막 예언자 말라기와 신구약 중간사

마지막 예언자 말라기 말 1-4장

느헤미야가 예루살렘 총독으로 있을 당시, 말라기라는 예언자가 있었다. 그는 구약시대의 마지막 예언자로서, 특히 구세주가 세상에 오신다는 것을 예언했다. 일찍이 여러 예언자들에 의해 메시아(구세주)가 유다 지파에서 태어난다고 예언된 바 있으나, 아직 성취되지 않은 상태였다. 그것을 말라기 예언자가 다시 일깨웠다.

'내가 이제 사자를 보내어, 내 앞길을 예비하게 하겠다. 너희가 그토록 고대하던 주께서 갑자기 주의 성전에 오실 것이다. 너희가 원하던 계약의 사자가 오실 것이다.'

하나님께서 메시아를 보내시기 전에 세례 요한을 보내시어 준비를 하게 하겠다는 뜻이다. 그런 후에 메시아의 오심을 희망하며 고대하면서도 영적인 나태와 안일에 빠져 있는 이 세상에 메시아를 보내신다고 했다. 영적으로 깨어 있지 못하기 때문에 메시아의 강림은 갑작스러운 사건이 될 것이다.

'그분이 오실 그날을 어느 누가 감당할 수 있으랴? 주께서 나타나실 때 누가 감히 견뎌낼 수 있으랴? 그분은 용광로의 불과 같고, 빨래통의 잿물과 같으실 것이기 때문이다.'

말라기는 메시아의 오심은 물론 재림에 의한 심판까지도 예언했다. 누구도 그 심판을 견디지 못할 것이다. 금을 녹이는 불처럼 심판하고 표백제로 쓰는 잿물처럼 말끔하게 심판하실 것이다. 그때에는 악인과 의인이 확연히 구별될 것이다. 극렬한 용광로에 던져지는 것 같을 심판의 날에 교만한 자와 악을 행하는 자는 다 마른 들풀처럼 타 버릴 것이다.

"그러나 내 이름을 경외하며 사는 너희에게는 의로움의 태양이 떠오를 것이다. 모든 것을 다시 회복시키는 치유의 햇빛이 비칠 것이다. 그러면 너희는 외양간에 갇혀 있다가 풀려 나온 송아지들처럼 기뻐서 뛸 것이다."

패권覇權의 변천變遷 단 2장

예루살렘의 왕족 출신 다니엘이 소년 시절에 바벨론으로 잡혀가 있던 초기의 어느 날 느부갓네살 왕이 이상한 꿈을 꾸었다. 그러나 의미심장한 꿈이라는 의식은 강해지는데 꿈의 내용은 도무지 기억나지 않았다. 그 꿈을 다니엘이 알아냈다. 거대한 신상의 꿈이었다.

금으로 된 머리, 은으로 된 가슴과 팔, 놋으로 된 배와 넓적다리, 철로 된 종아리, 철과 진흙으로 섞인 발이다. 그런데 사람이 던지지 않은 돌 하나가 날아와서 신상의 철과 진흙으로 된 발을 쳐서 부수어 뜨렸다. 신상은 머리부터 발까지 가루처럼 부서져서 날아가 버렸는데, 그 날아온 돌은 태산처럼 거대해져 세계를 덮었다.

다니엘이 그 꿈을 해몽하였다. 그 당시의 바벨론 제국으로부터 패권을 장악하는 나라들이 어떻게 변천하는가를 예고하는 꿈이었다.

구약성경 시대에 이미 바벨론 제국(머리)을 정복하고 페르시아 제국(가슴과 팔)이 출현하였으며(기원전 539년), 이어서 마케도니아의 알렉산더 대왕이 동방 원정으로 페르시아를 무너뜨리고 헬라 제국을 건설하였고(기원전 334년), 뒤를 이어 로마 제국(기원전 63년)이 그 판도 위에 등장하여 패권을 장악하였다.

즉 기원전 603년의 예언이 어김없이 이루어진 것이다. 그 마지막 패권국가인 로마의 통치하에서 메시아, 곧 예수 그리스도가 태어났다. 사람이 던지지 않은 돌 하나가 거대한 신상을 깨뜨려 가루로 만들어 없애고 세계를 덮는다는 그 하나의 돌이 곧 하나님께서 이 땅에 보내신 예수 그리스도이며, 지상에 편만해질 복음이다.

신약성경은 예수 그리스도의 탄생에서 시작된다. 구약성경은 예수 그리스도가 탄생하기 400여 년 전에 기록이 끝났다. 다시 말해 구약과 신약의 중간에 400여 년의 공백이 있다. 성경에는 그 시대의 기록이 없다. 그러나 당시의 역사적 문헌들을 통해 400여 년 동안 이스라엘을 중심으로 일어난 패권의 변천 과정을 비롯한 많은 정보와 만날 수 있다.

좀 앞서가는 내용이긴 하지만, 신약성경은 예수 그리스도의 복음과 교회의 탄생 및 복음의 확산 과정, 그리고 다시 오실 예수 그리스도를 소개한다. 다시 오실 그리스도(재림)의 이해도 도울 겸 왜 하나님은 선지자들의 시대가 끝나고도 400여 년이나 구세주를 보내시지 않고 기다리게 하셨는지를 이해하는 데 도움을 주기 위해 덧붙인다.

역사에는 두 줄기가 있다. 하나는 일반사一般史요, 다른 하나는 기독교인이 아니면 낯선 구속사救贖史다. 일반사와 구속사는 별개의 역사는 아니다. 일반사 속에 구속사가 포함되어 있다고 해도 되고, 구속사를 위하여 일반사가 있다고 보아도 된다. 물론 필자는 후자를 지지한다.

400여 년의 중간사(中間史:이 역사 구분은 구약과 신약의 중간역사라는 개념이므로 일반사一般史에는 없는 개념이다. 구속사적救贖史的 역사분류이기 때문이다) 시대로 돌아가보면 쉽게 이해할 수 있다. 즉 페르시아 시대는 가장 넓은 영토를 통치하였는데, 여러 종류의 우상종교가 성행하였다. 그들은 하나님을 알지 못하였다. 그 넓은 영토를 마케도니아의 알렉산더가 정복하고 헬라 문화를 심었다. 알렉산더의 급사急死로 그의 제국이 분열되었으나 분열된 왕국들 역시 마케도니아 사람들의 왕국이다. 그들, 즉 헬라인들에 의해 그 넓은 영토가 2세기 가량 통치되었다. 통치자들은 그들이 우월감을 갖고 있던 헬라 문화를 심었다. 헬라의 언어와 사상과 예술과 학문을 열정적으로 심었다. 그 후 로마가 일어나 그 자리를 정복하였는데, '모든 길은 로마로 통한다'고 회자膾炙되듯, 로마는 도로의 제국이다. 지중해 세계, 곧 유럽과 서아시아에서 중근동 일대와 북아프리카에 이르는 로마 제국의 영토는 그곳이 어디든 로마로 통하는 도로를 개설한 제국이다. 물론 정복 전쟁과 정복 후의 통치를 위한 필요로 이루어진 것이지만, 이것이 모두 복음을 이 땅에 보내기 위한 하나님의 섭리였다. 헬라에 의해 언어 소통이 이루어지고 로마에 의해 국경이 사라지고 교통이 편리해진 그 환경 위에 예수 그리스도가 이 땅에 오셔서 복음을 전하였으며, 그의 사도들은 로마 판도의 곳곳을 다니며 복음을 전하였다. 복음의 확산 속도가 빠른 것은 말할 나위도 없다.

그렇다면 중간사 시대만 보더라도 페르시아에서 로마에 이르는 역사는 하나님께서 복음을 이 땅에 보내시기 위해 사전 정지整地 작업을 하신 게 된다.

자, 그렇다면 예수 그리스도의 재림의 때는 언제일까. 미리 알면 인류는 자멸한다. 그때를 미리 알려주지 않는 이유가 여기에 있다. 그러나 우리가 분명히 알 수 있는 것은, 지금도 하나님은 재림의 준비를 진행하고 계시다는 사실이다. 구약과 신약의 중간기 400여 년을 이스라엘 사람들은 신의 침묵기라고 부르기도 하였는데, 하나님은 그 시간에 일하셨다. 마찬가지로 지금도 하나님의 구속사는 진행되고 있다. 일반사는 구속사라는 주제를 담은 그릇일 뿐이다.

3일 만에 읽고, 평생 가슴에 남는

재밌는 성경 2

초판 1쇄 발행 2016년 6월 1일

지은이 김영진
그린이 김천정
펴낸이 김영진
펴낸곳 (유)성서원

주소 경기도 고양시 덕양구 덕은로 60-12 우)412-170
주문 및 문의 전화 02-765-0011~7
팩스 02-743-6811
성서원 북카페 http://cafe.naver.com/biblehouse1972
온라인 서점 www.bibleeshop.com(T.02-597-1599)
홈페이지 www.biblehouse.co.kr
출판 등록일 1997년 7월 8일(제300-1997-79호)

ISBN 978-89-360-2060-6
ISBN 978-89-360-2062-0 (세트)

●잘못된 책은 바꾸어 드립니다.
●책값은 뒤표지에 있습니다.